中国智能教育发展报告

刘邦奇　吴晓如 / 主编

CHINA INTELLIGENT EDUCATION DEVELOPMENT REPORT

人民教育出版社
·北京·

图书在版编目（CIP）数据

中国智能教育发展报告 / 刘邦奇，吴晓如主编. —北京：人民教育出版社，2019. 12
ISBN 978-7-107-34144-1

Ⅰ. ①中… Ⅱ. ①刘… ②吴… Ⅲ. ①教育现代化—研究报告—中国 Ⅳ. ①G52

中国版本图书馆 CIP 数据核字（2019）第 273310 号

中国智能教育发展报告

出版发行 人民教育出版社
（北京市海淀区中关村南大街 17 号院 1 号楼　邮编：100081）
网　　址 http://www.pep.com.cn
经　　销 全国新华书店
印　　刷 山东临沂新华印刷物流集团有限责任公司
版　　次 2019 年 12 月第 1 版
印　　次 2020 年 3 月第 1 次印刷
开　　本 787 毫米×1092 毫米　1/16
印　　张 16.25
字　　数 232 千字
定　　价 68.00 元

专家组

组　　长　陈　丽

成　　员　（按姓氏笔画排序）

孙　波　吴晓如　汪　琼　张　海　钟晓流

贾积有　顾小清　郭绍青　黎加厚

撰写组

主　　编　刘邦奇　吴晓如

副 主 编　王亚飞

成　　员　贺　胜　刘俊生　董晶晶　袁婷婷　李　鑫

周亚洲　王筱圃　黄　倩

参与人员　张　宇　胡婷婷　纪玉超　许佳慧

责任编辑　施　歌　袁　硕

书籍设计　胡白珂

序

PREFACE

新的人工智能技术的发展，对包括教育领域在内的社会生产生活各个方面产生了深远的影响。2019年3月，联合国教科文组织发布的报告《教育中的人工智能：可持续发展的挑战与机遇》中提出，人工智能技术能够支持包容和无处不在的学习访问，有助于确保提供公平和包容性的教育机会，促进个性化学习，并提升学习效果。2019年5月，中国政府与联合国教科文组织合作，在北京召开了首届国际人工智能与教育大会，发布了《北京共识——人工智能与教育》，提出各国要制定相应政策，探索利用人工智能促进教育创新的有效战略和实践模式。2019年6月，中共中央国务院发布的《关于深化教育教学改革全面提高义务教育质量的意见》中也明确指出，要促进信息技术与教育教学融合应用。由此可见，“人工智能+教育”正在引发教育的一场革命。它改变着教育的生态、教育的环境、教育的方式、教育管理的模式以及师生关系等诸多方面。因此，充分认识“人工智能+教育”的育人功能，是当前教育工作者面临的重要挑战。

“人工智能+教育”最主要的是对传统教学方式的改变，即从教师的“教”转变为学生的“学”。教师要充分发挥学生的主体性，改变单向传授知识的方式。学生通过自我学习发现问题、提出问题，自己去探索，或者与同伴合作，互相探讨。教师可以利用人工智能、大数据等技术优势，为学生个性化学习设计科学的、适合的方案。人工智能、大数据等还可以作为教师的得力助手。比如，大数据不仅可以使教师随时了解学生的学习情况，帮助他们解决困难，而且可以帮助教师批改作业，替代教师一些机械性的劳动，减轻他们的负担，使教师有更多的时间和学生接触沟通。正如《教育中的人工智能：可持续发展的挑战与机遇》中所言，“双教师模式”包括教师和虚拟教学助理，助理可以接管教师的日常任务，使他们有更多时间专注于对学生的指导和一对一的交流。

“人工智能+教育”正在使教育发生重大的、甚至是革命性的变革。但是教育传承文化、创造知识、培养人才的本质不会变，立德树人的根本任务不会变。教育的本质可以概括为：提高人的生命质量和生命价值。提高人的生命质量，即一个人通过教育提高了生存能力，能过上有尊严而幸福的生活；提高人的生命价值，即一个人通过教育提高了为社会服务的品德和能力，能为社会、为人类做出应有的贡献。

不管技术如何发展，学校和教师永远不会消失。正如2015年联合国教科文组织《反思教育：向“全球共同利益”的理念转变》报告中所言，学校是人生走出家庭、走向社会的第一个公共场所，是人生社会化的第一步。学生进入学校不仅是为了学知识，更重要的是要学做人，学会与人沟通和交往。有学者认为，未来学校要变为学习中心。但学习中心如果没有教师的话，那只能说是自学，不是教育。因为教育必须具备学生和教师两个主要因素。

信息技术、互联网改变了教育环境和教育方式。但技术永远只是手段，不是目的。教师的教育观念、教育方法需要改变，但教师培养人才的职责没有变。学生的健康成长需要有思想信念、道德情操、扎实学识、仁爱之心的教师的指导和帮助。人只能由人来培养，不可能由机器来培养。技术替代不了教师对学生精神世界的影响，教师永远是学生成长的引路人。正如习近平总书记2016年教师节参加北京市八一学校师生座谈会时所强调的：教师是学生锤炼品格的引路人、学习知识的引路人、创新思维的引路人、奉献祖国的引路人。

当前开展“人工智能+教育”，我认为还存在着几个问题。

一是认识问题。不少一线教师还没有认识到“人工智能+教育”的特点和优势，比较迷茫。“人工智能+教育”的优势在于具有开放性、全面性、互联性、虚拟性、个性化等特点。运用信息技术，需要处理好“器”“技”“气”三者的关系：“器”指信息技术的软硬件，需要根据教育的特点研究开发；“技”指教师运用信息技术的能力，需要通过培训掌握；“气”指人文精神，人的神气。信息技术、人工智能可以给学生提供许多信息，甚至可以代替教师的一些机械性的工作，但教师的学识魅力和人格魅力仍然是影响学生最主要的因素。

二是软件问题。目前硬件环境有了很大的改观，但是软件开发还不能完全满足教育教学改革的需要。比如，缺乏适合学生自学的软件、利用大数据进行教学管理的软件、设置个性化学习课表的软件，等等。

三是师资问题。广大教师还不太会运用信息技术来改进教育教学。我们不能认为会做课件就是信息化。教师利用大数据实时了解学生的学习生活情况、与学生互联互通、教书育人的能力有待进一步提高。

真正将“人工智能+教育”落到实处，还需要相关专家和广大师生共同努力。有鉴于此，由刘邦奇、吴晓如等研究和撰写的《中国智能教育发展报告》出版了。该书是近几年来智能教育技术创新、理论探索和实证研究系统思考的成果。内容既包括智能教育的背景动因、概念内涵、体系框架、关键技术平台等理论构建和技术支撑，又包括智能教育环境、智能教育教学应用场景与行业发展趋势分析，以及在实践中形成的大量典型应用案例。这本书对于各个领域和各类学校正在开展的智能教育实践，具有前瞻性、指导性和实用性。

2017年7月，国务院发布了《新一代人工智能发展规划》，正式宣告基于人工智能的教育革命拉开帷幕，开启了智能教育发展的新征程。希望广大教师和相关领域研究人员能投身智能技术变革教育的大潮，积极探索，勇于实践，加强协作，共同推进智能教育创新发展。

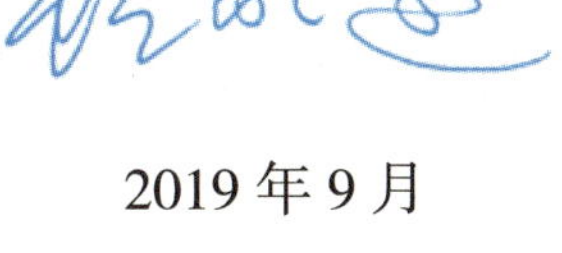

2019年9月

前言 | FOREWORD

人工智能是引领新一轮科技革命和产业变革的重要驱动力，正在深刻改变着人们的生产、生活与学习方式，同时推动着教育领域的系统性变革。2019年3月，联合国教科文组织发布《教育中的人工智能：可持续发展的挑战与机遇》报告，提出以人工智能技术改善学习效果、促进教育公平、提高教育质量。2019年5月，首届国际人工智能与教育大会在北京召开并发布《北京共识——人工智能与教育》，全面系统地规划人工智能时代的教育。教育部部长陈宝生在大会上进一步指出，要深入开展智能教育应用战略研究，探索智能教育的发展战略、标准规范以及推进路径。

为适应智能时代教育发展面临的新挑战、新要求，认真落实国务院《新一代人工智能发展规划》和教育部《教育信息化2.0行动计划》中提出的智能教育发展战略目标和任务，我们结合近年来国内外开展智能教育探索的经验，对中国特色智能教育发展理论与实践进行前瞻性研究，撰写了《智能教育发展蓝皮书（2019）》，并于2019年8月2日在国家会议中心发布，以期为智能技术与教育的融合应用提供理论与实践参考，为我国推进智能教育创新发展提供对策与建议。

本书是在《智能教育发展蓝皮书（2019）》的基础上进一步深化、细化、拓展后所形成的智能教育专著。《中国智能教育发展报告》基于技术与教育融合的视角，结合我国教育信息化发展实际，系统探讨了智能教育的发展动因、概念内涵、体系架构、关键技术、教育环境、应用场景、人才培养及行业趋势等。全书共七章，分为基本理论、系统构建、应用及趋势三大部分。

第一部分为智能教育的基本理论，包括第一章和第二章。这部分阐述了智能教育发展的时代背景、发展历程以及面临的问题和挑战，探究了智能教育发展的动因；讨论了智能教育的概念与内涵，分析了智能教育和智慧教育的区别与联系；构建了智能教育体系的总体架构及组成部分，提出了智能教育的应用价值和推进策略，为开展智能教育体系建设与应用实践提供了总体参考框架。

第二部分为智能教育的系统构建，包括第三章和第四章。这部分提出了智能技术、智能教育关键技术概念，构建了智能教育关键技术概念模型；阐述了智能教育关键技术平台参考框架，并重点介绍了平台中各层级的典型技术；从区域和学校教育环境建设的实际出发，阐述了智能教育环境的主要构成、建设内容和实践案例，提出了开展智能教育环境建设的思路，重点包括区域智能教育云、智能校园和智能教学场所三层体系架构。

第三部分为智能教育的应用及趋势，包括第五章至第七章。这部分从教学、学习、考试与评价、管理与服务以及其他智能教育应用等五个方面，系统梳理了智能技术在教育中的典型应用场景，分析了学校、产业界、研究机构的最新应用案例，为探索和建立智能教育新模式提供了参考；通过开展以人工智能为内容的教育，探讨如何大力培养具备人工智能素养的高素质人才，主要包括构建人工智能领域人才培养体系、开展人工智能普及性教育、提升教师信息素养和智能教育教学能力等；对智能教育的行业环境、行业规模、行业竞争态势及行业痛点等方面进行分析，并阐述了新兴技术对智能教育的影响和智能教育产业发展趋势。

刘邦奇、吴晓如负责《中国智能教育发展报告》的总体策划和框架设计，并进行了全书的统稿工作。认知智能国家重点实验室智能教育研究中心主要承担本书的研究与撰写工作。该实验室由科技部于2017年设立，是我国认知智能领域第一个国家级重点实验室，后来依托讯飞教育技术研究院成立了智能教育研究中心。近几年来，该中心在认知智能基础理论研究的基础上，重点开展教育智能评测技术、自适应学习技术、智慧课堂等教育领域智能技术应用研究，在核心期刊上发表智能教育方面的论文70余篇，并出版了《智慧课堂》系列丛书，成为国内智能教育研究的一支重要力量。本书是智能教育研究中心对中国智能教育体系构建与应用研究的全面梳理、深入思考和系统展现。

《中国智能教育发展报告》的研制出版得到了多位专家的指导和广大同行的帮助。中国教育学会名誉会长、国家教育咨询委员会委员、北京师范大学资深教授顾明远先生对本书的撰写给予了指导和鼓励，并亲自作序。北京师范大学副校长陈丽教授、孙波教授、北京大学汪琼教授、贾积有教授、清华大学钟晓流教授、华东师范大学顾小清教授、上海师范大学黎加厚教授、西北师范大学郭绍青教授、东北师范大学张海教授等组成了专家组，对本书的研制给予了精心指导。本书撰写过程中还得到了杨现民、宋述强、王卓、丁鹏、王士进、张少华等专家的指导帮助；任萍萍、刘浩、廖晰、陈卫民、闫宏伟、刘国飞、徐俊、潘恺、夏晓明、郭红杰等老师在案例收集与成果推广中给予了大力支持；李俊杰、汪志强、魏如梦、吴纯、朱广袤、张月、任缘、刘荣辉、史旻等参与了前期部分内容的资料收集或起草工作。在此一并表示最衷心的感谢！

本书在撰写过程中参考引用了国内外多方面的研究成果和案例材料，在此谨表诚挚的谢意！我们已尽量对相关信息进行了详细标注，但难免挂一漏万，敬请谅解。由于撰写时间仓促，掌握的数据资料还不够完备，加之作者水平所限，本书还存在许多不足之处，敬请广大读者批评指正！

刘邦奇　吴晓如

2019年9月

目录

CONTENTS

第一章　智能教育发展背景及现状　1

1.1　时代背景　2
1.1.1　智能时代创新人才个性化培养的需要　2
1.1.2　智能技术推动教育变革的必然趋势　3
1.1.3　智能教学系统发展升级的客观要求　4
1.1.4　教育信息化 2.0 深化发展的核心诉求　5

1.2　智能教育发展的主要阶段　6
1.2.1　萌芽期（20 世纪 60 年代—70 年代）　6
1.2.2　形成期（20 世纪 80 年代—21 世纪初）　8
1.2.3　发展期（21 世纪 10 年代至今）　9

1.3　智能教育面临的问题与挑战　11
1.3.1　理论研究方面　11
1.3.2　顶层规划方面　12
1.3.3　产业发展方面　13
1.3.4　实践推广方面　14

第二章　智能教育内涵与体系架构　15

2.1　智能教育概念与内涵　16
2.1.1　概念的提出与发展　16
2.1.2　智能教育概念与内涵　19
2.1.3　智能教育和智慧教育的区别与联系　21

2.2 智能教育体系架构 28
2.2.1 总体架构 29
2.2.2 体系构成 31

2.3 智能教育实践价值 34
2.3.1 树立新时代教育理念 34
2.3.2 锻造智能型教师队伍 35
2.3.3 实行差异化教学方式 35
2.3.4 重塑个性化学习方式 36
2.3.5 推动精细化管理决策 36
2.3.6 实现适切性保障服务 37

2.4 智能教育推进策略 37
2.4.1 打造智能教育核心服务能力 38
2.4.2 构建智能教育“实践共同体” 38
2.4.3 创新智能教育融合应用模式 39
2.4.4 探索智能教育生态发展运行机制 40
2.4.5 培养具有人工智能素养的高素质人才 41
2.4.6 建立教育中的智能伦理与安全体系 42

第三章 智能教育关键技术平台 45

3.1 智能教育关键技术 46
3.1.1 概念辨析 46
3.1.2 概念模型 51

3.2 关键技术平台 53
3.2.1 参考框架 53
3.2.2 基础层 55
3.2.3 技术层 58
3.2.4 服务层 61

3.3 核心价值及应用模式 64
3.3.1 智能技术的核心价值 64
3.3.2 关键技术平台的应用模式 66

第四章 智能教育环境建设 69

4.1 智能教育环境架构 70
4.1.1 智能教育环境概述 70
4.1.2 智能教育环境体系架构 71

4.2 区域智能教育云 72
4.2.1 基本内涵与总体架构 72
4.2.2 区域教育管理平台 76
4.2.3 区域教育资源平台 77
4.2.4 区域网络教学平台 79
4.2.5 区域教育公共服务平台 81

4.3 智能校园 82
4.3.1 基本内涵与总体架构 82
4.3.2 校本资源系统 86
4.3.3 教学服务系统 87
4.3.4 校本教研系统 90
4.3.5 学校管理系统 91
4.3.6 校园服务系统 92

4.4 智能教学场所 94
4.4.1 智能教室 94
4.4.2 学科教室 96
4.4.3 智能实验室 99
4.4.4 创客教室 102
4.4.5 人工智能实验室 104

第五章 智能教育应用场景 107

5.1 智能教学 108
5.1.1 智能备课 108
5.1.2 智能授课 112
5.1.3 智能辅导与答疑 115
5.1.4 精准教研 116

5.2 智能学习 122
5.2.1 学习路径规划 122

5.2.2 个性化学习 123
5.2.3 协作式学习 126
5.2.4 沉浸式学习 127
5.2.5 游戏化学习 129
5.2.6 学习负担监测与预警 131

5.3 智能考试与评价 132
5.3.1 智能组卷 132
5.3.2 智能监考 134
5.3.3 智能阅卷 136
5.3.4 智能考试分析 140
5.3.5 自适应测验 141
5.3.6 学生综合素质评价 143

5.4 智能管理与服务 145
5.4.1 学校教学管理 145
5.4.2 校园综合管理 148
5.4.3 校园保障服务 151
5.4.4 区域管理与服务 155

5.5 其他智能教育应用 158
5.5.1 学生心理健康服务 158
5.5.2 学生体质健康服务 159
5.5.3 学校美育教学服务 161
5.5.4 智能家教陪伴 163
5.5.5 特殊教育应用 164

第六章 人工智能人才培养 167

6.1 构建人工智能人才培养体系 168
6.1.1 基础教育阶段 168
6.1.2 职业教育阶段 169
6.1.3 高等教育阶段 170
6.1.4 继续教育阶段 173

6.2 开展人工智能普及教育 174
6.2.1 以培养人工智能学科核心素养为目标 175
6.2.2 以人工智能技术为主线构建课程内容 176

6.2.3 采取多种方式实施人工智能课程教学 179

6.3 加强人工智能教师队伍建设 182

6.3.1 深化智能时代教师队伍建设改革 182
6.3.2 加强人工智能教师师资储备 185
6.3.3 提升在职教师人工智能素养 186

第七章 智能教育行业特点与发展趋势 189

7.1 行业特点：新环境酝酿新变化 190

7.1.1 发展前景十分广阔，行业环境基本面好 190
7.1.2 产业生态日益繁荣，行业规模逐步扩大 191
7.1.3 入局企业持续增多，行业竞争日趋激烈 192
7.1.4 业务模式初步探索，行业痛点亟待解决 193

7.2 技术趋势：深度与广度齐头并进 195

7.2.1 教育脑科学关注身心协同发展 195
7.2.2 区块链技术整合并共享教育资源 198
7.2.3 利用虚拟现实与增强现实丰富教育应用 200
7.2.4 5G 网络提升教育应用体验 202
7.2.5 边缘计算开启“智能 + 教育”新视界 205

7.3 产业趋势：融合与创新加速发展 206

7.3.1 资源服务更加注重均衡共享 206
7.3.2 终端产品走向多元融合创新 206
7.3.3 人机协同成为必然选择 207
7.3.4 平台建设呈现分层开放特征 208
7.3.5 应用融合促进泛在智能 209
7.3.6 创新教育规范升级 210

附录 1 中国智能教育人才培养与科学研究概况统计 213

附录 2 中国智能教育发展大事记 237

附录 3 案例索引 241

第一章

智能教育发展背景及现状

当前社会正处于教育系统变革的关键时期，教育信息化发展已全面进入2.0阶段。随着新一代人工智能技术的迅猛发展与广泛应用，利用人工智能、大数据等智能技术破解教育变革难题，已经成为全球教育界关注的热点。推进智能技术与教育深度融合，通过智能技术促进教育模式变革和教育生态重构，成为新时代教育发展的重要使命之一。本章主要对智能教育发展的时代背景、主要阶段以及面临的问题与挑战进行探讨分析。

1.1 时代背景

随着新一代信息技术的快速发展，以人工智能为代表的智能技术作为社会发展的重要科技力量，迅速渗透到各行各业，教育也随之步入智能化时代①。人工智能及其相关技术在教育领域的持续应用探索，促进了教育工作和教育系统的不断发展与变革，为未来教育开拓了全新的发展路径。智能教育成为人工智能国家战略的重要组成部分。在智能时代，开展全面的智能教育势在必行②。

1.1.1 智能时代创新人才个性化培养的需要

智能时代的人才培养需求发生了重大变化。与工业化时代规模化、机械化和程序化的生产模式下教育培养出的严格服从和高度专业化、标准化的人才相比，智能化时代大规模、个性化、自动化的智能制造模式需要教育培养的是有创新能力、有个性特长的多元人才③。近年来，以机器学习、深度学习等技术为支撑的新一代人工智能技术的发展，对个性化学习进行了重塑和

---

① 杨现民，张昊，郭利明，林秀清，李新．教育人工智能的发展难题与突破路径[J]．现代远程教育研究，2018 (3): 30-38.

② 张进宝，姬凌岩．是“智能化教育”还是“促进智能发展的教育”——AI时代智能教育的内涵分析与目标定位[J]．现代远程教育研究，2018 (2): 14-23.

③ 李立国．工业4.0时代的高等教育人才培养模式[J]．清华大学教育研究，2016 (1): 6-15.

再造[①]。人工智能技术可以为学习者个性化学习提供技术支撑，促进学习者"21世纪能力"的获得[②]。美国课程监督和发展委员会于2010年发布的《创新到教育——对个性化学习的系统设计》报告提出，个性化学习应该包括五个元素，即基于项目的真实学习、学习者自我驱动的学习路径、基于掌握和能力的学习进度和步调、重新定义和拓展教师的角色、灵活的任意时间和地点的学习，并据此分析了人工智能实现个性化学习的方式[③]。我国《教育信息化十年发展规划（2011—2020年）》也提出"要为每一名学习者提供个性化学习的信息化环境和服务"。因此，新时代需要借助智能科技的力量，推进标准化、规模化的工业化教育向个性化、多样化的智能化教育全面转型，促进"因材施教"的落实，加快发展适合每个人的教育。

1.1.2 智能技术推动教育变革的必然趋势

人工智能、大数据等智能技术的研发是当今世界各国科技竞争的热点，正在对包括教育在内的社会各领域产生越来越深刻的影响。2016年10月美国白宫科技政策办公室发布的报告《为人工智能的未来做好准备》指出，教育是人工智能的重要应用领域，迫切需要在各级各类教育中加强人工智能人才的培养，以应对人工智能的快速发展[④]。2017年7月我国国务院印发的《新一代人工智能发展规划》将智能教育作为重点发展方向，提出加快智能教育创新发展及应用，构建新型教育体系。2018年4月我国教育部发布的《高等学校人工智能创新行动计划》进一步提出，要加快推进人工智能与教育的深度融合和创新发展。2013年至2017年新媒体联盟发布的地平线报告（基础教育版）对真正促进

---

① 牟智佳."人工智能+"时代的个性化学习理论重思与开解[J].远程教育杂志，2017，35(3)：22-30.

② Woolf B P, Lane H C, Chaudhri V K, et al. AI Grand Challenges for Education[J]. AI Magazine, 2013, 34 (4): 66-84.

③ 仁学堂.人工智能是怎么实现个性化学习的？[EB/OL].[2019-05-31]. https://www.jianshu.com/p/9e738b071b5c.

④ 闫志明，唐夏夏，秦旋，张飞，段元美.教育人工智能(EAI)的内涵、关键技术与应用趋势——美国《为人工智能的未来做好准备》和《国家人工智能研发战略规划》报告解析[J].远程教育杂志，2017，35(1)：26-35.

教育发生改变的技术发展趋势进行了预测，从中可以看出，人工智能（2016，2017）、分析技术（2013，2014，2017）、虚拟现实（2013，2016，2017）、机器人（2016，2017）、物联网（2014，2017）等智能技术的发展，积极推动了人才培养模式和教学方法的变革①。利用智能技术解决教育发展中的问题、推动教育变革已成为共识②。正如联合国教科文组织在2019年5月召开的首届国际人工智能与教育大会上发布的《北京共识——人工智能与教育》中所言，建议联合国教科文组织会员国政府及其他利益攸关方根据其法律、公共政策和公共惯例，考虑实施相关行动，应对人工智能带来的相关教育机遇和挑战③。

1.1.3 智能教学系统发展升级的客观要求

智能教学系统是智能教育中最具代表性的技术系统。1970年，美国麻省理工学院人工智能实验室的专家尝试应用人工智能技术教授小学生编程知识，自此人们研发并应用了一批有影响的智能教学系统④。实际上，早期的智能教学系统就是利用计算机模仿教学专家的经验和方法来辅助教学工作的计算机系统。近年来，机器学习与深度学习、模式识别、自然语言处理、情感计算等技术的快速发展及其在教育领域的深入应用，使智能教学系统的智能化内涵和应用形式更趋丰富多样，许多新型智能教学系统不断涌现并迅速发展。黄荣怀（2017）指出，随着人工智能、计算科学的快速发展并应用于教育领域，学习者模型、教学模型及领域模型被不断地丰富和完善，智能教学系统将覆盖影响学习的所有相关因素，进而转化应用到教学实践中，如智能教学系统模型增加语义、代理和约束，研发利用增强现实技术优化用户接口，形成自适应学习系统等⑤。由此可见，智能教学系统的升级给智能教育带

① 李新房，李静．新兴技术在基础教育中的应用分析与深度融合策略思考——历年《地平线报告(基础教育版)》内容分析[J]．教育科学研究，2017 (6): 26-31.
② 刘邦奇．人工智能构筑教育信息化新生态[N]．中国教育报，2018-06-02 (3).
③ 联合国教科文组织．北京共识——人工智能与教育．[EB/OL].[2019-09-04]. https://unesdoc.unesco.org/ark:/48223/pf0000368303.
④ 刘清堂，毛刚，杨琳，程云．智能教学技术的发展与展望[J]．中国电化教育，2016 (6): 8-15.
⑤ 黄荣怀．人工智能与教育[J]．教育家，2017 (44): 14-15.

来了广阔的发展前景。

1.1.4 教育信息化2.0深化发展的核心诉求

随着现代科技的快速发展以及教育现代化建设的加速推进，技术与教育的融合不断深入，教育信息化的整体形态正在发生重大变化。2018年4月，教育部出台《教育信息化2.0行动计划》（以下简称《2.0计划》），正式启动了教育信息化的转段升级，开启了“智能教育的新征程”。教育信息化从1.0走向2.0是一种全球性趋势，这一趋势背后的核心驱动力就是当今科技革命所引发的全球政治、经济、社会、文化的深层次变革，而变革的主角即信息与智能科技①。在《2.0计划》中与“智能”相关的词共出现了36次（相关词词频如表1-1所示），“智能化”已成为教育信息化2.0的核心标志。教育信息化2.0强调大力推进智能教育，加快智能技术在教育领域的创新应用，探索泛在、灵活、智能的教育教学新环境建设与应用模式。2019年2月，中共中央、国务院印发《中国教育现代化2035》，提出加快信息时代教育变革，建设智能化校园，统筹建设一体化智能化教学、管理与服务平台，利用现代技术加快推动人才培养模式改革，创新教育服务业态，加快形成现代化的教育管理与监测体系。这标志着“智能化”已成为教育现代化的重要特征和基础。

表1-1 《2.0计划》中“智能”相关词词频

序号	相关词	词频（次）	序号	相关词	词频（次）
1	人工智能	11	9	智能教室	1
2	智能技术	4	10	智能实验室	1
3	智能化	4	11	智能学习空间	1
4	智能教育	2	12	智能学习效果	1
5	智能学习	2	13	智能教学助手	1
6	智能环境	2	14	智能学伴	1
7	智能设备	2	15	智能时代	1
8	智能教学	1	16	智能	1

① 吴旻瑜，武晓菲．教育信息化2.0的时代逻辑——《教育信息化2.0行动计划》解读之一[J]．远程教育杂志，2018，36（4）：4-10.

1.2 智能教育发展的主要阶段

从技术应用的视角来看，自从计算机诞生以来，心理学家、教育学家就开始探索如何将自动化、智能化手段应用到教育领域中，以将教师从重复劳动中解放出来，为学生提供高质量、个性化的学习方式，从而提高教育教学的效率。随着智能技术的发展及其在教育中的应用，智能教育经历了萌芽期、形成期和发展期三个阶段①。回顾智能教育的发展历程，总结其发展特点与经验，对探究智能教育的发展规律和趋势具有重要意义。

1.2.1 萌芽期（20世纪60年代—70年代）

智能教育的提出和发展最早起源于计算机在教学中的辅助应用。1958年，美国IBM公司基于IBM650计算机成功研制了第一个计算机辅助教学系统，这一事件标志着计算机辅助教学（Computer-Assisted Instruction，CAI）的起步②。计算机辅助教学缘起于程序教学，当时以程序教学理论为基础的斯金纳程序模式是CAI设计的主要思想，主要指以计算机为主要教学媒介进行的教学活动，是以对话方式与学生讨论教学内容、安排教学进程并进行教学和训练的方法与技术。

20世纪60年代至70年代，随着计算机的不断发展和认知主义学习理论的流行，先后出现了三种CAI系统，呈现出不同的智能特征（见表1-2）。1960年，美国伊利诺伊大学研制出PLATO（Programmed Logic for Automatic Teaching Operation）教学系统，成为当时世界上最大的计算机辅助教学系统。1966年，美国斯坦福大学与IBM公司合作研制的IBM1500教学系统，能同时支持32个学生的个别化程序课程③。1970年，杰米·卡博内尔（Jaime Carbonell）尝试将人工智能技术应用于CAI系统，并研发了第一个智能化的

① 刘邦奇.智能教育的发展形态与实践路径——兼谈智能教育与智慧教育的关系[J].现代教育技术，2019 (10): 20-27.
② 张剑平，陈仕品.计算机辅助教学的智能化历程及其启示[J].教育研究，2008 (1): 76-83.
③ Terlet R H. The CRT display subsystem of the IBM 1500 instructional system[C]// Afips. IEEE Computer Society, 1967.

地理教学系统SCHOLAR。该系统采用语义网络的知识表示形式来表达南美地理中的主要概念和关系，是第一个能够通过自然语言与学生交互的系统。SCHOLAR的出现标志着智能计算机辅助教学（Intelligent Computer-Assisted Instruction，ICAI）的开始。1973年，哈特利（Hartley）和斯利曼（Sleeman）最早提出ICAI系统基本框架。它被称为“三模型结构”，即领域知识模型、学习者模型和教学模型。这一基本框架为智能教学系统的提出奠定了基础。

表1-2　计算机辅助教学系统（20世纪60年代—70年代）

类型	系统特征	代表系统
早期的CAI产品	直线式程序，静态的系统，教学内容和问题都是事先固定安排好的。	显示课文的电子“翻页器”、显示问题和答案或校对说明的“技巧—实践”监视器
个别化CAI系统	衍支式程序，能根据学生回答转向相应的处理分支。	面向帧的CAI系统（Ad-hoc Frame Oriented CAI system，AFO-CAI）
智能化CAI系统	学生不需要按系统设计者在设计时所规定的教学序列学习，教学序列是在程序运行时产生的。	SCHOLAR、WHY、WEST、SOPHE、BUGGY、GUIDON

资料来源：①黄忠置.智能计算机辅助教育的基础[J].计算机科学，1988 (6): 70-73.②王小辉，童頫.智能计算机辅助教学系统的设计[J].软件学报，1996 (4): 217-222.③李振，周东岱，刘娜，欧阳猛.人工智能应用背景下的教育人工智能研究[J].现代教育技术，2018，28 (9): 19-25.

计算机辅助教学的产生与发展标志着智能教育的探索起步，这一时期也被称为智能教育的萌芽期。在技术层面，计算机辅助教学具有数字化、网络化、多媒体化和智能化等特征，计算机系统已具备计算、推理、交互等基础“智能”，能替代教师完成部分教学工作：比如，计算智能可以自动计分，评价学习效果；逻辑推理可以根据学生的应答状况判断下一步呈现的学习内容；交互功能可以为学生提供学习互动，向教师提供教学效果反馈。在教育层面，计算机辅助教学体现出教材的多媒体化、资源的共享化、教学的个性化、学习的自主化、任务的合作化、管理的自动化、环境的虚拟化等特征。计算机辅助教学逐步发展成为一个集交互、管理和评价能力为一体的“类人”学科专家[①]。

① 刘清堂，毛刚，杨琳，程云.智能教学技术的发展与展望[J].中国电化教育，2016 (6): 8-15.

1.2.2 形成期（20世纪80年代—21世纪初）

智能教育进入形成期的显著标志是“智能教学系统（Intelligent Tutoring System，ITS）”（亦称“智能导师系统”）的探索与实践。1982年，斯利曼和布朗（Brown）正式提出了智能教学系统的定义，认为智能教学系统是利用计算机模仿教学专家的经验、方法来辅助教学工作的计算机系统①，并将智能教学系统分为基于计算机的问题解决监控器、教练、实验教师以及顾问等类型。

智能教学系统实际上是人工智能在教育领域的重要应用，是教育人工智能（Artificial Intelligence in Education，AIED）的重要分支。ITS和AIED是同时发展起来的两个带有互补性质的研究领域，它们所研究的问题实际上可以划归同一个范畴。1988年，第一届智能教学系统国际会议在加拿大蒙特利尔召开，标志着智能教学系统的研究开始走向国际化。20世纪80年代至21世纪初，ITS国际会议论文集的主题主要包括自然语言对话和分布式学习环境、ITS结构、学生模型、教学评价与反馈、教学代理、在线学习等等，其中具有代表性的智能教学系统如表1-3所示。

表1-3 ITS代表性应用系统（20世纪80年代—21世纪初）

系统类型	系统特征
智能导师系统	利用人工智能技术模仿人类教师在教学中所承担的角色，为学习者提供个性化学习指导，帮助不同需求和特征的学习者获得知识和技能的一种智能化的计算机辅助教学系统。
适应性学习支持系统	针对个体学习过程中的差异性提供的适合个体特征的一种支持学习的系统。它本质上属于个别化的学习支持系统，能够提供一个适应用户个性化特征的视图。这种个性化的学习视图不仅包括个性化的资源，而且包括个性化的学习过程和策略。
智能答疑系统	整合了网络通信、人工智能等高新技术的基于网络的智能答疑系统，使教育答疑突破了答疑行为的时间、空间局限，并广泛扩展了问题解答的资源内容、资源呈现形式和资源获取方式，提供了高效率、高质量的学生与教育资源的交互。不但可以支持网络教学的顺利进行，而且成为传统课堂教学的有益补充。

资料来源：①李爽，陈丽.国内外网上智能答疑系统比较研究[J].中国电化教育，2003 (1): 80-83. ②李海峰，王炜.国际领域“人工智能+教育”的研究进展与前沿热点[J].远程教育杂志，2019 (2): 63-73.

① Sleeman D H, Brown J S. Intelligent Tutoring Systems: An Overview[A]. In: Sleeman D H, Brown J S, eds. Intelligent Tutoring Systems[C]. New York: Academic Press, 1982：1-11.

智能教育形成期以人工智能在教学中的应用为特征，开发应用了智能导师系统、适应性学习支持系统、智能答疑系统等智能教学系统，具有个性化、自主性、智能性等特点。这一时期，人们在关注技术的同时也十分关注人的智能的培养与发展。这些系统的应用改变了传统的教学模式，使学生学习的积极性和主动性得到了充分发挥，在提高教学效率的同时，有助于学生智能的开发和培养，标志着智能教育已进一步形成自己的应用特色。但这一阶段的人工智能应用主要局限在教与学领域，尚未形成教育全场景的应用。

1.2.3 发展期（21世纪10年代至今）

随着人工智能、大数据等智能技术的不断成熟，智能教育的概念被正式提出并进入快速发展期。在这一时期，智能教育的发展呈现出崭新的特征：政策特征方面，面对人工智能技术带来的机遇和挑战，各国纷纷从国家政策与战略层面推进智能教育发展；技术特征方面，大规模教育数据的采集、汇聚、分析和挖掘成为可能，机器学习、深度学习得到广泛应用，人机协同成为变革的重要驱动力；应用特征方面，人工智能技术从教学、学习应用走向教育领域各个方面，对教育领域全要素、全过程产生重要影响，实现全场景应用，构筑教育新生态。近年来智能教育的发展特征与重要标志见表1–4。

表1–4　当今智能教育的发展特征与重要标志（21世纪10年代至今）

发展特征	重要标志
政策特征[①]（以国家战略推进智能教育发展）	中国国务院发布《新一代人工智能发展规划》，明确提出推进智能教育，完善人工智能教育体系。
	美国国家科学与技术委员会颁布《国家人工智能研究和发展战略计划》，将教育作为人工智能公共政策的一部分进行规划。
	英国政府发布《人工智能行业新政》，包括推动政府和公司研发、加大STEM（Science科学，Technology技术，Engineering工程，Mathematics数学）教育投资、提升数字基础设施、增加人工智能人才和领导全球数字道德交流等内容。
	法国发布《法国人工智能战略综合报告》，通过专业训练、制订培养方案和开设课程加强人工智能教育。

① 段世飞，龚国钦.国际比较视野下的人工智能教育应用政策[J]. 现代教育技术，2019，29(3): 11–17.

续表

发展特征	重要标志
政策特征（以国家战略推进智能教育发展）	韩国教育科学技术部发布《通往人才大国之路：推进智能教育战略》，将推进智能教育作为国家信息化发展的核心战略。
	日本政府发布《日本振兴战略2016——面向第四次产业革命》，将人工智能相关基础课程纳入中小学必修课范围，鼓励工业界和学术界联合研究。
技术特征（人机协同成为变革的重要驱动力）	2016年3月，培生集团（Pearson）和伦敦大学学院知识实验室（UCL Knowledge Lab）联合发布的报告《人工智能猛虎出笼：关于人工智能之于教育的争论》中提出，未来人工智能学习伙伴能够为教学和学习提供巨大潜力，其实现前提是新一代人工智能展示的“人机一体”[①]。基于新一代人工智能实现的“人机一体”或“人机融合”，将使学习和教育的方式发生质的改变。
	智能教育就是要夯实人机协同的基础——计算思维的培养，充分利用人工智能中的计算智能、感知智能和认知智能等机器智能，不断增强作为主体价值的人类智能中的情感智能、认知智能、志趣智能和创新智能[②]。
应用特征（全场景应用构筑教育新生态）	随着人工智能在教育领域的应用日益广泛，它必将引发教育模式、教学方式、教学内容、评价方式、教育治理、教师队伍等一系列变革和创新，助力教育流程重组与再造，推动教育生态的演化，促进教育公平，提高教育质量[③]。
	智能技术渗透到教育的全过程、全方位、全时空，从过去支持教与学应用走向教育领域各个方面，促进教育系统整体性变革。

随着新一代信息技术的迅猛发展及其在教育领域的广泛应用，教育信息化发展进入2.0阶段。2019年3月，联合国教科文组织发布《教育中的人工智能：可持续发展的挑战与机遇》报告，强调关注智能教育的可持续发展。2019年5月，在北京召开的首届国际人工智能与教育大会发布《北京共识——人工智能与教育》，提出要推动人工智能与教育、教学和学习系统性融合，利用人工智能加快建设开放灵活的教育体系[④]。智能教育是智能时代

① Luckin, R., Holmes, W., Griffiths, M. & Forcier, L. B. (2016). Intelligence Unleashed. An argument for AI in education.[M].London:Pearson, 2016: 38.

② 朱永海，刘慧，李云文，王丽.智能教育时代下人机协同智能层级结构及教师职业形态新图景[J].电化教育研究，2019 (1): 104-111+120.

③ 杨宗凯，吴砥.人工智能促进教育创新[N].光明日报，2018-11-20 (13).

④ 中国教育网．国际人工智能与教育大会在京闭幕[EB/OL]. [2019-05-31]. http://xxh.resource.edu.cn/news/651.html.

教育信息化发展的新阶段，将随着智能技术和教育教学的发展而发展，依托人工智能、大数据等智能技术，构建信息化、智能化的教育环境，对教育信息进行感知、识别、捕获、汇聚、分析，促进智能信息技术与教育教学的深度融合，形成智能化教学、管理与服务的新型教育模式和教育形态。

1.3 智能教育面临的问题与挑战

目前我国智能教育正处于快速发展阶段，其相关研究引起了学界的广泛关注和讨论，但总体上还处于初步探索阶段，在智能教育概念内涵、顶层规划设计、关键技术转化及推广模式等诸多方面的研究尚不够深入。智能教育发展仍存在不少亟待解决的问题和挑战。

1.3.1 理论研究方面

智能教育相关概念重复交叉且缺乏清晰界定。智能技术在教育领域的应用已有四十多年的历史，关于智能教育的科学概念和内涵研究层出不穷。国外出现了以AIED和ITS为代表的概念；国内出现了“智能教育”“人工智能+教育”“教育人工智能”“人工智能教育”等多种概念。各个概念之间既有联系又有区别，存在内涵不清、重复交叉的现象。此外，当前对智能技术在教育中融合应用的研究涉及关键技术、融合方式、典型案例、发展难题、突破路径等多个方面，呈现出多样化、浅表化、碎片化的特点，缺少有深度、系统化的理论研究成果。

推动智能教育发展亟待理论创新。在2019年全国教育信息化工作会议上，教育部副部长钟登华指出，面向智能时代的教育，要做好长久研究[①]。理论创新是智能教育未来发展的重要驱动力和引领力，厘清智能教育的科学内

① 中国教育和科研计算机网．教育部副部长钟登华：深入推进教育信息化2.0 发展更加公平更有质量的教育[EB/OL]．[2019-05-01]．https://www.edu.cn/info/focus/xs_hui_yi/201904/t20190419_1655242.shtml.

涵、理念和发展手段，不断进行智能教育理论创新，是新时代教育发展面临的挑战。这需要多方共同努力，积极探索智能技术与教育深度融合的具体路径和操作方法，加快对智能时代人类学习认知规律的研讨，大力推进信息科学、生命科学与教育科学的交叉融合，推动教育研究的科学发展①。

1.3.2 顶层规划方面

智能教育系统的顶层设计不够。目前普遍缺乏对智能教育顶层设计全面、深入的研究，可参考借鉴的成果较少。吴永和等（2017）提出了“人工智能+教育”的通用技术框架②，钟绍春等（2018）提出了人工智能时代教育创新发展的总体设计③，刘邦奇等（2019）提出了智能教育系统的总体架构④，等等。这些都表明智能教育系统的顶层设计已引起学界的广泛关注。在国家层面，我国正在研制《中国智能教育发展方案》。我们应以此为契机，围绕智能教育应用，加强对智能教育系统的科学设计和整体研究，促进智能教育更好更快地发展。

智能教育发展需要加强政策和战略指引。在《新一代人工智能发展规划》等政策的指导下，我们对促进人工智能与教育融合发展作了一些新的思考和规划，进行了一些积极的探索和尝试。2019年3月，联合国教科文组织发布的报告《教育中的人工智能：可持续发展的挑战与机遇》指出，智能教育的发展是一个复杂的生态系统，需要制定有效促进智能教育发展的政策，为人工智能促进教育的发展提供保障⑤。2019年5月，教育部部长陈宝生在国际人工智能与教育大会上指出，要深入开展人工智能应用战略研究，探索智

---

① 雷朝滋.以教育信息化全面推动教育现代化　开启智能时代教育新征程[J].人民教育，2019 (2): 40-43.

② 吴永和，刘博文，马晓玲.构筑“人工智能+教育”的生态系统[J].远程教育杂志，2017，35 (5): 27-39.

③ 钟绍春，唐烨伟. 人工智能时代教育创新发展的方向与路径研究[J]. 电化教育研究，2018，39 (10): 15-20.

④ 刘邦奇，袁婷婷.智能教育系统的总体架构及区域实践模式研究[J].远程教育杂志，2019，37 (3): 103-112.

⑤ 周红霞. 让人工智能更加智能[N]. 中国教育报，2019-05-10 (5).

能教育的发展战略、标准规范以及推进路径[①]。因此，加强对智能教育的政策指引和战略部署，成为推动智能教育发展的重要举措。

1.3.3 产业发展方面

智能教育关键技术的研发不够深入。当前智能教育还只是停留在人工智能技术的应用上，尚未形成针对性强、具有特色的智能教育关键技术。根据人工智能技术应用情况，目前的智能教育产品可分为两类：一类是人工智能技术的单一应用、直接应用或浅层应用，如拍照搜题、分层排课、口语评测、组卷阅卷、作文批改、作业布置等工具，应用场景仅停留在教学过程或学习过程的辅助环节[②]；另一类是人工智能技术的综合应用，较为典型的是以数据为基础的自适应学习产品，目前此类产品还存在数据维度少、学习模型以偏概全、研发人员对教学理解不足等问题。由此可见，解决人工智能技术在教学中应用的适用性问题，加强智能教育关键技术研发，是当前智能教育产品研发面临的主要挑战。

以科研协同支持智能教育产业链亟待加强。从科研层面看，当前科研机构的相关成果主要为理论成果或科研产品，大多未与产业界形成协同，不能将科研成果及时转化为新产品。从市场层面看，智能教育产业链包含了从产品研发到教学服务再到分发推广的过程[③]。当前发力智能教育产品的企业，既需要人工智能技术提供技术支持，又需要认知科学、心理学、教育学、学科教研等提供内容支持，产品研发整体面临着工作量大、难度大、周期长等严峻挑战。同时，产品研发需要大量资金支持，在教学服务和分发推广上还面临用户信息素养参差不齐和政策风险等阻力，导致产业链头重脚轻。因此，亟待多方跨界协作和共同探索，加快科研成果转化，促进智能教育产业链健康发展。

---

① 中国教育和科研计算机网．陈宝生：走好智能时代中国教育发展道路[EB/OL]．[2019-05-31]．https://www.edu.cn/xxh/zt/gjrgzn/201905/t20190516_1659018.shtml.

②③ 中国人工智能自适应教育行业研究报告（2018年）[A]．艾瑞咨询系列研究报告（2018年第2期）[C]，2018: 50.

1.3.4 实践推广方面

推进智能教育发展的具体思路和策略尚未成熟。许多学者对此进行了积极的研究和探索，如梁迎丽等（2018）提出了人工智能与教育融合发展体系，探讨了推动人工智能与教育融合创新发展的路径，为人工智能与教育融合提供了理论参考①，但未对具体实施策略进行说明，可行性有待验证；张进宝等（2018）提出多措并举的智能教育实践策略②，但缺乏对各项措施之间关系的梳理，未形成智能教育推广实践的有效模式。由此可见，在实践推广方面，学界对促进智能教育发展的研究有待从一般的理论性研究转向可操作模式与策略的研究。

智能教育发展进入全面、快速推进的关键期。《北京共识——人工智能与教育》从政策制定、教育管理、教学与教师、学习与评价、价值观与能力培养、终身学习机会、平等与包容的使用、性别平等、伦理问题、研究与监测等方面全面规划人工智能时代的教育，提出各国要制定相应政策，利用人工智能加快建设开放灵活的教育体系③。因此，各个国家和地区需要进一步结合新时代个性化教育和教育信息化2.0深化发展的实际，多方协同，整合力量，加大力度探索智能教育的推进模式与策略。

---

① 梁迎丽，刘陈.人工智能教育应用的现状分析、典型特征与发展趋势[J].中国电化教育，2018 (3): 24-30.

② 张进宝，姬凌岩.是“智能化教育”还是“促进智能发展的教育”——AI时代智能教育的内涵分析与目标定位[J].现代远程教育研究，2018 (2): 14-23.

③ 中国教育网. 国际人工智能与教育大会在京闭幕[EB/OL]. [2019-05-31]. http://xxh.resource.edu.cn/news/651.html.

第二章

智能教育内涵与体系架构

推进智能教育建设与应用，首先需要明确智能教育的概念与内涵，确立智能教育顶层规划思路。本章主要讨论智能教育的概念与内涵，阐述智能教育体系的总体架构，分析智能教育的实践价值，提出推进智能教育发展的基本策略，为开展智能教育体系构建与应用提供总体参考框架。

2.1 智能教育概念与内涵

实际上，提出并使用“智能教育”（Intelligent Education，IE）这一概念并非仅仅因为智能技术的应用。从总体上看，对“智能教育”概念的研究有两种视角：一种是从“人的发展”视角提出的，指以人的智能培养为目的的教育；另一种是从“技术应用”的视角提出的，指基于智能技术应用的教育。从两种视角分别考查会形成不同的认识，而基于统一的方法论则可得到完整的理解。

2.1.1 概念的提出与发展

从“人的发展”视角看，在正式提出基于智能技术应用的“智能教育”概念之前，研究者已经从人的智能发展的视角提出并使用“智能教育”这一概念了，即以人的智能培养为目的的教育。教育是一个受教育者的智能得到提高的过程[①]。人类的自然智能即人的智力和能力，是一个人利用已有的知识能动地改造主观世界与客观世界的本领。智能教育强调提升个体的智力与能力，本质上是提升人解决问题的思维品质与实践能力，最高目标是发展人的智慧。教育的目的是促进智能的发展，推动教育手段的智能化不应成为智能教育的核心价值。人工智能时代的智能教育，应旗帜鲜明地将提升个体智能作为最重要的价值主张[②]。现代智能理论促进了智能教育的发展，如多元智能理论改变了过去将智能看作是单一通用的能力的认识，而是将其定义为

① 贾积有．人工智能赋能教育与学习[J]．远程教育杂志，2018，36（1）：39–47．
② 张进宝，姬凌岩．是“智能化教育”还是“促进智能发展的教育”——AI时代智能教育的内涵分析与目标定位[J]．现代远程教育研究，2018（2）：14–23．

一种多元的能力结构。因此，智能教育应注重整体性，强调差异性，突出实践性，致力于个性化教学体系的建立。

从“技术应用”视角看，随着人工智能、大数据等智能技术的发展，学者们在实践中提出了基于技术应用的“智能教育”概念，即“智能技术”支持的教育，具体包括以智能技术为媒介的教育和以人工智能为内容的教育两种类型。第一种是以智能技术为媒介的教育，也被称为以智能技术为环境和工具的教育，即以智能技术为媒介来构建智能化的教学环境和工具，发挥其在教学过程中的媒介作用，实现智能技术支持的新型教育模式。国际上对基于智能技术的智能教育系统构建与应用研究集中于20世纪70年代以后，包括ICAI、ITS、AIED等应用方式。第二种是以人工智能为内容的教育，即“人工智能教育”。人工智能是一门研究运用计算机模拟和延伸人脑功能的综合性学科。将人工智能作为一门学科，通过开设人工智能课程来进行人工智能素养和专业人才培养，也属于运用智能技术支持教育的范畴。2017年7月国务院发布《新一代人工智能发展规划》[①]，首次在国家文件中正式提出“智能教育”概念，并明确要求利用智能技术加快推动人才培养模式和教学方法改革，构建新型教育体系。这是从“技术应用”的视角提到“智能教育”。文件中既包括利用智能技术建设智能校园、开发立体综合教学场、建立以学习者为中心的教育环境，也提出完善人工智能教育体系、拓宽人工智能专业教育内容、在中小学阶段设置人工智能相关课程等。

通过分析中国知网（CNKI）近十年来二百余篇与“智能教育”主题相关的文献可以看出，这些研究大多基于以上两个方面以及二者相结合的视角。如表2–1所示。

① 国务院.国务院关于印发新一代人工智能发展规划的通知[EB/OL].[2017-08-24].http://www.gov.cn/zhengce/content/2017-07/20/content_5211996.htm.

表2-1　两种视角下研究智能教育的代表性观点

研究者	主要观点	研究视角
周玉皎[①]	智能即智力和能力。智力是人们认识客观事物并作出反应的一种心理能力。能力是指运用自己现有的智力以掌握知识、应用知识解决问题的实际本领。	人的发展
李玉杰等[②]	智能教育是现代教育与传统教育的明确分野，也是进行教学方法改革的理论前提和基本依据。	人的发展
张进宝等[③]	教育的目的是促进智能的发展。人工智能时代的智能教育应旗帜鲜明地将提升个体智能作为最重要的价值主张。	人的发展
赵银生[④]	智能教育就是教育手段的智能化。利用智能信息技术可以促进教与学变革。	技术应用
黄荣怀[⑤]	在智能技术发展的不同阶段，人们都尝试将人工智能技术用于教育，如计算机辅助教学（CAI）、智能教学系统（ITS）等。	技术应用
李亦菲[⑥]	智能技术支持下的新型教育方式都可以被称为智能教育，包括教学机器、智能教学系统、智能校园等。	技术应用
吴永和等[⑦]	智能教育是“人工智能+教育”的一种融合应用的形态，其要义是借助智能技术构建新型教育体系。	技术应用
任友群[⑧]	“人工智能+教育”包括两方面内涵：一是将人工智能技术视为教育领域的基础和核心；二是促进学习者在知识、技能、素养、品德等各个方面全面发展。	技术应用与人的发展
祝智庭等[⑨]	智能教育分为三种类型：一是智能技术支持的教育；二是学习智能技术的教育；三是发展人的智能的教育。	技术应用与人的发展

① 周玉皎.从大学生的智能培养谈教育改革[J].江苏高教，1985 (1): 61-64.
② 李玉杰，李景春.强化智能教育的教学方法改革[J].教学研究，1998 (2): 89-90.
③ 张进宝，姬凌岩.是“智能化教育”还是“促进智能发展的教育”—— AI时代智能教育的内涵分析与目标定位[J].现代远程教育研究，2018 (2): 14-23.
④ 赵银生.智能教育(IE):教育信息化发展的新方向[J].中国电化教育，2010 (12): 32-34.
⑤ 黄荣怀.人工智能与教育 [J].教育家，2017 (44): 14-15.
⑥ 李亦菲.智能教育与人工智能教育之间的关系[J].教育家，2017 (44): 16-18.
⑦ 吴永和，刘博文，马晓玲.构筑“人工智能+教育”的生态系统[J].远程教育杂志，2017，35 (5): 27-39.
⑧ 任友群.《课堂革命·智慧课堂丛书》总序.刘邦奇，吴晓如.智慧课堂：新理念　新模式　新实践[M].北京：北京师范大学出版社，2019：1-3.
⑨ 祝智庭，彭红超，雷云鹤.智能教育：智慧教育的实践路径[J].开放教育研究，2018，24 (4): 13-24.

2.1.2 智能教育概念与内涵

不同的研究视角会对智能教育概念与内涵产生不同的理解。事实上，“人的发展”与“技术应用”两种视角既有区别，又是相互联系和统一的。从“人的发展”视角理解智能教育，可归结为“以教育目的为导向”，即智能教育以培养和发展人的智能为宗旨。而从“技术应用”的视角理解智能教育，可归结为“以实践方式为导向”，即智能教育以使用智能技术进行教育教学、促进教学效率和水平提升为宗旨。因此，对智能教育的完整理解应包括“教育目的”与“实践方式”两个方面，力求实现教育目的与实践方式的内在统一。具体如表2-2所示。

表2-2 智能教育两种研究视角及其内在统一性

研究视角	“人的发展”视角	“技术应用”视角	二者统一的视角
内涵界定	• 以“智能培养”为目的的教育。 • 以培养和发展人的智能为宗旨。	•“智能技术”支持的教育。 • 以智能技术为媒介和以人工智能为内容的教育。	• 智能培养与智能技术支持相结合。 • 既包括培养和发展人的智能，又包括使用智能技术进行教育教学，提升教学效率和水平。
研究导向	以教育目的为导向	以实践方式为导向	教育目的导向与实践方式导向相统一

智能教育的内涵应从“人的发展”与“技术应用”两个角度完整、统一地理解，以实现教育目的与实践方式的内在统一。具体来说，我们可以基于统一的视角对智能教育的内涵进行重新界定，即智能教育既包括促进人的智能发展的教育（“人的发展”视角），也包括智能技术支持的教育（“技术应用”视角），从而使人的发展与技术应用有机结合、融为一体。

我们尝试基于统一视角，对“智能教育”提出如下定义：所谓智能教育，是利用智能技术构造智能化学习环境、提升教学效率和水平、促进学习者智能全面而有个性的发展的教育。具体来说，智能教育基于人工智能、大数据等智能技术，以学习者为中心，构建情境感知、泛在互联、数据融通、业务协同的智能学习环境，锻造智能型教师队伍，实现差异化教学、个性化学习、精细化管理和适切性服务，以推动人才培养模式及教学方法变革，并促进学习者核心素养提升和创新型人才培养。

上述定义表明，智能教育是智能时代的教育样式，其核心标志是智能化，通过智能技术与教育教学的深度融合，推动教育信息化升级发展，真正实现因材施教和个性化学习，形成教育信息化2.0阶段的教育新形态。在智能教育探索与实践的过程中，由于技术应用与融合的类型和方式不同，对于“智能教育”的概念，学界仍存在“人工智能+教育”“教育人工智能”“智能教学系统”“人工智能教育”等多种不同的理解。在此，我们对上述相关概念进行了辨析，详见表2–3。

表2–3　智能教育与相关概念内涵及关系辨析

相关概念	主要内涵	与智能教育的关系
人工智能+教育（Artificial Intelligence +Education）	• 人工智能是一门融合了多种前沿技术的综合学科，主要研究如何构造智能机器（智能计算机）或智能系统，使其模拟、延伸和扩展人类智能。 • 人工智能自诞生起就一直在教育领域中得到应用，其中较具潜力的主要包括知识表示方法、机器学习与深度学习、模式识别、自然语言处理、情感计算、智能机器人和智能代理等。 • 将人工智能视为教育领域的基础和核心工具，在教育领域全面、系统、深入地运用，使学习者在知识、技能、素养、品德等各个方面全面发展。	• 智能教育是将人工智能等技术作为环境、工具和内容所实现的教育应用形态。 • 智能教育是人工智能等技术支持下的一种新型教育形态。
教育人工智能（Artificial Intelligence in Education）	• 是教育领域的人工智能，其核心是使用精确的计算和清晰的形式表示教育学、心理学和社会学中含糊不清的知识①。 • 是人工智能与教育科学、学习科学、教育技术学、教育神经科学等多学科相互交叉、有机结合而形成的新研究领域，其目的是促进学习改进，如实现深度学习。 • 重心在人工智能，是人工智能的子集。	• 智能教育的重心在教育，旨在在智能技术支持下开展教育教学实践活动。 • 智能教育是智能技术在教育领域中的创新应用实践，包括智能教学、智能学习、智能评价、智能决策、智能服务等。

① John Self, The defining characteristics of intelligent tutoring systems research: ITSs care, precisely[J]. International Journal of Artificial Intelligence in Education, 1999 (10): 350–364.

续表

相关概念	主要内涵	与智能教育的关系
智能教学系统（Intelligent Tutoring System）	• 是利用计算机模仿教学专家的经验、方法来辅助教学工作的计算机系统[①]。 • 主要包括专家模型、学生模型、教师模型和智能人机接口四个部分。 • 它的应用改变了传统的教学方式，有助于发挥学生学习的积极性和主动性，提升教学效率，使学生的智力和能力得到进一步的培养和提高。	• 智能教育是在智能教学系统的基础上进一步深化发展而来的新阶段。 • 智能教育的应用场景不仅包括教与学，还包括评价、管理、服务等教育全场景。
人工智能教育（Artificial Intelligence Education）	• 是以人工智能为内容的教育，最早出现在1968年的编程教育中，即LOGO语言编程。 • 学习和应用人工智能与科学、实践等综合创新活动，发展人类自身的智能，形成人机合作的行为模式[②]。	• 智能教育强调人工智能等智能技术支持下的教育实践。 • 智能教育不仅是指以智能技术作为环境与工具的教育，也包括以人工智能为内容的教育。

2.1.3 智能教育和智慧教育的区别与联系

在各种相关概念中，“智慧教育”是与“智能教育”最为相似且易混淆的概念。实际上，近几年来无论是在学者研究还是行业实践中，普遍使用的概念多为“智慧教育”而非“智能教育”。如教育部《2019年教育信息化和网络安全工作要点》中使用的就是“智慧教育”，但国务院《新一代人工智能发展规划》中使用的则是“智能教育”，教育部《教育信息化2.0行动计划》中既使用了“智慧教育”，又使用了“智能教育”。祝智庭等（2012）曾对“智慧教育”作出如下阐释：信息时代智慧教育的基本内涵是通过构建智慧学习环境，运用智慧教学法，促进学习者进行智慧学习，从而提升成才期望，即培养具有高智能和创造力的人。智慧教育主张借助信息技术的力量，创建具有一定智慧的（如感知、推理、辅助决策等）学习时空环境，旨在促进学习者的智慧全面、协调、可持续发展[③]。

① 刘清堂，吴林静，刘嫚，范桂林，毛刚.智能导师系统研究现状与发展趋势[J].中国电化教育，2016 (10): 39-44.

② 张进宝，姬凌岩.是“智能化教育”还是“促进智能发展的教育”——AI时代智能教育的内涵分析与目标定位[J]. 现代远程教育研究，2018 (2): 14-23.

③ 祝智庭，贺斌.智慧教育：教育信息化的新境界[J].电化教育研究，2012 (12): 5-13.

与此同时，祝智庭认为“智慧教育”概念的提出起因于美国IBM公司的“智慧地球”（Smarter Planet）战略，是随着“智慧地球”概念的推广应用引出的诸如“智慧城市”“智慧交通”等概念之一。然而“智慧教育”的概念一经提出便饱受争议，比如“智慧教育”并无智慧可言①，源于“智慧地球”的“智慧教育”并非真正的“智慧教育”②,“智慧教育”实际上就是“智能教育”的一种别称③，等等。出现以上问题的主要根源在于对英文“Smart”一词及“智慧教育”概念理解的不同。最初人们参考IBM的“智慧地球”引出了“智慧教育”的概念，但在现代语境下“Smarter Education”能否简单地翻译为“智慧教育”？“智能教育”与“智慧教育”的区别和联系到底是怎样的？我们有必要对此进行重点讨论与辨析。

（1）从“智慧地球”能否类推出“智慧教育”

2008年，美国IBM公司针对大中华区市场的需要，在众多场合用中文大力推广“智慧地球”的概念，这一概念很快被政府、行业和研究者们普遍接受。但IBM使用的“Smart”的本质内涵究竟是什么？从IBM对“智慧地球”的解释来看，“Smart”实质上指的是“智能”。IBM的“Smarter Planet”主要包括三个维度，即感知化、互联化、智能化，这显然与“智慧”的内涵相去甚远。信息技术的智能和人类的智慧有着本质的差异④。而“Smarter Planet”所有指向都是物，最高层级是智能化，其实并没有“智慧”的意思。智慧应该是人类特有的，至少是在有人类参与的活动中产生的。在IBM公司2010年以后的年报中，有关“Smarter Planet”的内容大幅减少，到2015年后几乎再未提及（见表2-4）。在IBM公司后来提出的智慧教育框架中，始终强调“智能”的应用，具体包括：数据存储与挖掘分析，提供创造价值的工具；利用人工智能为教师提供最有效的工具，为每一个学生提供个性化的学习体验；通过IBM硬件、中间设备和服务的组合，根据教育管理者的需求来定制信息

① 陈琳，杨英，孙梦梦.智慧教育的三个核心问题探讨[J].电化教育研究，2017（7）：47-53.
② 陈琳，孙梦梦，刘雪飞.智慧教育渊源论[J].电化教育研究，2017（2）：13-18.
③ 李亦菲.智能教育与人工智能教育之间的关系[J].教育家，2017（44）：16-18.
④ 李子运.关于“智慧教育”的追问与理性思考[J].电化教育研究，2016（8）：5-9.

服务，支持教育管理改革。而近几年IBM公司开发的具有认知智能的机器人助教吉尔·沃森（Jill Watson），主要采用的也是人工智能的认知计算分析技术。可见，IBM提出的“Smart”一词，其实质是智能化。可以想象，如果当初IBM使用的概念不是“智慧”而是“智能”，或许我们现在普遍使用的术语就是“智能教育”而非“智慧教育”了。

表2-4　IBM年报中“智慧地球”概念的提出与发展①

年份	主要发展
2008年	• 首次提到“智慧地球”（Smarter Planet），指的是将智能化注入世界运作的方方面面中，让世界更智能。 • “Smarter Planet”的目标是：实现感知化、互联化和智能化。
2009年	• 再次提到“Smarter Planet”，表述与2008年年报类似。 • 展望在2010年致力拓展九个高增长行业，并继续推动以更加智能的技术为核心的科学研究。
2010年	• 关于“Smarter Planet”的表述与前两年的年报相比大幅减少。
2011年	• 关于“Smarter Planet”的表述与2010年年报类似。
2012年	• 着重提出大数据时代的智能计算（Smarter Computing）。
2013年、2014年	• 着重介绍“Smarter Planet”在商业、通信、政府方面的发展。
2015年	• 未提及“Smarter Planet”，与“Smarter”相关的内容仅提到“Smarter Analytics”（智能分析）和“Smarter Commerce”（智能商务）。
2016年	• 正文未提及“Smarter Planet”，但在前面的企业宣传页中出现了“Waston智能学习助手”。 • 首次在年报中提到“人工智能”（Artificial Intelligence，AI）。在AI的推动下，IT行业将从根本上重新排序。
2017年	• 提出服务于更智能的企业，方式分为两种：一是通过IBM云提供平台支撑，二是利用IBM Watson提供人工智能解决方案服务，其中提到了教育领域。

（2）世界各国普遍开展的是“智慧教育”还是“智能教育”

学术界有一种观点：世界各国普遍开展的是“智慧教育”，并且有许多“智慧教育”的实践案例。事实果真如此吗？黄荣怀（2014）认为，与智能、

① IBM. 2008 Annual Report[EB/OL]. [2019-12-03]. https://www.ibm.com/annualreport/assets/past-reports/2008-ibm-annual-report.pdf

智慧相关的英文表述有三个：Smart、Intelligent、Wisdom①。就这三个词本身的含义来说，既可以用于智能也可以用于智慧，但这三个词对智慧的描述不属于同一个层面，应根据具体的情境合理使用。尤其当这三个词与教育联系在一起时，翻译成中文后的含义大不相同。但目前国内的绝大多数研究，几乎无一例外地把“Smart Education”和“Intelligent Education”都翻译成“智慧教育”，这就必然会出现问题。比如许多研究者在介绍国外“智慧教育”案例时，经常会以新加坡的“智慧国家”计划举例。实际上，新加坡于2006年6月公布的“智慧国家2015”（intelligent Nation 2015，iN2015）中所使用的是“intelligent”，本义上是“智能”。韩国2011年发布的《推进智能教育战略施行计划》中的“智能”一词，其英文“SMART”是一个合成词，由自主式（Self-directed）、兴趣（Motivated）、能力与水平（Adaptive）、丰富的资源（Resource enriched）、信息技术（Technology embedded）构成②，但大多数研究者想当然地把它理解为“智慧”。而在一些国际“智慧教育”会议中，有不少人把外籍专家报告中出现的“intelligence”和“smart”全部翻译为“智慧”。祝智庭等（2018）认为，技术推动的智慧教育肇始于“智慧星球”（Smart Planet），而将“Smart Education”译为“智慧教育”实在勉强③。实际上，国外文献中所使用的“intelligence”和“smart”本义是“智能”，而国内研究者为了证明国外普遍开展的是“智慧教育”，在翻译时主观地把它们“智慧”化了。

（3）国内研究者如何理解“智慧教育”的本质内涵

实际上，近几年国内学者在使用“智慧教育”概念时，大都将“智能化技术”作为其核心支撑，甚至把“智慧教育”直接理解为“智能教育”。余胜泉（2014）认为，在所有“智慧”理念的背后，都离不开“智能”技术的

① 黄荣怀.智慧教育的三重境界：从环境、模式到体制[J].现代远程教育研究，2014(6)：3-11.

② 朴钟鹤.教育的革命：韩国的智能教育战略探析[J].教育科学，2012(8)：87-91.

③ 祝智庭，魏非.教育信息化2.0：智能教育启程，智慧教育领航[J].电化教育研究，2018(9)：5-16.

支撑[①]。智慧教育是依托新一代信息技术所打造的智能化教育信息生态系统，是数字教育的高级发展阶段。陈耀华、陈琳（2016）提出，“互联网+教育”与智慧教育本质一致，可认为“互联网+教育”大致等于智慧教育，由此可得出智慧教育的本质定义：智慧教育是高度教育信息化支持的教育新形态[②]。“互联网+”不仅仅指互联网，而且包括物联网、大数据、云计算、移动通信技术、高清显示技术、交互技术、智能技术、多维技术、可穿戴技术等现代信息技术。金江军（2012）指出，智慧教育是教育信息化发展的高级阶段，是教育行业的智能化，运用信息智能技术的教育活动就是智慧教育[③]。李亦菲（2017）认为“智慧教育”就是“智能教育”的一种别称[④]。郑旭东（2018）提出了“智慧教育2.0”的概念，并认为“智慧教育2.0”是人工智能时代的教育形态，亦称为人工智能推动的智能教育[⑤]。张立新等（2015）认为，智慧教育是多种智能信息技术与教育深度融合的产物，是未来教育信息化发展的一个重要方向。智慧教育是人和技术协同作用而构成的教育系统[⑥]。

由此可见，目前普遍认为“智慧教育”是以智能技术为支撑的新型教育形态，其本质内涵是智能化，因而当前阶段的“智慧教育”实质上就是智能教育。同时，“智慧教育”也是教育信息化未来的发展方向，是人工智能与教育深度融合、创新发展的理想形态。

据此，一种合理的概念区分是：将智能时代基于智能技术的教育形态界定为“智能教育”；将在此基础上进一步发展的、基于未来智慧技术[⑦]的新型教育形态界定为“智慧教育”。即当前所谓的“智慧教育”实际上是智能教育，未来的“智慧教育”才是真正的智慧教育。

---

① 余胜泉.从数字教育到智慧教育[J].中小学信息技术教育，2014 (9): 24-25.
② 陈耀华，陈琳.互联网+教育智慧路向研究[J].中国电化教育，2016 (9): 80-84.
③ 金江军.智慧教育发展对策研究[J].中国教育信息化(基础教育)，2012 (11): 18-19.
④ 李亦菲.智能教育与人工智能教育之间的关系[J].教育家，2017 (44), 32-34.
⑤ 郑旭东.智慧教育2.0:教育信息化2.0视阈下的教育新生态[J].远程教育杂志，2018 (4): 11-19+26.
⑥ 张立新，朱弘扬.国际智慧教育的进展及其启示[J].教育发展研究，2015 (55): 4-60.
⑦ 杨现民，刘雍潜，钟晓流，宋述强.我国智慧教育发展战略与路径选择[J].现代教育技术，2014 (24): 12-19.

（4）“智能教育”和“智慧教育”的区别与联系

“智能教育”与“智慧教育”既相互区别又紧密联系，是教育信息化发展的两个不同阶段和不同形态（见表2–5）。

表2–5　智能教育与智慧教育的区别与联系

要素	智能教育	智慧教育
本质内涵	基于智能技术构建智能教育环境，锻造智能型教师队伍，实现差异化教学、个性化学习、精细化管理和适切性服务，促进学习者核心素养提升和创新型人才培养。	通过构建智慧学习环境，运用智慧教学法，促进学习者进行智慧学习，培养具有高智能和创造力的人，旨在促进学习者的智慧全面、协调、可持续发展。
发展阶段	教育信息化当前形态，现在进行时。	教育信息化未来形态，将来完成时。
技术作用	技术是资源，支撑教育教学变革，构建新的教育模式。	技术是动力，促进教育结构性变革，形成新的教育生态。
核心技术	物联网、云计算、大数据、人工智能。	人机融合智能、类人智能、超级人工智能。
建设内容	智能化设施、资源、平台，智能校园，智能教室。	智慧教育生态环境、智慧校园、智慧教学系统。
教学方式	智能教学系统、翻转课堂、混合式教学。	智慧课堂、人机协同教学、沉浸式教学。
评价管理	基于数据的评价、智能测评、大数据分析决策。	全过程动态评价、智慧评价、智慧化治理。
路径关系	智能教育是路径、前提，促进智慧教育实现。	智慧教育是目标、愿景，引领智能教育发展。

智能教育是在教育信息化1.0（电化教育、数字教育）基础上深化发展而来的，是智能时代技术与教育融合应用形成的教育新形态，是当前教育信息化进入2.0阶段的标志。而智慧教育是在智能教育基础上进一步发展的方向，是超级智能时代教育信息化的发展趋势和高级阶段，是未来理想的信息化教育形态。教育信息化发展历程及趋势如图2–1所示。

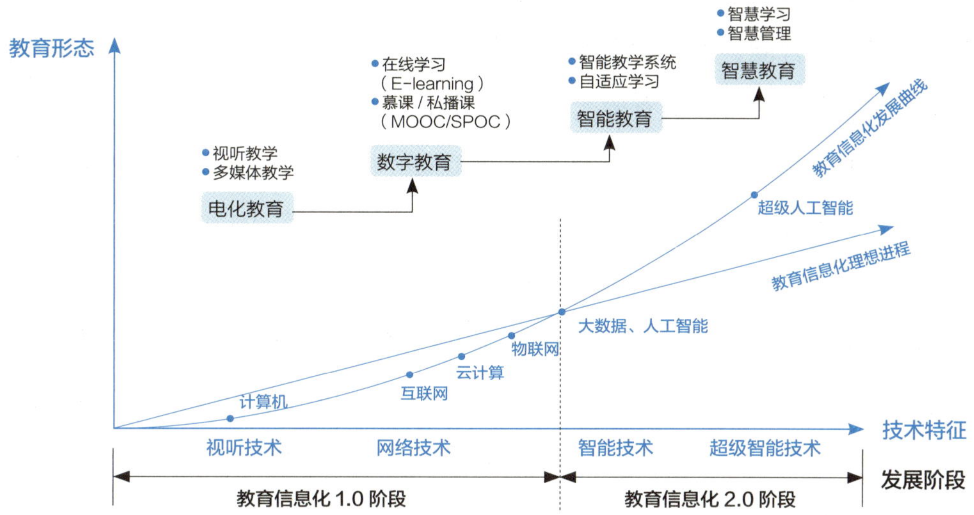

图2-1　教育信息化发展历程及趋势

在发展理念上，以“智慧教育”引领“智能教育”发展。智慧教育是一种目标理念和发展愿景，智能教育是正在实施的发展过程。《2.0计划》提出要以智能技术为手段，以融合创新为目标，以智慧教育为先导理念。智能教育作为智慧教育的实践路径，不会自然而然地达到教育核心理念或核心观念的境界，它需要智慧教育的引领[①]。智能教育的核心特征是智能化，其目的是通过智能化促进教育信息化的升级发展。随着智能技术本身的不断发展及融合应用的不断深化，智能教育将走向新的高级阶段——迈向未来的智慧教育形态。

在技术路径上，从“智能技术”走向“超级智能技术”。智能教育依托智能云计算、大数据、人工智能等智能技术，旨在构建信息化、智能化的教育环境，促进学习与教育的变革。但这些智能化技术的智能水平大都仍处于机器智能、弱人工智能阶段，难以支撑教育的“智慧化”发展要求。未来智慧教育需要通过更高级的智能技术——超级智能技术来创设智慧教育环境。

① 祝智庭，彭红超，雷云鹤．智能教育：智慧教育的实践路径[J]．开放教育研究，2018，24(4)：13–24+42．

也有学者把支持智慧教育的技术称之为“智慧技术”，如杨现民①、谢幼如②等。随着类人智能、人机融合智能、超级人工智能的发展以及人类智能自身的发展和融合创新，未来有望实现真正的智慧教育。

在发展进程上，从“现在进行时”迈向“将来完成时”。当前智能教育发展处于“现在进行时”，是教育信息化不断探索与实践的阶段，也是目前技术条件下经过努力可以实现的新型教育模式，具有现实性、先进性，并与智能技术保持同步发展。而智慧教育发展属于“将来完成时”，是教育信息化的未来发展方向，是一种目标愿景，需要在智能教育发展成熟的基础上进一步探索发展，在适当的技术和社会发展条件下才可能实现，具有未来性、探索性和不确定性。就整体发展水平而言，目前教育信息化尚处于“智能化”教育发展的阶段，但是在教育系统的局部领域以及部分子系统的建设与应用中，有可能率先进行“智慧化”探索。比如当前尝试实施的“智慧课堂”，基于智能化学习环境开展智慧化的教与学，旨在促进课堂教学的结构性变革，实现向智慧教育的转变。

2.2 智能教育体系架构

从系统整体的视角来看，智能教育是一个多要素、多层次、动态发展的复杂生态体系。推进智能教育的建设与应用，必须从整体上审视和把握智能时代背景下教育系统的业务、技术和应用之间的关系，以及这些关系对教育教学过程及效果的影响。为此，我们需要运用信息化顶层设计方法，分析和提炼智能教育的总体架构和体系构成。

① 杨现民，刘雍潜，钟晓流，宋述强.我国智慧教育发展战略与路径选择[J].现代教育技术，2014 (24): 12-19.

② 邱艺，谢幼如，李世杰，黎佳.走向智慧时代的课堂变革[J]. 电化教育研究，2018(7): 70-76.

2.2.1 总体架构

（1）研究方法

《新一代人工智能发展规划》中明确提出，利用智能技术构建新型教育体系。智能教育体系不同于一般的智能教学系统或智能计算机辅助教育系统。它既包括智能基础设施、技术平台和应用系统等技术环境建设，还包括智能技术与教育融合、人机协作的教师队伍、技术支持下的教学应用、伦理与安全保障等多个要素，是一个要素众多、结构复杂、动态发展的完整教育生态体系。

在智能教育体系构建与应用实践中，依据不同的标准，智能教育可分为不同层级和类型的具体系统。比如，按教育应用的层次分类，可分为区域智能教育系统、智能校园系统和智能教学系统等；按教育教学业务类型分类，可分为教育资源系统、智能教学系统、智能教研系统、智能评价系统、智能管理系统和智能服务系统等；按学科教学应用类型分类，可分为语文、数学、英语、科学等学科的智能化教学系统。因此，在实践中可根据教育教学实际需要，有针对性地构建相应的智能教育系统。

研究智能教育体系框架首先要基于整体观念和系统工程的方法。我们在此借鉴信息系统顶层设计方法论①，自上而下地进行顶层设计并构建智能教育总体架构模型，以此统领智能教育体系的各项建设。一般来说，用系统化方法描述智能教育的总体架构包括两种方式：一种是总体结构化描述方法，即从智能教育生态整体进行总体架构描述，反映生态系统的组成模块及层次结构关系；另一种是从系统的技术层面，描述其技术策略及逻辑关系。前者注重系统的总体架构描述，后者侧重于系统的技术架构描述。

（2）架构模型

根据以上对研究对象和研究方法的分析，我们结合实际研究需要，不断总结、提炼和优化，采用总体结构化描述方法，提出智能教育体系总体

① 蒋东兴，袁芳，刘启新，沈力强，付小龙．信息化顶层设计[M]．北京：清华大学出版社，2015: 17-34.

架构模型[1]，如图2-2所示。

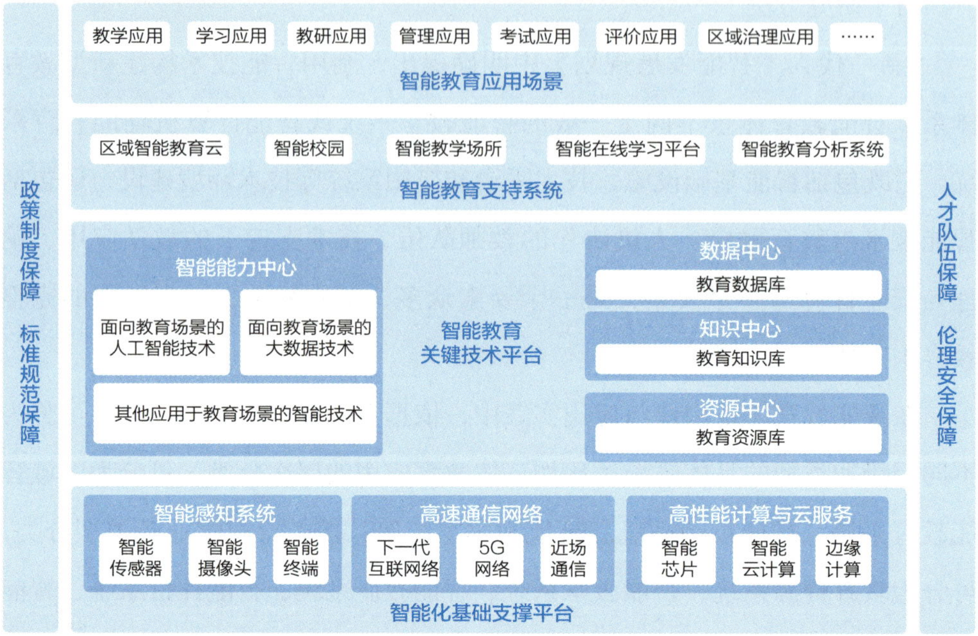

图2-2 智能教育体系的总体架构

智能教育体系的五层总体架构包括基础支撑层、关键技术层、智能系统层、智能应用层、综合保障层，它们共同构成了智能教育生态体系。其中，“基础支撑层”包括智能感知系统、高速通信网络、高性能计算与云服务等，为智能教育提供智能化的信息感知、智能云计算、智能边缘计算和高性能计算支持等基础支撑；“关键技术层”是智能教育的“大脑”，它基于人工智能、大数据等智能技术，建立智能能力中心，负责面向教育场景的人工智能、大数据及其融合应用技术的输出，建立数据中心、知识中心和资源中心，负责教育数据、教育知识、教育资源的输出；“智能系统层”通过开发区域智能教育云、智能校园、智能教学场所、智能在线学习平台和智能教育分析系统等，构建网络化、智能化的教育应用环境；“智能应用层”实现教育教学场景应用的智能化，包括教学、学习、教研、管理、考试、评价和区

① 刘邦奇，王亚飞．智能教育：体系框架、核心技术平台构建与实施策略[J].中国电化教育，2019(10)：23-31.

域治理等场景应用；“综合保障层”是智能教育的综合保障体系，包括政策制度、标准规范、人才队伍、伦理安全等保障。

2.2.2 体系构成

（1）智能化基础支撑平台

智能化基础支撑平台是实现智能教育的基础设施条件，主要提供智能硬件、网络、存储和计算基础能力支撑。

智能化基础支撑平台的建设主要包括三个方面。第一，建设智能感知关键设施。根据智能教育应用的需求，部署并实现各类智能感知设备的自由接入，如智能传感器、智能摄像头、智能终端、可穿戴设备等，使教育环境从物理环境与信息环境分离的环境转向提供情境感知、生物特征感知和社会特征感知的联通、感知和智能的环境[①]，实现对学习者所处的时空、学习行为、学习过程、学习效果等信息的自动感知，以适应全时空、全受众的智能学习新要求。第二，构造高速通信网络设施。随着下一代互联网技术（IPv6）、5G网络技术、近场通信技术的发展与应用，优化升级网络基础设施，实现未来互联网、移动通信网的全面融合和互联互通，提供网络化、泛在化、高效化的智能通信服务。第三，构建智能云服务基础设施。采用虚拟化等技术，实现云资源服务的高集成、高效率和智能化，建设智能边缘计算和高效能计算基础设施，采用智能芯片、计算集群等技术，提升对智能教育大规模应用的支撑服务能力。

（2）智能教育关键技术平台

智能教育关键技术平台是智能教育体系的核心内容。它采取中心化部署方式，为各类教育场景应用提供智能技术能力的集成与调用，以及教育数据、教育知识和教育资源的输出，从而推动智能技术为教育信息化系统赋能，实现智能技术与教育的深度融合。

---

① 刘清堂，毛刚，杨琳，程云．智能教学技术的发展与展望[J]．中国电化教育，2016（6）：8-15.

首先是建立智能能力中心。以人工智能、大数据为代表的智能技术为基础，实现各项智能技术的综合应用或改造定制，以解决教育场景中的关键问题，并为教育信息化系统赋能。例如，通过语音识别技术与评测技术的结合，开发语音评测技术，为教育信息化系统赋予自动评分的智能。其次是建立数据中心、知识中心和资源中心。在人工智能、大数据等关键技术的支持下，构建教育数据库、教育知识库与教育资源库，并对外提供统一的教育数据、教育知识和教育资源等内容服务的输出。例如，将学科知识按照知识图谱的形式构建教育知识库，用户不仅可以查询某个知识点的详细信息，还可以获得知识点前后的关联信息，从而赋予教育信息化系统学习规划与学习推荐的功能。

（3）智能教育支持系统

智能教育支持系统是智能教育应用的重要基础和支撑条件。通过智能技术建立各类智能化教育教学系统，构建个性化、智能化的新型教育环境，促进教育形态和教育方式的变革。

智能教育支持系统的建设分为五类。一是建设区域智能教育云。汇聚各类教学、学习、管理、评价等业务系统数据信息，形成网络互联、数据互通、信息共享的区域教育大数据共享服务平台，为区域教育行政部门、各级各类学校和广大师生提供智能教育服务。二是建设智能校园。利用智能技术在数字校园的基础上向智能校园迈进，为用户提供开放、互动、协作、有利于智慧教育发展的智能化校园环境。三是建设智能教学场所。形成以智能化、立体化、综合化为特征的教学场所，如智能教室、学科教室、智能实验室、人工智能实验室、虚拟仿真实训室、STEAM（Science科学，Technology技术，Engineering工程，Art艺术，Mathematics数学）综合创新教室等，为教师智能教学、学生个性化学习提供智能化环境支撑。四是建设智能在线学习平台。通过测评、采集、记录在线教学过程中产生的教育大数据，利用统计、机器学习、大数据分析等技术来分析和处理，实现对学习过程及学习情境的理解与优化[1]。五是建设智能教育分析系统。通过开发智能教育助理，融合应用教育数据挖掘和学习分析技术，提供快速、全面、智能的教育分析服务。

（4）智能教育应用场景

智能教育应用是智能教育系统建设的目的与归宿，是各类教育场景应用智能技术的集中体现。在区域、学校和课堂教育教学过程中充分开发和利用人工智能、大数据等智能技术，可以有效促进智能技术与教育教学的深度融合应用，推动核心教育场景应用的智能化，最终推动智能教育应用创新发展。

智能教育应用主要包括三个层面。一是教与学场景的应用。主要是在教学、学习、考试、教研、评价等活动中融合应用智能技术，实现基于大数据的教学全过程动态学习评价，精准评估教与学的过程与绩效，重构教学流程与结构，辅助教师进行差异化教学和因材施教，辅助学生的个性化学习，构建基于智能技术的新型教学模式。二是管理与服务场景的应用。主要是在学校管理、区域治理、综合服务等活动中融合应用智能技术，建立智能化管理与服务支撑平台，辅助管理者的决策、管理和服务，优化和重构各个场景的应用流程和服务模式，实现精准化管理和适切性服务，推动区校教育治理方式变革。三是其他场景的应用。主要包括学生心理健康教育、体质健康教育、美育、家庭教育以及特殊教育等领域的应用。

（5）智能教育保障体系

智能教育保障是智能教育有序实施、可持续发展的重要保证，包括智能教育内外部的相关因素。

智能教育保障体系的建设主要包括四个方面。一是政策制度保障。从国家层面制定人工智能教育应用的相关政策制度及智能教育发展规划，健全组织机构，形成智能教育发展的有效机制。建立“政、产、学、研、用”协同创新机制，加强企业、高校、研究机构及用户之间相互协作、和谐共生，打

---

① 吴永和，刘博文，马晓玲．构筑“人工智能+教育”的生态系统[J]．远程教育杂志，2017，35 (5)：27-39.

造智能教育产业链，实现开放合作、资源共享、协同发展，从而构筑智能教育新生态。二是标准规范保障。在遵循人工智能、大数据等技术的一般标准规范的前提下，结合教育业务的需求特点，制定智能教育技术标准和管理规范，内容涵盖规划设计、软件开发、性能、功能、安全性、可用性、兼容性等方面。三是人才队伍保障。通过开展师范生人工智能应用能力培养、高校和职业院校人工智能专业人才培养、在中小学开设人工智能课程以及组织政府、学校、企业从业人员在职培训等方式，加强智能教育人才培养，形成以智能型教师为核心的、具有一定规模的智能教育从业人员队伍。四是伦理安全保障。针对人工智能领域存在的信任危机和技术伦理困境，围绕智能教育产品和系统的复杂性、风险性以及用户隐私数据的泄露等潜在问题，探讨保障智能教育健康发展的法律规范和伦理边界，强化智能教育产品、数据、系统和网络信息安全风险评估和防护。

2.3 智能教育实践价值

智能教育体系的建设与应用对于新时代教育形态变革具有重要价值。通过智能技术在教育中的应用，可以促进智能技术与教育教学的深度融合与创新发展，转变教育教学理念，推进“教育信息化”向“信息化教育”的转段升级，重构教育、学习与管理方式，进而形成智能时代教育新形态。

2.3.1 树立新时代教育理念

智能时代要树立新的教育思想观念。在人才观上，从基于工业时代封闭式、规模化、程序化教育模式下标准化、程式化的人才培养方式，向依托智能时代开放式、个性化、多样化教育模式下具有创新能力和个性特长的人才培养方式转变。在资源观上，从数字化、信息化向数据化、智能化转变，从一般的数字教育资源共享服务向资源智能生成、个性化推荐转变。在教学观上，从传统的班级授课、封闭式课堂教学向个性化学习、开放式教学转变，通过智能技术与教育教学深度融合，促进传统课堂的结构性变革，建立课内与课外一体化、线上与线下一体化、虚拟与现实一体化的新型教学模式。

2.3.2 锻造智能型教师队伍

智能时代中，教师是促进智能技术与教育教学融合应用的关键因素。智能教育要求教师重新认识和定位自身角色，由传统教师向智能型教师转变。锻造智能型教师队伍，首先，在多元智能理论指导下促进教师多种智能的提升，改善教学方法和教学手段，提高教师智能素养和运用智能技术进行教育教学的能力；其次，在智能教学代理、智能助手和智能教学系统等智能化工具支持下，实现教师角色重塑[①]。有学者认为，随着智能技术的不断发展，教师在未来可能承担12个角色[②]。通过实时获取学生信息，可以帮助教师了解每一位学生；通过学习数据的即时反馈，可以增强教师的决策分析能力；通过学习过程智能测评，可以提升教师教学质量。这些都将使教师真正成为学生学习的指导者、协同者和陪伴者。

2.3.3 实行差异化教学方式

教育大数据和智能分析技术的充分应用，可以使差异化教学得以真正实现。通过课前、课中、课后全过程动态学习数据采集、记录和分析，教师教学可以从基于经验转向基于教学数据，包括学生信息、学习行为数据、学习过程数据、学习结果数据等。运用数据测量、数据统计、数据挖掘等方法，可以直观呈现学生个体或群体分析结果，精准构建教学情境，实现学习过程监控，为教师提供实时动态的学情分析服务，进而帮助其了解学生个体差异，区别学生学业水平层次，实现差异化教学。基于智能技术对学生的学习表现和教师的教学过程进行问题诊断和综合评价，并给予及时的智能反馈，

---

① 刘清堂，毛刚，杨琳，程云．智能教学技术的发展与展望[J]．中国电化教育，2016 (6): 8-15.

② 余胜泉.人工智能教师的未来角色[J].开放教育研究，2018，24 (1): 16-28.

可以为教师提供改进教学目标、内容和方法的针对性意见，提高其教学的精准化水平。两千五百多年前孔子提出的“因材施教”思想，因符合教育工作规律，长期以来受到推崇。但在现代学校教学中，由于应试升学要求高、班级人数规模大、学生课业负担繁重等原因，“因材施教”一直停留在学校和教师梦寐以求的理想中，难以真正展开。当前，利用智能技术有望破解这一难题，使梦想变成现实。

2.3.4 重塑个性化学习方式

以机器学习、人工神经网络等为支撑的新一代人工智能技术的发展，对个性化学习进行了重塑和再造[①]。利用人工智能、大数据等智能技术，能够精准描绘学习者“画像”，按需定制个性化学习方案与策略，为学习者规划个性化的学习目标和最适合的学习路径。借助语音交互、图像识别、增强现实等技术，可以为学习者推荐个性化学习内容，优化个性化学习体验，激发学习者的学习欲望。通过对作业、考卷进行自动识别与批改，能够开展全过程、多维度的数据采集和分析评价。综合运用行为建模、经历建模、知识图谱构建和学习分析等技术，可对学习者的学习行为、过程和结果进行智能测评和个性化诊断，帮助教师及时掌握学生的整体学习情况以及个性化学习需求。

2.3.5 推动精细化管理决策

智能技术的应用正在不断推动教育管理向智能化、精细化和科学化的方向发展。在学校教育中，管理者可以在智能教育助手等系统工具的辅助下完成教育管理工作，如智能排课助手、教务智能代理系统可辅助管理者完成排课或师资管理等工作。运用智能技术还可以精简、优化或重构统一的管理流程，消除管理中的“信息孤岛”，实现管理的信息化、智能化，提高管理工

① 牟智佳．“人工智能+”时代的个性化学习理论重思与开解[J]．远程教育杂志，2017，35(3)：22-30.

作效率和效能[1]。在区域教育行政管理和教育公共服务中，教育大数据技术能够提供区域教育大数据治理服务。通过建立区域教育大数据中心，采集、汇聚区域内各类用户、教育教学、管理等全流程数据并进行科学的数据统计和数据挖掘，可以促使管理者进行基于数据的管理决策和协调控制。

2.3.6 实现适切性保障服务

未来智能技术将使学校的保障和服务工作更加适切，真正做到以人为本。“适切性”来源于对英文“Relevance”一词的翻译，通常包括适当、恰当或适合需要等含义。适切性服务是指在智能技术支持下，使服务工作能够更加符合客户的需要。例如，通过分析一卡通、智能手环、智能终端等各类智能感知设备及用户行为数据，可以为用户提供符合需求的消费、健康、公共服务等信息服务支持，从而使个人的学习生活更加智能便捷。又如，通过智能技术处理分析智能摄像、智能感知等技术手段获取的数据信息，可以为建筑节能、车辆监控管理、环境监测和安全监控提供支持[2]，从而使校园的保障服务更加智能便捷。

2.4 智能教育推进策略

面对智能时代的挑战和机遇，推进智能教育的体系建设与应用实践，需要紧密结合当前教育信息化的发展实际，着眼整体、科学筹划、有序实施，重点采取以下六个方面的策略[3]。

① 乔远慧．刍议人工智能在公共管理中的运用[J]．天津电大学报，2018，22 (1)：65-69.
② 蒋东兴，付小龙，袁芳，吴海燕，刘启新．大数据背景下的高校智慧校园建设探讨[J]．华东师范大学学报(自然科学版)，2015 (S1)：119-125.
③ 刘邦奇，黄蔚．人工智能赋能教育，推动智能教育创新发展[N]．中国教育报，2019-09-19 (8).

2.4.1 打造智能教育核心服务能力

推进智能教育建设与应用，首要任务是在智能教育理念和智能教育体系框架指导下，利用智能教育关键技术打造智能教育核心服务能力。智能教育核心服务是针对教育场景应用需求，将人工智能、大数据等相关技术进行封装并整合而成的开放式服务，可供面向多层次、多类型教育场景的应用产品集成与调用，从而实现智能技术为教育系统赋能，系统性提升智能教育应用对个性化教育的支撑能力。从当前智能教育的应用模式来看，大数据、算法技术和行业知识都是其中不可或缺的组成部分。

面向具体的应用场景，智能教育核心服务应以“算法”“算力”“行业知识”为构成要素，将智能技术应用到教育内容的管理与构建过程中。它以解决教育场景中的用户核心需求为目标，聚焦于输出“算力”“算法”与“行业知识”融合的产物，构建出一个智能能力中心和三个内容中心，支持两类服务的提供。一类是智能教育关键技术服务。即以“智能能力中心”的形态实现技术能力输出，负责输出各类智能教育关键技术的访问与调用能力。用户可通过集成智能能力中心提供的各类技术组件、技术引擎、接口服务等获得智能能力。从教育业务的角度来看，智能能力中心提供的关键技术覆盖了教学、学习、考试、管理等主要教育场景。另一类是教育内容服务。关注行业知识的研究与开发，支持将教育理论知识、教育学科知识、教育业务知识等行业知识融入技术与内容服务之中。在智能技术的基础上，融合教育行业知识，实现对教育内容的统一管理、维护与输出。教育内容服务可聚类为三大类形态，即数据中心、知识中心和资源中心，分别负责教育领域数据、教育领域知识和教育领域资源等内容的输出。

2.4.2 构建智能教育“实践共同体”

推动智能教育从系统建设到应用落地，需要多方协同整合，形成协作互助、优势互补的“实践共同体”，共同推进智能教育的有效实施。为此，一方面要主动适应并创造合适的外部环境，包括政策支持、资金保障、人才储备以及智能技术的引进、教育理念的更新，等等；另一方面，依靠内部力量组建“建设者—实践者—研究者”这一相互协作、相互补充、相互依存的“实践共同体”。其中，“建设者”负责智能教育应用产品及技术服务体系的规划、研发与服务的提供；“实践者”负责智能教育产品的推广应用与实践；“研究者”负责理论、技术与应用模式的研究。“建设者—实践者—研究者”三者协作互助、优势互补、利益攸关。“建设者”通过研发和生产为“实践者”提供智能教育应用产品与技术服务；“实践者”通过教育实践为“研究者”提供实践案例与智能教育应用数据；而“研究者”通过探索研究，指导“建设者”改进产品和技术，帮助“实践者”提升教学应用的智能化、科学化水平。具体说明详见表2-6。

表2-6 “建设者—实践者—研究者”实践共同体具体说明

内部要素	具体任务	人员构成
建设者	智能教育应用产品及技术服务体系的规划、研发与服务的提供。	人工智能及教育产业界的技术厂商、主导区域智能教育规划与建设的主管单位（如地方政府及相关职能部门）。
实践者	智能教育产品的推广应用与实践。	各级各类教育主管部门（如教育局、电教馆等）、教育机构（如学校、培训机构）和一线用户（如教师、学生、家长、教育管理者等）。
研究者	理论、技术与应用模式的研究。	高校教学科研人员、科研机构研究人员、企业的理论与技术研发人员、广大中小学校及培训机构的教研人员。

2.4.3 创新智能教育融合应用模式

智能教育应用的重点是智能技术与教育教学深度融合的过程，即通过智能技术与教育深入有效的融合，促进智能技术对教育的增能、使能和赋能，进而实现教育教学的最优化、智能化，实现“1+1>2”的效果①。智能教育的推进和实施应建立多样化的融合应用模式。根据智能技术在教育领域应用的不同层次和方式，智能教育融合应用的形态可分为主体性相融模式、适应性

① 张坤颖，张家年.人工智能教育应用与研究中的新区、误区、盲区与禁区[J]. 远程教育杂志，2017，35 (5): 54-63.

整合模式和辅助性支持模式。

主体性相融模式是指基于智能技术的教学系统或应用工具在教学、学习、管理或服务等教育场景中发挥主体性作用。如构建及应用智能导师系统、智能问答系统、智能在线学习系统、智能教务管理系统、智能决策分析系统等。该模式可以作为教育教学的主体，替代教学与管理活动中的知识性、程序性、事务性工作，实现人机协同以及智能技术与教育教学的融合，更高效地完成相应的角色任务。

适应性整合模式是指从适应系统整体结构与功能的需求出发，将相关智能技术工具作为某一支撑性的具体功能模块或部分结构。如将学习内容推荐、学习分析、学习评价、自适应学习、游戏化学习等模块整合到智能教学系统中，帮助教师、学生、管理者优化和改进教学与管理的环节或过程。

辅助性支持模式是指将智能技术作为辅助性支持工具。如智能可穿戴设备、智能翻译机、智能机械手、智能黑板、智能桌椅等。这些工具本身不算是教学系统的一部分，但可以支持和帮助使用者更好地完成学习或教学中的某些环节。

2.4.4 探索智能教育生态发展运行机制

智能教育强调利用智能技术促进教育模式、教育生态的重构，旨在打造人机结合、和谐共生、开放共享的智能教育发展环境，最终形成智能教育新生态。当前，在智能教育生态的构建过程中缺乏顶层规划、分工合作和开放共享机制，为此应着力把握好以下三个方面。

第一，建设开放式智能教育技术服务平台。将智能技术作为智能教育生态发展的核心驱动力，利用智能教育关键技术构建开放、共享的智能教育技术服务平台，提供智能教育生态发展的技术基础。基于这一平台，建设者可以便捷地获取智能教育技术服务并将相关服务融入产品应用中，同时向平台反馈智能教育应用数据；研究者可以挖掘平台汇聚、积累的数据，提升智能技术、产品质量与服务能力，提炼智能教育应用新方法、新模式；实践者依托平台提供的智能教育技术服务，开展智能教育应用实践，并向平台反馈数据。

第二，建立“政—产—学—研—用”联动创新机制。发挥政府在智能教育发展中的主导地位，特别是在战略规划、组织管理、人才引进、资金支持等方面的作用。依托人工智能和教育信息化领域龙头企业，联合国内知名高校、研究机构及协会、学会，开展智能教育创新研究，打造示范基地，引领智能教育创新应用。将行业产业作为智能教育生态发展的关键“物种”之一，鼓励众筹众创、分工协作、优势互补，以形成相互协作、共同发展的企业共同体，探索形成智能教育产业链，提供全场景智能教育产品和技术服务。

第三，建立健全政策制度和标准规范保障体系。从国家层面明确人工智能教育应用的发展战略，加强智能教育顶层规划设计，编制出台中国特色智能教育发展方案，制定促进智能教育发展的政策和评价机制，鼓励各级政府、学校和企业参与智能教育发展。加强智能教育标准规范建设，在遵循人工智能、大数据等技术的一般标准规范的前提下，结合教育业务的需求特点，制定智能教育技术标准和管理规范，包括规划设计、软件开发、性能、功能、安全性、可用性、兼容性等技术层面，以及组织机构、发展决策、项目管理、项目评价等管理层面，促进形成创新活跃、规范有序的智能教育生态发展运行机制。

2.4.5 培养具有人工智能素养的高素质人才

智能时代急需大批层次多样、类型多元的智能化创新型人才。为此，应通过开展以人工智能为内容的教育，大力培养具备人工智能素养的高素质人才。

第一，全面构建人工智能人才培养体系。完善人工智能人才培养顶层设计，建立包括基础教育、职业教育、高等教育、继续教育在内的多层次人工智能人才培养体系。完善人工智能及相关学科布局，在高等院校设置人工智能专业，加强学科和教材建设，开展与人工智能行业拥有技术优势的企业之间的合作，培养高素质人工智能专业技术人才。通过开设人工智能公共必修课，加强人工智能基础课程与实践课程教学，培养提升学生的人工智能素养。通过建立人工智能学院或研究机构，建设“人工智能+X”复合特色专业，促进人才、学科、科研良性互动，实现大平台、大项目、大基地、大学科整体布局、协同发展。

第二，广泛开展人工智能普及性教育。中小学阶段要普遍开设人工智能课程，培养人工智能学科核心素养。完善课程方案和课程标准，明确适应智能时代发展所需的人工智能和编程课程内容要求。建设人工智能实验室，开展人工智能创新教育实践活动。加强学生课内外一体化的信息技术知识、技能、应用能力以及信息意识、信息伦理等方面的培养，将信息素养和人工智能素养纳入学生综合素质评价体系。

第三，切实提升教师信息素养和智能教育教学能力。落实“全国中小学教师信息技术应用能力提升2.0工程”，实施“人工智能+教师队伍建设行动”，利用人工智能技术助推教育教学变革、未来教师培养、教师素质提升、教师管理服务优化，推动教师更新观念、重塑角色、增强能力。开展基础教育阶段“教师人工智能应用能力提升工程”和“师范生人工智能应用能力提升工程”，在各级教师培训项目和师范生公共选修课中，开设与人工智能教育相关的课程，以培养和提高教师的人工智能技术应用能力。

2.4.6 建立教育中的智能伦理与安全体系

随着教育进入智能化的时代，智能技术在帮助人类改变教育方式的同时，也带来了隐私泄露、违反伦理道德等难以预测的潜在问题，需要通过有效的手段或技术加以规避①。2019年4月，欧盟委员会发布人工智能开发和使用伦理准则，提出“可信赖人工智能”的倡议。2019年6月，我国发布了《新一代人工智能治理原则——发展负责任的人工智能》，明确提出和谐友

① 张坤颖，张家年.人工智能教育应用与研究中的新区、误区、盲区与禁区[J]. 远程教育杂志，2017，35 (5): 54-63.

好、公平公正、包容共享、尊重隐私、安全可控、共担责任、开放协作、敏捷治理等八项原则。由此可见，人工智能相关的伦理道德、数据安全、隐私保护等已成为智能教育发展必须重点关注的问题。

第一，建立保障智能教育健康发展的法律法规。遵循“可信赖人工智能”伦理框架，可针对人机交互过程中可能存在的道德、伦理或法律问题，开展智能行为科学和伦理等问题研究，探讨智能教育应用和研究的伦理边界，以保障智能技术应用符合人类社会的共同利益。

第二，建立智能技术安全应用规范。教育数据挖掘中会触及学习者的隐私信息、性格取向、个性偏好、能力与智力层次等内容，可能会造成泄露相关隐私等问题。对此，应通过制定教育大数据挖掘应用准则，对其查询权限、使用权限、进行智能分析的权限、获得分析结果的权限等予以明确的规定，并采取可靠的措施强化对这些数据的保护，避免智能教育应用偏离正确的方向，甚至产生伦理或法律问题。

第三，建立教育中的智能安全监管和评估体系。遵循国家在人工智能基础共性、互联互通、行业应用、网络安全、隐私保护等方面的技术规范，加强对智能技术在教育应用中的监管，制定相关的安全应用管理规章制度，采取有效的安全技术措施，开展风险评估和防控，强化前瞻预防和约束引导，确保智能教育应用有迹可循、安全可控。

第三章

智能教育关键技术平台

在整个智能教育体系中，起核心作用的是驱动教育系统走向智能的关键技术，即“智能教育关键技术”。它与教育场景紧密融合，能解决场景中的业务问题。本章主要讨论智能技术、智能教育关键技术概念，构建智能教育关键技术概念模型，提出智能教育关键技术平台参考框架，并重点介绍平台各层所涉及的典型技术。

3.1 智能教育关键技术

3.1.1 概念辨析

（1）智能技术

智能技术并非特指人工智能技术，而是泛指一切能够促使计算机系统（或称之为“机器”）获得“智能”的技术。当计算机系统拥有了与人类似的认知结构，或表现出与人类似的认知、推理与行动能力时，可认为系统具备了某种程度的“机器智能”[①]，这样的系统也被称为“智能系统”。通常智能系统能够从外部获取原始数据，基于数据进行学习，并具备利用学习结果实现特定目标和任务的能力[②]。由此可见，机器智能是在智能系统针对原始数据进行加工与转化的过程中产生的。这个过程中涉及的各项关键技术统称为智能技术。

对于从数据到智能的转化过程，学术界有很多假说。DIKW 模型（Data 数据，Information 信息，Knowledge 知识，Wisdom 智慧）认为从数据到智能需经历三次转化过程：首先由数据转化为信息，再由信息转化为知识，最后由知识转化为智能[③]。符号主义者认为，人类认知的基本单元是符号，认知过

① Kaplan A, Haenlein M. Siri, Siri, in my hand: Who's the fairest in the land? On the interpretations, illustrations, and implications of artificial intelligence[J]. Business Horizons, 2019 (62): 15-25.

② Russell, Stuart J. Artificial Intelligence: A Modern Approach[M]. 北京：人民邮电出版社，2002.

③ Rowley, J. The wisdom hierarchy: representations of the DIKW hierarchy[J]. Journal of Information Science, 2007, 33 (2): 163-180.

程就是符号的运算[①],对应的智能系统假说可描述为数据经过计算与逻辑推理产生了智能。联结主义者认为，人的智能是由大脑的亿万个相互联结的神经元在分层、抽象的过程中产生的[②]，对应的智能系统假说可描述为数据通过人工模拟的神经元组成的相互连接的分层网络产生了智能。

符号主义假说与联结主义假说，在不同的人工智能应用领域或发展阶段都取得了巨大成功。虽然它们对系统产生智能的原理有不同的解释，但在技术实现层面上却有着相似的关注点。它们都关注原始数据的获取过程，关注原始数据加工、整理、结构化并转化为信息的过程，关注将既有知识转换或融入决策的过程。由此可见，智能在系统中的产生，主要涉及数据、信息、知识与智能在获取、转化与应用的过程中的各项关键技术。

根据自身研究、开发与应用的特点或重心不同，学术界与产业界对上述技术有着不同的称谓。总体而言，有的技术关注数据的演变过程，研究数据的采集加工、存储管理、分析挖掘与应用，统称为“大数据技术”；有的技术关注智能的人工模拟，研究算法及算法模型的创造、构建、训练与应用，统称为“人工智能技术”。在实践过程中，大数据技术与人工智能技术通常是相互影响、交叉使用的。例如，“数据挖掘”虽是一项典型的大数据技术，但在实际应用中经常需要用到人工智能领域的“机器学习”技术；“深度学习”是新一代人工智能技术的典型代表，它的产生与突破也离不开大数据及大数据处理技术的支持。总之，大数据、人工智能等技术共同构成了智能技术。

（2）教育场景中的智能技术

智能技术作为新一轮产业变革的核心驱动力[③],被广泛地应用到各个社会行业领域中，教育行业也不例外。智能技术被大量地应用到教育信息化系统

---

① Allen Newell, Herbert A. Simon. Computer Science as Empirical Inquiry: Symbols and Search[J]. Communications of the ACM, 1976, 19 (3): 113-126.

② 顾险峰.人工智能中的联结主义和符号主义[J]. 科技导报, 2016, 34 (7): 20-25.

③ 国务院.国务院关于印发新一代人工智能发展规划的通知[EB/OL].[2019-01-10]. http://www.gov.cn/zhengce/content/2017-07/20/content_5211996.htm.

之中，并在很多业务场景中发挥了积极的作用。智能技术是指一切能够促使计算机系统获得“智能”的技术，包括人工智能、大数据等多种新兴技术。但是，并非所有的智能技术都能够应用于教育领域，并在教育场景中解决实际问题。在智能教育体系中，我们主要关注的是那些能够应用于教育领域并解决教育问题的智能技术，它们被称为教育场景中的智能技术。这里不包括那些不能应用于教育场景或者目前没有教育应用需求的智能技术。

教育场景中的智能技术，具体包括面向教育场景的人工智能技术、面向教育场景的大数据技术，以及面向教育场景的其他智能技术。利用这些智能技术，可以有效地解决教育领域中的问题，支持教育教学活动，推动智能教育发展。从智能教育体系构建的视角来看，教育场景中的智能技术是智能教育体系中的一部分，为构建智能教育环境、开展智能教育活动提供技术支撑。从教育信息化发展的进程来看，教育场景中的智能技术实际上是教育信息化技术的新发展、新内涵，也是教育信息化走向智能化阶段的核心标志和前提条件。

人工智能技术、大数据技术、智能技术、教育场景中的智能技术以及教育信息化技术的相互关系如图3-1所示。教育场景中的智能技术既是教育信息化技术的子集，又属于智能技术。它体现了智能技术在教育领域的应用，与人工智能技术、大数据技术是相交关系而非包含关系。

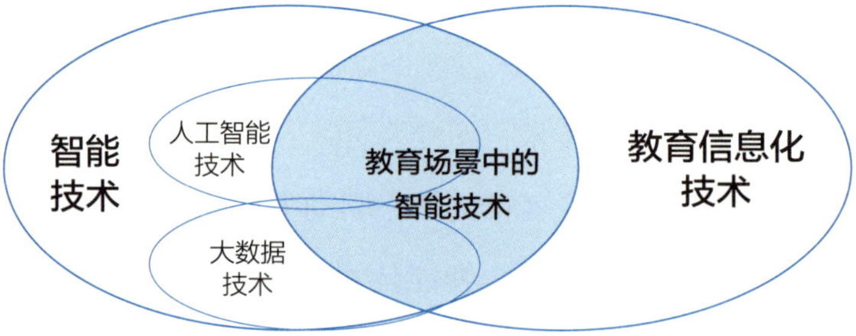

图3-1　教育场景中的智能技术与其他技术的关系

（3）智能教育关键技术

智能技术被广泛应用于教育领域，在很多业务场景中发挥了积极的作用。但对于一些具有教育特色的业务场景来说，智能技术在解决教育实际问题时常常会陷入困境。由于缺乏对教育业务逻辑与发展规律的深层次理解，智能技术在教育应用中经常缺乏解决问题的针对性与有效性。因此，有必要对教育场景中的智能技术进行深入的研究与设计。

从智能技术在教育场景中应用的方式以及技术与教育业务结合的程度来看，教育场景中的智能技术可分为两种类型。一类是与教育业务“紧耦合”的智能技术，即智能技术与教育业务两者紧密结合、相互依赖。这类智能技术往往是针对教育特色业务研究与开发的，能够有效解决教育领域特有问题，在智能教育体系中有独特价值并发挥了关键作用。另一类是与教育业务“松耦合”的智能技术，即智能技术与教育业务两者结合不紧密、相互不依赖或很少依赖。这类技术可引入到教育场景之中，但只是一种普适性的应用。它缺乏教育问题的针对性与业务相关性，虽然也能被广泛应用到各类信息化系统之中，但未必能够在教育业务场景中起到关键作用。

“智能教育关键技术”是指与教育业务“紧耦合”，紧密结合了教育场景需求和教育行业知识，能够有效解决教育领域特有问题，并在智能教育体系中发挥关键作用的智能技术。它以解决教育业务场景中的特色问题为目标，以符合教育教学规律、教育业务逻辑与学科内容要求等教育行业知识特点为准绳，通过对智能技术进行综合研究与定制开发，为开展智能教育体系建设与应用、推动教育信息化迈向智能教育阶段提供了坚实的技术保障。智能教育关键技术在智能教育的发展过程中起到了无可替代的关键作用。在教育场景中，其他与教育业务“松耦合”的智能技术可统称为“智能教育的非关键技术”。

基于智能技术在教育领域中与教育业务结合和解决问题的视角，可以看到智能教育关键技术具有以下重要特性。一是融入了教育行业知识。例如，“语音合成”和“语音识别”都是普适性的智能技术，但融入了中英文学科知识、语言测量方法与评价标准等教育行业知识后所形成的“语音评测”技术，则是典型的智能教育关键技术。二是结合了教育场景特色需求。例如，

"用户画像"技术已被广泛地应用于需要对用户行为进行精确刻画并据此实现行为预测的领域（例如电子商务、社交网络、计算广告等）。将"用户画像"技术应用于教育领域，不仅需要记录学生在教与学活动中的行为，还需要进一步记录与分析学业水平、学习潜质、心理特征等教育场景特色数据，据此才能实现对学生更为全面、准确的刻画。由此可见，相较于"用户画像"，"学生画像"技术更适合教育场景的特色需求，更能在场景中发挥关键作用，也是一项典型的智能教育关键技术。三是具有解决教育问题的针对性与有效性。由于紧密结合了教育场景需求和教育行业知识，智能教育关键技术与教育业务是"紧耦合"的，实现了对教育业务逻辑与发展规律的理解与支持，从而在解决实际问题上具备了很强的针对性与有效性，这是其他与教育业务"松耦合"的智能技术做不到的。

在智能教育体系中，智能教育关键技术是智能教育领域研究、开发与应用的重点，而教育场景中的其他智能技术（"智能教育的非关键技术"）虽然不是智能教育研究与开发的重点，但在实践过程中也不应忽略对其的探索与应用。智能教育关键技术、智能教育的非关键技术与教育场景中的智能技术之间的关系如图3-2所示。智能教育关键技术是教育场景中的智能技术的子集，是与教育业务"紧耦合"的智能技术。同时，它隶属于教育信息化技术，体现了智能技术在教育信息化新阶段的关键作用。此外，它与人工智能技术、大数据技术也是相交关系而非包含关系。

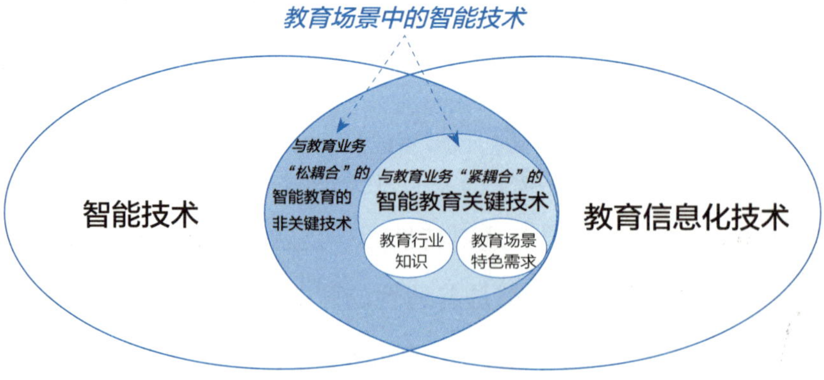

图3-2　智能教育关键技术与其他技术的关系

3.1.2 概念模型

智能教育关键技术对于推动智能教育的发展有着极为重要的意义，但由于它包含的关键技术众多、覆盖的教育场景广泛、涉及的行业知识丰富，这些特点导致了对它的研究、开发与应用更具综合性与复杂性，十分不利于普及与推广。为了帮助研究者与用户辨析其概念范围、明确其逻辑关系，我们建立了统一的理解与思考框架并命名为“智能教育关键技术概念模型”（简称“概念模型”，见图3–3）。“概念模型”主要包括“三要素”“三层次”与“三阶段”等内容，因此也被称为“333模型”。

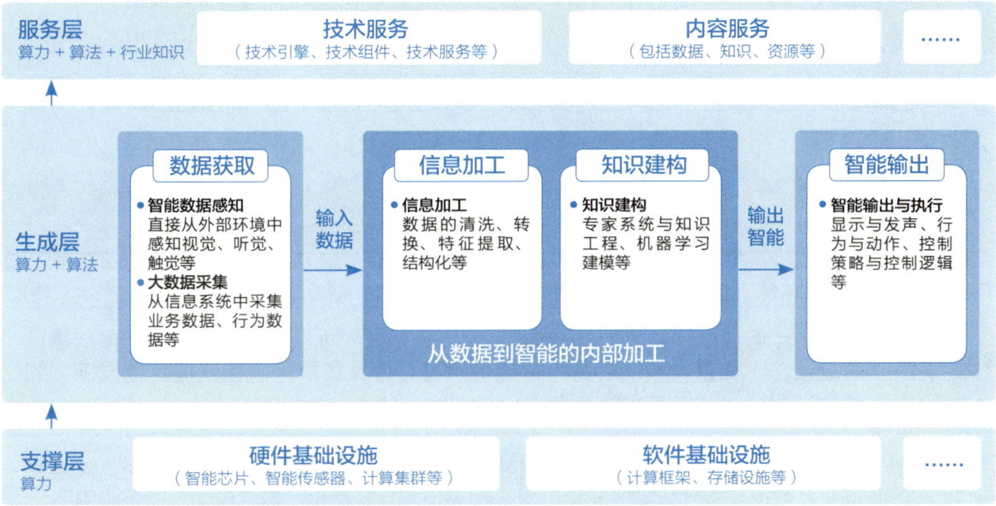

图3–3 智能教育关键技术概念模型

（1）智能教育关键技术形成的“三要素”

“概念模型”追溯了智能教育关键技术产生的源流，认为智能教育关键技术的产生，离不开“行业知识”“算法”与“算力”三要素的共同参与和相互作用（见表3–1）。

表3–1 “概念模型”的“三要素”

要素	简要说明
行业知识	指教育行业知识，包括：提供教育理念和方法的理论性、技术性知识，如教育学、心理学、学习科学、教育测量、教育技术、教学论等；作为教育内容的学科知识，如数学、语文、英语、物理、化学等学科知识；用于支撑教育活动的相关知识，如教育决策、教育管理、教育政策与法规等方面的相关知识。

续表

要素	简要说明
算法	指智能技术相关的算法及算法模型。算法是对如何解决某一类问题的清晰描述；模型是对计算机系统及其规律用数学概念和语言进行的描述。借助智能技术的算法及算法模型，可实现基于具体智能问题数据的规律总结，使问题具有可描述性、数据具有可解释性、模型具有可预测性。算法及算法模型也是智能技术的主要描述方式与实现载体。
算力	指计算与存储能力，即为计算机程序提供基本的代码执行、数据计算与数据存储能力。

（2）智能教育关键技术构成的“三层次”

“概念模型”参照“人工智能参考框架”①，将“三要素”分层组合，形成由“支撑层”“生成层”与“服务层”三个层次顺序组成、相互依赖的结构（见表3–2）。

表3-2 “概念模型”的“三层次”

层次	简要说明
支撑层	支撑层主要提供“算力”，为智能技术提供基础的支撑环境。该层主要包括硬件基础设施（如各类智能芯片、智能传感器、计算集群等）和软件基础设施（如各类计算框架、存储设施等）。
生成层	生成层是“算力”与“算法”相结合的产物，实现了智能的生成过程。该层涵盖了从数据获取到智能生成全过程的相关技术，是整个“概念模型”的核心内容。
服务层	服务层是“算力”“算法”与“行业知识”三者相结合的产物，实现了智能技术与教育业务紧耦合后的能力输出。该层不仅输出了面向教育的人工智能、大数据等技术服务，还通过将教育行业知识转化为数据、知识和资源等形态来提供内容服务。

（3）智能生成的“三阶段”

对于智能的生成过程，“概念模型”参考“DIKW模型”，构建了由“数据获取”“信息加工与知识建构”与“智能输出”三个阶段组成的技术流程关系（见表3–3）。

① 中国电子技术标准化研究院．人工智能标准化白皮书[R]．2018.

表3-3 “概念模型”的“三阶段”

阶段	简要说明
数据获取阶段	实现“智能数据感知”（直接从外部环境中感知视觉、听觉、触觉等）和“大数据采集”（从信息系统中采集业务数据、行为数据等）。
信息加工与知识建构阶段	实现“信息加工”（如数据的清洗、转换、特征提取、结构化等）和“知识建构”（如专家系统与知识工程、机器学习建模等）。
智能输出阶段	实现“智能的输出与执行”（包括显示与发声、行为与动作、控制策略与控制逻辑等）。

3.2 关键技术平台

推动智能教育关键技术概念模型的工程化实践，构建“智能教育关键技术平台”（以下简称“关键技术平台”），使智能教育体系的相关参与者都能够获得技术赋能，实现“共赢”、避免“内耗”，是推动智能教育领域发展的重要举措。基于关键技术平台，研究者与用户能够直接获得技术与内容服务，而无须“重新发明轮子”（指重复研究与开发智能教育关键技术）。平台能使其聚焦于业务问题，从而实现优势互补、分工协作，最终促进智能教育应用的集约化建设。在实践过程中，关键技术平台可以全面、快速、便捷地实现对特定范围内教育信息化系统的赋能。同时，它也是推动教育信息化向智能教育转变的关键系统。

关键技术平台可以通过中心化部署，面向互联网提供智能服务；也可以通过私有化部署的方式与区域的教育信息化平台（如教育云、资源平台、数据中心等）集成，为区域用户提供更有针对性的智能服务。

3.2.1 参考框架

关键技术平台需要集中解决相关智能技术的工程化问题，同时确保这些技术的开放、稳定、可靠，并能够将其有针对性地集成到教育信息化系统之中，使智能技术与教育场景实现真正的融合，也使教育信息化系统在赋能后可以成为真正的智能教育应用。我们参照“概念模型”中智能技术内部的层次关系，提出了“智能教育关键技术平台参考框架”（以下简称“参考框架”，见图3–4）。“参考框架”为关键技术平台的开发与实施提供了一套标准化的软件系统建设方案，并降低了智能技术在教育信息化系统中应用的准入门槛。

图3–4　智能教育关键技术平台参考框架

与“概念模型”的三类技术场景相对应，“参考框架”也依据技术之间的相互关系划分为三层架构。最底层为“基础层”，对应概念模型的“支撑层”，聚焦于提供“算力”服务，可为上层提供统一的硬件设施、计算框架和存储设施。中间层为“技术层”，对应概念模型的“生成层”，聚焦于提供“算法”与“算力”融合的产物，即“与教育业务‘松耦合’的通用智能技术”。最顶层为“服务层”，对应概念模型的“服务层”，聚焦于提供“算法”“算力”与“行业知识”融合的产物，即智能教育的技术与内容服务。“服务层”以解决教育场景中的用户核心需求为目标，构建了一个智能能力中心（负责输出各类智能教育关键技术的访问与调用能力）和三个内容中心（包括数据中心、知识中心和资源中心，分别负责教育领域的数据、知识和资源等内容的输出）。

3.2.2 基础层

基础层是关键技术平台的基础，聚焦于“算力”的输出。基础层提供各类硬件基础设施，并通过对成熟的分布式存储、分布式计算和机器学习框架或系统的集成，为技术层和服务层提供统一的存储、计算和建模能力。

（1）硬件设施

关键技术平台的硬件设施，既为智能技术提供统一的硬件支撑环境，又是智能技术应用的载体。它涵盖的设备范围十分广泛，从提供数据感知功能的智能传感器、智能摄像头，到提供数据处理功能的智能芯片、人工智能芯片，再到提供计算支撑功能的计算集群，最后到提供交互功能的智能终端设备，都可包括在内。关键技术平台典型的硬件设施如表3-4所示。

表3-4 关键技术平台典型的硬件设施

设备	说明
智能传感器	用于感知环境信号、独立采集数据，并具备信息处理能力。
智能摄像头	通过光电转换、模数转换实现动态视频拍摄与静态图像捕捉，通常是传感器与芯片的集合，具备采集、处理和交换数据的能力。
智能芯片	指能与传感器相配合、实现对感知信号进行独立处理的芯片。
人工智能芯片	指具有强大的并行计算与浮点计算能力、适用于深度学习算法计算的芯片。
计算集群	通过软件平台或硬件系统，将一群独立的计算机组合成统一的计算机系统，并实现协同工作。
智能终端设备	指能与用户进行实时、智能交互的设备，包括智能手机、平板电脑、PC电脑、可视电话、游戏机等。

（2）计算框架：分布式计算

分布式计算技术是指将目标任务拆解成若干子任务，并分配到一组计算机中分别处理，再将子任务输出结果统一汇总，从而得出最终结论的技术。分布式计算框架为平台提供统一的计算服务，集中解决了大量计算机的协同工作、故障机的动态剔除与新机器的动态加入、计算任务的拆分与计算结果的合并、数据的并发读写等问题，可作为技术层和服务层技术系统算法模型的计算工具。在关键技术平台中，建议采用典型的Hadoop技术栈（指采用Hadoop及其配套系统）作为分布式计算框架。Hadoop技术栈中各系统与模块之间的组织关系如图3-5所示，其技术框架如表3-5所示。

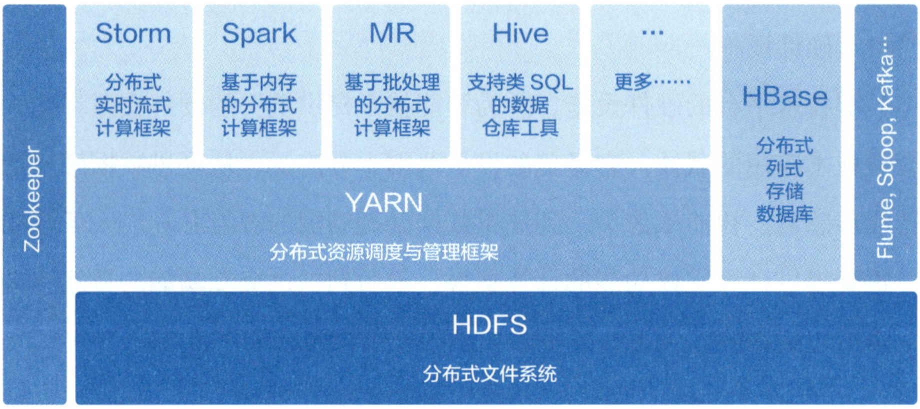

图3-5　Hadoop技术栈逻辑架构图

表3-5　Hadoop技术栈的技术框架

框架	说明
HDFS	分布式文件系统
YARN	分布式资源调度与管理框架
Storm	分布式实时流式计算框架
Spark	基于内存的分布式计算框架
MR	即MapReduce框架，基于批处理的分布式计算框架
Hive	支持类SQL的数据仓库工具
HBase	分布式列式存储数据库
Zookeeper	应用与服务分布式协调与管理工具
其他	更多计算框架与辅助工具，如Oozie（工作流调度框架）、Pig（支持对大数据集进行操作的轻量级脚本语言）、Flume（用于海量日志聚合）、Sqoop（用于从关系型数据库中转移数据）、Kafka（分布式消息传递系统）等

（3）计算框架：机器学习

机器学习技术是指依赖特定的算法（也称“机器学习算法”），实现从数据中自动提取特征（也称“参数训练”），形成可用于预测的计算机程序（也称“机器学习算法模型”）并实现对另外一组数据的预测与判断的技术。机器学习框架内置了大量的机器学习算法，降低了算法模型的建模、训练和使用难度，能够为平台提供统一的机器特征提取和算法模型建模服务。机器学习框架通常集成很多种机器学习算法，常见的机器学习算法包括回归模型、决策树、支持向量机、贝叶斯分类器、神经网络等。需要特别指出的是神经网络，它由被称为“神经元”的结构组成。在增加神经元的数量和种类并分层排列后所形成的多层神经网络被称为“深度神经网络”，采用“深度神经网络”的机器学习也被称为“深度学习”，这是当前研究的重点和热点。

在关键技术平台中，典型的机器学习技术框架如表3–6所示。

表3–6　典型的机器学习技术框架

框架	说明
Scikit-learn	基于Python开发的通用机器学习库，包含众多常见的机器学习算法库，如聚类、分类、回归等，同时提供多个数据集可供学习使用。
TensorFlow	主要基于Python开发的开源深度学习库，支持多图形处理器计算环境，提供易于学习与调试的可视化套件TensorBoard。它由谷歌（Google）开发并维护，拥有规模巨大且活跃度高的社区，对深度学习技术的最新进展有较好的集成与支持。
Keras	实现对TensorFlow等深度学习框架的后端封装，对外提供抽象程度更高、对用户更友好的应用程序接口（API）。
PyTorch	基于Python开发的轻量级开源深度学习框架，由脸书（Facebook）开发并维护，支持动态建立计算图（用来描述计算过程的有向图结构模型），能兼顾代码的灵活性与简洁性。
Apache Mahout	与Hadoop深度绑定，支持常见的机器学习算法在分布式环境下运行。

（4）存储设施

存储设施为平台提供统一的数据存储、读写和管理（包括创建、查找、更新、删除等）等数据服务，并集中解决数据的分散存储、安全防护、动态扩容等平台运维问题，可作为技术层和服务层技术系统的数据源。根据存储的数据类型的差异，可在关键技术平台中集成的分布式存储框架包括分布式关系型数据库、NoSQL数据库以及分布式文件系统（见表3–7）。

表3-7 典型的存储设施

数据库系统	说明
关系型数据库	指采用关系模型即二维表结构进行数据管理的系统。常见系统有开源数据库PostgreSQL、MySQL/MariaDB，商业数据库Oracle、MS SQL Server等。
NoSQL数据库	NoSQL是Not Only SQL的简写，是指不能用关系型数据模型描述的数据库系统，常用于存储半结构化数据（指采用含义和类型自描述的结构，如XML、JSON文档数据）及其元数据。常见系统有文档型数据库MongoDB、CouchDB，列式数据库HBase、Cassandra，KeyValue型数据库Redis、Oracle BDB等。
分布式文件系统	指支持将数据文件分散存储在计算机集群或独立的多台设备上并进行统一管理的技术，常用于存储非结构化数据（指数据结构不规则、不完整或未预定义数据模型的数据，如各类媒体文件）。常见系统有HDFS（Hadoop Distributed File System）、GPFS（IBM General Parallel File System）等。

3.2.3 技术层

技术层是关键技术平台的核心，关注“算法”的研究与开发，提供从数据获取到信息加工与知识建构再到智能输出，即智能生成全过程各项关键技术的相关算法及算法模型的实现。技术层聚焦于输出“算力”与“算法”融合的产物，即“与教育业务‘松耦合’的通用智能技术”。服务层能够通过算法、算法模型或技术引擎等方式，集成智能生成能力。外部用户也能够通过统一接口，直接获得通用智能技术的应用能力。

（1）人工智能关键技术

李开复等曾在《人工智能》一书中综述了“人工智能”概念的五种定义，并认为最为全面、妥帖的定义是“人工智能就是根据对环境的感知，做出合理的行动，并获得最大收益的计算机程序”①。

通过“对环境的感知”实现数据获取，主要解决了“听、说、看”等感知层面的问题，典型技术包括语音识别、图像识别、人脸识别等。通过使计算机程序“获得最大收益”，是一个基于数据作推理的过程，即“信息加工与知识建构”，主要解决“知”的问题，典型技术包括自然语言理解、知识

① 李开复，王咏刚.人工智能[M].北京：文化发展出版社，2017：25-37.

表示、知识推理等。通过“做出合理的行动”实现系统与外部环境的交互，即“智能输出”，主要解决“行”的问题，典型技术包括语音交互、体感交互、自动驾驶等。典型的人工智能关键技术如表3-8所示。

表3-8 典型的人工智能关键技术

环节	关键技术	说明
数据获取	语音识别	将人类可听到的声音信息转化为文字信息，使机器能“听得清”。
	图像识别	利用计算机对图像进行处理、分析和理解，以识别各种不同模式的目标和对象的技术，使机器能“看得懂”。
	人脸识别	通过检测面部特征确定人员身份的技术，包括检测定位、面部特征提取以及人脸确认三个过程，使机器能“认得准”。
信息加工与知识建构	自然语言理解	将自然语言识别为文本后，转化为语义表示结构，使机器能够理解人的意图并能提取到关键信息点。由于自然语言的多样性、歧义性，以及对上下文情境和背景知识的依赖，自然语言理解一直都是人工智能技术中很难突破的难题。
	知识表示	对知识的符号化与形式化，通过特殊的数据结构（如三元组），使机器能够实现对知识的存储、处理和使用。
	知识推理	在信息之间建立逻辑联系，以便通过演绎、归纳和启发等方式来组织知识、理解知识并得出结论。
智能输出	语音交互	以自然语音为媒介实现人与机器之间直接交互的技术。交互过程包括语音采集、语音识别、语义理解和语音合成四个主要环节，是语言学、心理学与计算机科学等领域知识交叉应用的产物。
	体感交互	通过直接的肢体动作，实现与周边环境或设备进行自然交互的技术。交互方式包括手势识别、面部表情识别、运动捕捉和运动追踪等。
	自动驾驶	由智能系统取代人类实现自主控制与驾驶飞行器、汽车等交通运输装置的技术。以汽车自动驾驶为例，系统通过摄像头、激光探测雷达和测距雷达等设备感知周围环境，并控制汽车直行、避让、鸣笛和转弯等行为。

（2）大数据关键技术

大数据技术是在互联网时代数据大爆炸背景下应运而生的，具有容量大、类型多、存取速度快、应用价值高等基础特征。《大数据时代》一书提出：大数据的核心是预测，预测的前提是从数据中寻找到规律[①]。通过对产业界和学术界的众多观点进行归纳，我们认为：大数据技术是指支持海量的、复杂的数据的采集存储与计算处理，支持对数据的统计分析与挖掘建模，进而发现隐藏在数据背后的规律并利用规律进行预测的技术集合。

通过"数据获取"，可实现对原始数据源中数据的抽取，典型技术方法包括日志抽取、爬虫抓取、数据库ETL（Extract 提取，Transform转换，Load加载）等。通过"信息加工与知识建构"，可实现从数据中寻求规律，典型技术方法包括数据分析和数据挖掘等。通过"智能输出"，可实现数据规律面向用户的有效呈现，典型技术方法包括数据可视化和数据预测模型等。典型的大数据关键技术如表3-9所示。

表3-9　典型的大数据关键技术

环节	关键技术	说明
数据获取	日志抽取	通过Sqoop、Kafka、Flume等自动化框架，将分散在不同物理位置的日志文件汇聚到平台中。通过解析日志文件，提取数据内容，在完成清洗、加工、处理后将数据存入非关系型数据库的相关表格中。
	爬虫抓取	通过网络爬虫，按照一定的规则从互联网中抓取网页内容，并在处理后将内容存入非关系型数据库中。
	数据库ETL	将数据从关系型数据库这一来源端，经过提取、转换和加载，最终存入目的端数据仓库中。
信息加工与知识建构	数据分析	基于统计工具对所收集的数据进行处理和有目的的分析，提取有用信息并形成结论的过程，常用于现状分析、原因分析和预测分析。通常会先得到指标统计量（如总和、平均值、频率等），再由专家结合业务场景和行业知识进行深入分析，最后透析指标数据的真实含义并找出数据规律。
	数据挖掘	在数据分析的基础上对数据进一步探索，涉及机器学习、统计学、数据库等领域的交叉技术。总体目标是从数据中提取信息，并将其转化为易于理解的结构以供进一步使用。常用于数据异常检测、关联规则学习、聚类、分类、回归和汇总等任务。

① [英] 维克托·迈尔-舍恩伯格（Viktor Mayer-Schönberger），肯尼斯·库克耶（Kenneth Cukier）.大数据时代[M]. 杭州：浙江人民出版社，2013.

续表

环节	关键技术	说明
智能输出	数据可视化	用图形化的方式展示定量信息，将不同大小的数据集以更易于人类大脑理解和处理的视觉方式进行呈现。数据可视化能够对隐藏在数据背后的关键信息进行压缩，通过简洁的形式进行表达，便于直接比较与观察。数据可视化既能用于展示数据分析与挖掘的结果，以阐释和说明观点；又能用于数据分析与挖掘的过程，以探索未知事实、观察发展趋势，并辅助决策。
	数据预测模型	根据数据分析与挖掘的结果，构建数学建模，以实现基于数据的预测。同时，对模型进行工程化开发，使外部程序能够动态获得数据预测结果。常用于构建预测模型的方法包括：插值与拟合、时间序列、马尔科夫链、差分方程、神经网络，等等。

3.2.4 服务层

服务层是关键技术平台的关键，通过对“行业知识”的研究与开发，将教育理论知识、教育学科知识、教育业务知识等行业知识融入技术与内容服务之中。服务层聚焦于输出“算力”“算法”与“行业知识”融合的产物。一方面通过促进通用智能技术与教育行业知识的融合，为教育业务场景提供定制化支持，实现智能教育关键技术服务的统一输出；另一方面，将智能技术应用到教育内容的管理与构建过程中，实现教育内容（包括教育数据、教育知识和教育资源）的统一输出。

（1）智能教育关键技术服务

智能教育关键技术服务以“智能能力中心”的形态实现技术能力输出，用户可通过集成智能能力中心提供的各类技术组件、技术引擎、接口服务等获得智能能力。从教育业务的角度来看，智能能力中心提供的关键技术覆盖了教学、学习、评价、管理等主要教育场景。智能能力中心提供的典型技术服务如表3-10所示。

表3-10　智能能力中心提供的典型技术服务

场景	技术服务	说明
教学场景	课堂实录分析技术	基于感知设备（如摄像头、传感器等）实时记录课堂教学数据，综合运用计算机科学、教育学、心理学相关的知识与技术，实现对数据的分析、挖掘与利用，以达到一定的教学目的。例如，通过课堂实录分析可实现“学生课堂注意力监测”（利用授课视频数据，自动识别学生的动作行为与面部表情，并预测学生课堂听讲的专注度等各类指标）、“微课自动生成”（针对授课视频资料，支持从音频到字幕的自动转写，以及基于语义的视频自动切割）等。
	大数据精准教学技术	基于学生的学习行为数据和考试测评数据，进行数据分析与挖掘，以帮助教师精准掌握学生个体与群体的学习情况，并有针对性地制订教学策略。大数据精准教学包含三个主要环节：首先是“自动记录”（例如答题速率、答题准确率、知识点掌握率）；其次是“全面观察”（利用数据可视化观察发展趋势并作出定性判断，或利用数据分析与挖掘结果作出定量判断）；最后是“持续改进”（例如教师有针对性地调整教学内容、教学方法、教学策略等）。
学习场景	基于学科知识图谱的个性化学习推荐技术	知识图谱技术是利用特定的数据结构描述知识及知识之间关系的技术。例如，用“三元组”（实体1、实体关系、实体2）描述知识，用图描述知识之间的关系。
学习场景	基于学科知识图谱的个性化学习推荐技术	学科知识图谱是把相应学科的知识点用知识图谱技术进行描述，通过分析、挖掘、构建，显示知识点之间的相互联系。基于认知诊断工具，可以对学习者的学习效果进行评测诊断并将诊断结果与学科知识图谱进行对照，为学习者规划学习路径，推荐适合其个人状况的试题与资源，进而实现基于学科知识图谱的个性化学习推荐。
	学习分析技术	学习分析技术作为从海量数据中提取隐含、潜在信息的工具，能够通过对这些海量数据的处理获得对学习过程更全面、更深刻的认识，同时为学习者提供更智能和个性化的教学辅助策略。学习分析技术需要测量、收集、分析和报告有关学生及其学习环境、过程的数据，涉及信息技术学、社会学、计算机科学、统计学、心理学和学习科学等多个学科，其应用能直接影响教学实践，促进个性化教与学的实现，优化学习路径，改进教育决策①。
考评场景	智能评测技术	综合利用人工智能技术（如图像识别、语音识别、自然语言理解等）、测量学和相关学科知识，实现对学生回答结果的自动测量、评分和诊断的技术。智能评测技术主要应用于考试评价、作业练习、自主学习等场景，也是目前人工智能技术在教育领域中应用面最广、成熟度最高、应用价值最大的技术。智能评测技术当前已可支持中小学大部分学科的口语、写作、简答、推理等多种题型，并在中考、高考、学业考试和社会化考试的评分与诊断中得到广泛应用。

① 顾小清，刘妍，胡艺龄，et al. 学习分析技术应用：寻求数据支持的学习改进方案[J]. 开放教育研究，2016，22（5）：34-45.

续表

场景	技术服务	说明
考评场景	基于大数据的学生发展评价	传统的学生发展评价，主要基于学生学业数据及其日常表现，由教师进行主观评价。这种方法易于操作，但主观性强、稳定性差、评价尺度也难以统一。而基于大数据的学生发展评价则广泛采用各类数据，如考试与作业数据、课堂实录数据、自主学习数据、身体健康数据和社会行为数据等，利用数据分析与挖掘方法建立指标评价体系，从而实现对学生发展的全面评估与测量。此外，它支持数据源的持续更新与补充，可有效提升评价结果的精确度和科学性。
管理场景	教育资源质量监测技术	利用大数据和人工智能技术，不仅能够实现对教育资源自身技术参数（如文件格式、资源大小、图像分辨率等）和教育资源用户使用情况（如访问量、下载数、评价情况等）的监测、统计与分析处理，还可实现对多媒体资源内容在语义层面（如敏感词和敏感图片的筛查等）的监测与处理。当前，教育部把建设“各级各类教育资源公共服务平台”和实现资源从“自产自销”走向“众筹众创”作为《教育信息化2.0行动计划》中的重点工作①，因此这项技术也成为区域教育教育管理的必备技术。
管理场景	基于大数据的教育治理技术	基于伴随式采集教育各个领域的基础数据、用户行为数据和教育活动数据，通过构建算法模型，可以实现对教育治理活动的描述、模拟、预测与评价。教育管理者可以利用模型的预测与评价结果，开展教育治理工作。

（2）教育内容服务

教育内容服务是在智能技术的基础上，融合教育行业知识，实现对教育内容的统一管理、维护与输出。教育内容服务可聚类为三大形态，即数据中心、知识中心和资源中心，分别支持教育数据、教育知识和教育资源的对外输出（见表3-11）。

表3-11　教育内容服务中心

内容服务中心	说明
数据中心	基于大数据采集、加工、分析、挖掘、建模等相关智能技术，构建教育数据中心，支持学生、教师、学校等教育核心数据的汇聚、清洗、规整与统一建模，并形成中心数据库。根据业务场景需求，分别构建教学、学习、考评、管理等不同主题的数据库。数据中心对外提供统一接口，支持用户访问数据库表和多维数据表。

① 教育部．教育部关于印发《教育信息化2.0行动计划》的通知[EB/OL]．[2018-10-12]．http://www.moe.gov.cn/srcsite/A16/s3342/201804/t20180425_334188.html.

续表

内容服务中心	说明
知识中心	基于知识获取、知识表示和知识利用等相关智能技术，构建知识图谱，实现对教育学科知识体系的构建。知识中心对外提供统一接口，支持用户访问知识库，也支持用户通过接口查询某个知识点在知识图谱中的具体位置、前后相关内容等信息。
资源中心	基于分布式存储、非结构化数据处理、数据仓库等相关智能技术，构建教育资源中心。资源中心利用搜索引擎、资源内容搜索、资源推荐等智能技术，对外提供统一的资源搜索服务并支持用户访问。

3.3 核心价值及应用模式

3.3.1 智能技术的核心价值

智能技术产生与发展的过程，就是人类不断尝试利用机器来解决那些以往只能通过人脑才能解决的问题的过程。随着机器学习与计算能力的不断增强，在许多教育领域与场景之中，与人类相比，机器解决问题的效果更好、效率更高。智能技术的核心价值主要体现在以下两个方面。

（1）增强效果

一方面，智能技术能够融入人类顶级专家的经验，在解决特定场景问题时比多数人类专家表现得更好。例如，在大规模英语口语考试场景中，口语评测技术通过直接吸纳“定标评测员”（即考试评分标准的制定者）的评分要点、策略与技巧，不仅使机器评分的结果比绝大多数人工评测员更接近于评测标准，而且在辨识发音的细微错误、打分的长期稳定性等多个方面也都呈现出更好的效果。

另一方面，智能技术在更为强大的算法和算力支撑下，在解决具有明确规则与目标的任务时，已能够超越人类专家的表现。例如，英国DeepMind公司开发的人工智能程序“阿尔法元”（Alpha Zero）在通过反复的自我博弈训练之后，棋力已长期、稳定地超越了人类顶级专家的水平。

（2）提高效率

智能技术能够充分利用机器的算力，很好地将复杂的计算任务进行分割并分配到多台计算机上完成，从而在解决特定场景问题时表现出比人类专家更快的速度。同时，机器不知疲倦，在解决大规模、重复性的问题时更为高效。以广东省高考英语口语测试为例，在采用机器评测之前，阅卷工作需要一千多名评测员耗时超过两周方可完成。而在采用机器评测之后，阅卷工作只需二十多名高水平评测员耗时一两天完成定标评测，再由数十台服务器在一两个小时内即可完成机器智能评分工作。由此可见，机器评测有着远高于人工评测的工作效率。

总之，智能教育关键技术提升了系统的效果与效率。当未来叠加巨大的用户基数后，它会将技术的影响力成倍放大，使量变达到质变，实现技术推动教育变革，从而形成智能化教育新形态。

案例 3-1　智能技术有效辅助普通话水平测试工作

“国家普通话水平测试”是国家语委主持的一项全国性考试，它在推广国家通用语言文字工作中发挥了极为重要的作用。早期的普通话水平测试采用专家人工评测模式，两位专家与一位考生进行20分钟面对面的交谈并现场评分，效率相对较低。同时，由于考生多、专家少，评测专家水平参差不齐，专家在长时间评测中易受情绪、疲劳、偏见等因素的干扰，评测结果波动性较大。从2005年开始，普通话水平测试逐渐在各省推广机器评测模式。考生先通过计算机系统进行语音录制，这样能保证大量考生在短时间内完成考试，极大地提高了评测效率。同时，利用人工智能技术训练机器评测引擎，使其逐渐达到并最终趋近国内顶尖测评专家的水平。当前，机器评测模式不论是在评分的准确性与稳定性方面，还是在考试的组织效率与实施周期方面，都显著优于人工评测模式。智能教育关键技术推动了普通话水平测试模式的变革，有力促进了国家通用语言文字的推广工作。

3.3.2 关键技术平台的应用模式

智能技术在教育场景中发挥了“增强效果”和“提高效率”两大核心价值。在实践过程中，可根据具体场景的特定需求，使用关键技术平台不同层级输出的技术服务。教育信息化系统分别集成基础层、技术层和服务层所提供的技术接口，对应智能技术在智能教育体系中不同的应用深度[①]，形成了“浅层应用”“中层应用”和“较深层应用”三类应用模式，如图3–6所示。

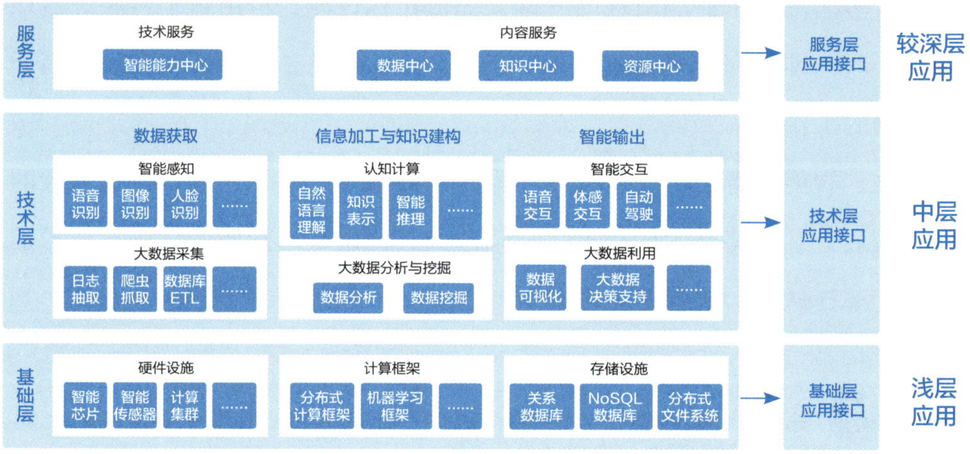

图3-6 关键技术平台的三类应用模式

（1）浅层应用模式

教育信息化系统对智能技术的浅层应用，主要是指直接利用关键技术平台提供的“算力”，获取基础层输出的存储与计算能力。典型的浅层应用模式包括直接复用硬件设施、调用分布式存储与计算框架、使用机器学习框架等。构成基础层的软硬件基础设施具有通用性好、可替代性强等特点，因此浅层应用模式中的教育信息化系统对智能教育关键技术平台的依赖度相对不高。

（2）中层应用模式

教育信息化系统对智能技术的中层应用，主要是指利用关键技术平台提供的“算力”与“算法”，获取技术层输出的与教育场景“松耦合”的通用

① 王亚飞，刘邦奇．智能教育应用研究概述[J]．现代教育技术，2018，28（1）：5–11．

智能技术能力。典型的中层应用模式包括直接复用语音识别、图像识别、人脸识别等智能感知引擎，调用知识表示、智能推理服务，使用大数据分析与挖掘工具、数据可视化系统，等等。构成技术层的人工智能、大数据等智能技术虽有一定的研究与开发门槛，但相对于行业智能技术研究而言，仍具有广泛的研究基础和应用空间。因此，中层应用模式中的教育信息化系统对智能教育关键技术平台虽有一定的依赖性，但仍然不难找到替代方案。

（3）较深层应用模式

教育信息化系统对智能技术的较深层应用，主要是指利用关键技术平台提供的“算力”“算法”与“行业知识”，获取服务层输出的与教育场景“紧耦合”的智能教育关键技术能力。典型的较深层应用模式包括直接复用口语评测、学科知识图谱引擎，调用学习资源个性化推荐服务，访问与使用教育教学资源、学生行为大数据，等等。服务层需要融合教育行业知识，是对智能技术的综合改造或定制开发，所涉及的理论与技术门槛高、内容多，对其进行针对性研究的人员较少。这使得较深层应用模式中的教育信息化系统对智能教育关键技术平台存在显著的依赖性，且较难找到替代方案。

总而言之，教育信息化系统对智能技术三种不同层次的应用，是对应不同教育场景、针对不同应用目标的产物。虽然它们代表着智能技术与教育融合的不同深度，但对于推动教育信息化的转段升级与持续发展都起到了重要的作用。随着智能技术在教育领域中的应用日益深化，支持的教育场景应用需求也将不断扩展，关键技术平台将逐渐实现对教育全场景的覆盖。智能技术在教育中的应用也将随之从较深层走向更深层，最终形成智能技术与教育活动高度融合的智能教育新生态。

第四章

智能教育环境建设

智能教育环境建设是智能教育应用的重要基础和支撑条件。利用智能技术创建各类智能化教育教学系统，构建个性化、智能化的新型教育环境，可以促进教育形态和教育方式的变革。本章将从区域和学校教育环境建设的实际出发，阐述智能教育环境的主要构成和建设内容，重点包括区域智能教育云、智能校园和智能教学场所等，并通过大量相关实践案例，为智能教育环境建设提供新的思路。

4.1 智能教育环境架构

4.1.1 智能教育环境概述

教育环境是支持教育共同体开展教育活动的空间和条件[①]。它作为教育教学活动的支撑空间和外部条件，对于教育教学工作的正常开展具有重要的作用。智能教育环境是支撑智能教育应用、开展各类智能教育教学实践活动的基础条件。随着智能技术的发展，建设智能教育环境，对于构建智能教育新形态、促进人才培养模式和教学方式变革、实现教育质量和效能提升等都具有重要意义。

具体来说，智能教育环境是以新一代信息技术为支撑，利用“智能+”的思维方式，按照“统筹规划、应用驱动、虚实结合、开放创新”的原则进行设计，集智能化感知、智能化交互、智能化控制、智能化管理、智能化数据分析等功能于一体的，用以支持教学、学习和管理活动的物理空间环境或虚拟空间环境[②]。

在智能教育实践探索中，利用人工智能、大数据等智能技术可以开发建设多种类型的智能化教育环境，从不同的角度可进行如下分类：从业务场景角度看，可分为智能管理环境、智能教学环境、智能学习环境等；从现实形

① 赵秋锦，杨现民，王帆.智慧教育环境的系统模型设计[J].现代教育技术，2014，24（10）：12-18.
② 中国国家标准化管理委员会. GB/T 36342-2018.智慧校园总体框架[S]. 北京:中国标准出版社，2018.

态角度看，可分为物理空间环境和虚拟空间环境；从建设层级角度看，可分为区域智能教育云、智能校园、智能教学场所、智能在线学习平台、智能教育分析系统等[①]。

4.1.2 智能教育环境体系架构

智能教育环境自上而下主要包括区域智能教育云、智能校园和智能教学场所三层体系架构（见图4-1）[②]。在该体系架构中，有两条相向的教育信息流在不断地进行传递和汇聚：第一条信息流是从上到下的决策信息的传递；第二条信息流是自下而上的教育教学数据信息的汇聚。基于教育教学所产生的全方位、全过程数据，向上汇聚为学校大数据；各个学校的数据自动汇聚到区域智能教育云，形成区域教育大数据。

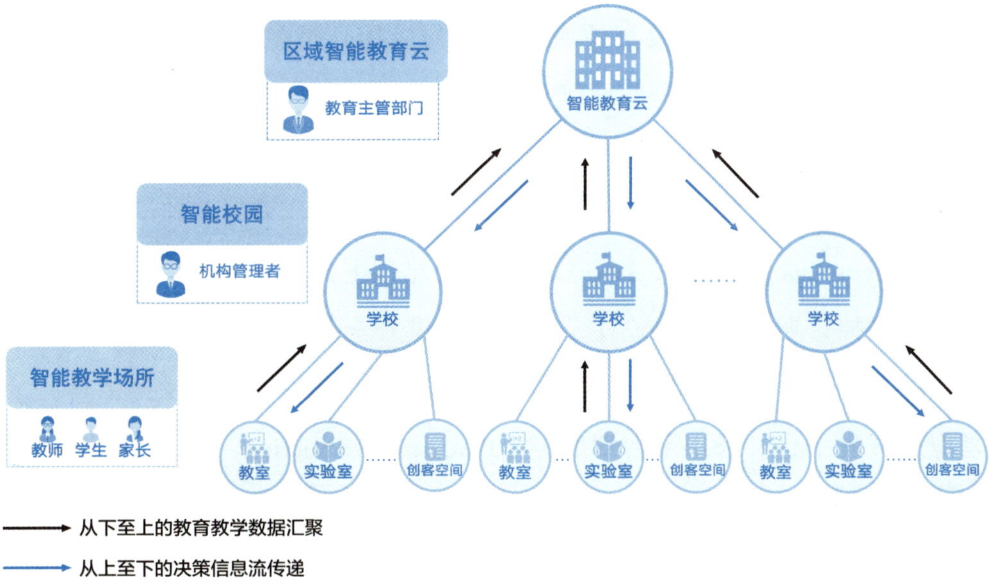

图4-1 智能教育环境三层体系架构

① 国务院.国务院关于印发新一代人工智能发展规划的通知[EB/OL].[2017-08-24]. http://www.gov.cn/zhengce/content/2017-07/20/content_5211996.htm.

② 刘邦奇，袁婷婷.智能教育系统的总体架构及区域实践模式研究[J].远程教育杂志，2019(3)：103-112.

4.2 区域智能教育云

区域智能教育云位于智能教育环境三层体系架构的顶层，是区域教育大数据汇聚、管理决策和信息服务平台。该平台采取本地化部署方式，向上可以与国家级、省级平台对接，向下可以与校园级平台对接。基于区域智能教育云的总体架构，通过建设区域教育管理平台、区域教育资源平台、区域网络教学平台、区域教育公共服务平台等，可以为区域及学校提供智能教育云基础支撑，为广大师生、管理者和社会公众提供智能化、个性化服务，促进区域教育质量和教育治理水平不断提升，助力区域教育均衡发展。

4.2.1 基本内涵与总体架构

（1）基本内涵

教育云是云计算在教育领域的迁移与应用，是教育信息化的基础架构，包含教育信息化必需的软硬件计算资源。这些计算资源虚拟化之后，向教育机构、教育从业人员和学生提供以计算资源为形式的服务①。区域教育云建设一般包括三个部分。一是基础设施平台。采用基础设施即服务（Infrastructure as a Service，IaaS）的模式构建，主要对硬件资源的使用进行管理和监控，为区域智能教育云的运行提供安全高效的基础设施环境，为用户提供存储、计算、共享带宽、安全认证等通用服务和各种支撑工具。二是应用开发平台。采用平台即服务（Platform as a Service，PaaS）的模式构建，为教学软件或教育系统的开发提供专业的教育应用引擎。该平台将各种各样的服务进行整合并提供给上层应用，开发人员可以直接创建应用，并将应用部署在教育信息公共服务平台上。三是应用服务平台。采用软件即服务（Software as a Service，SaaS）的模式构建，覆盖全员学习需求，支持教学、

① 章泽昂，邬家炜．基于云计算的教育信息化平台的研究[J].中国远程教育，2010（6）：66-69.

科研、管理等教育领域各方面的信息化应用①。

区域智能教育云是在一定区域范围内，依托智能技术和云服务方式建设的，集资源、教学、学习、管理、公共服务等于一体的区域教育信息化云服务平台。具体来说，区域智能教育云基于智能教育关键技术，融合5G网络等最新技术，以信息技术设备设施建设为基础，以教育大数据汇聚与分析为核心，以统一基础服务为支撑，以整合现有网络信息资源和不断完善系统服务功能为重点，整合基础设施、教育资源、教育管理、教育公共服务等内容，打造智能、标准、开放、安全的区域智能教育云基础服务平台，使其成为区域教育数据存储、交换、运算以及网络管理服务、应用服务的中心和枢纽，为区域内所有学校提供各类网络应用服务。

（2）总体架构

区域智能教育云建设是智能教育环境构建的重要内容。我们结合智能时代云计算、大数据、人工智能等最新的技术、理念②以及区域教育信息化发展实际，构建了区域智能教育云总体架构（见图4–2）③。

该架构采取“5+2”模式进行构建，即基础设施层、关键技术层、服务支撑层、教育应用层和终端用户层五层架构，以及技术标准规范体系和信息安全保障体系两个保障体系。需要说明的是，基础设施层和关键技术层主要有三种建设模式：一是根据区域自身发展需要和基础条件自主建设；二是完全复用智能教育关键技术平台所提供的能力；三是根据需求选用智能教育关键技术平台提供的能力。在此主要针对自主建设模式进行讨论。

① 赵子云，左明章，邓果．基于云计算的教育信息公共服务平台的构建[J]．现代教育技术，2012，22（12）：103–106．

② 中国国家标准化管理委员会．GB/T 32399–2015．信息技术 云计算 参考架构[S]．北京：中国标准出版社，2016．

③ 中国国家标准化管理委员会．GB/T 36342–2018．智慧校园总体框架[S]．北京：中国标准出版社，2018．

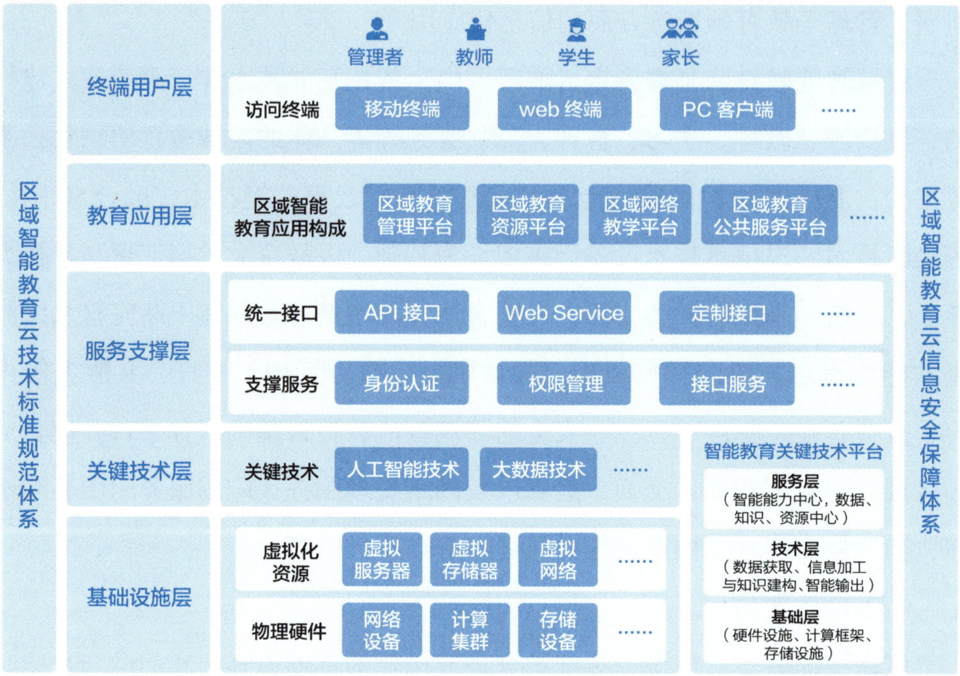

图4-2　区域智能教育云总体架构

①基础设施层

基础设施层包括网络设备、计算集群、存储设备等物理硬件，以及虚拟服务器、虚拟存储器、虚拟网络等虚拟化资源。它主要提供基础计算、存储、网络支撑等硬件资源；可以引入人工智能、大数据、5G网络等新技术，实现多网融合；增加云计算资源和存储资源，实现虚拟化管理。区域智能教育云基础设施建设应根据当地教育信息化发展的实际需要，遵循按需部署、弹性扩展和集约化使用的原则，合理规划并整合利用已经建成的各类硬件设备，形成满足智能管理、教学、学习和服务等应用所需要的区域智能化教育基础设施。

②关键技术层

关键技术层是区域智能教育云建设的核心内容，可以为各类教育场景应用提供智能技术能力的集成与调用，推动智能技术为教育信息化系统赋能，一般包括人工智能、大数据等技术。详细内容可参见本书“2.2智能教育体系架构”和“3.2关键技术平台”。

③服务支撑层

服务支撑层构建在关键技术层之上，为区域智能教育云的各类应用服务提供驱动和支撑，包括统一接口、支撑服务等。其中，统一接口指提供各个层次面向外部的统一开放接口，包括消息传递的格式、传输协议和位置等，如应用程序接口、网络服务和定制接口等。支撑服务是通过身份认证、权限管理和接口服务，搭建统一的基础支撑和标准化交互接口，以实现对应用的驱动与支撑。

④教育应用层

教育应用层基于区域智能教育云，提供各类智能教育信息与应用服务；基于云计算技术，提供网络空间服务，构建区域教育管理、区域教育资源、区域网络教学、区域教育公共服务等平台系统，为师生个性化教学、泛在化教育、市民终身学习提供服务。

⑤终端用户层

终端用户层可供区域教育管理者、机构管理者、教师、学生、家长等各类用户通过移动终端、Web终端和PC客户端实现一站式登录，并为用户呈现符合其角色身份的个性化门户。用户可随时随地访问区域智能教育云，获取所需的资源与服务。

⑥技术标准规范体系

区域智能教育云的设计与实施，严格遵照国家教育信息化标准、网络信息安全法规以及多媒体教学环境建设规范等相关标准和规范，遵循有关国际标准和行业规范，如硬件标准、网络标准、信息采集标准、信息交换标准、信息存储标准、数据格式标准、数字资源标准等，选择兼容性强的技术和产品，为数据融合和服务融合奠定基础。

⑦信息安全保障体系

区域智能教育云信息安全保障体系包括信息安全技术体系、信息安全运维体系和信息安全管理体系三大部分。其中，信息安全技术体系包括访问控制、信息系统完整性保护、系统与通信保护、物理与环境保护、检测与响应、备份与恢复等内容；信息安全运维体系包括流程与规范、安全分级、风险评估、阶段性工作计划、采购与实施过程管理、日常维护管理、应急计划与事件响应等内容；信息安全管理体系包括组织机构、规章制度、人员安全、安全意识与培训等内容。

4.2.2 区域教育管理平台

区域教育管理平台是为全面推进区域教育管理、教育评价和质量监测工作、提升区域教育治理现代化水平所构建的涵盖区域网络协同办公、教育业务管理、数据决策分析等功能的教育管理信息化平台。该平台整合对接区域已建成的各类管理系统和上级相关平台，利用各类应用数据的汇聚、分析及评价，实现区域教育管理的精细化和决策的科学化。区域教育管理平台主要包括区域智能教育管理系统和教育大数据决策支持系统（见表4–1）。

表4-1 区域教育管理平台构成

平台	系统	子系统
区域教育管理平台	区域智能教育管理系统	智能办公系统
		教学管理系统
		资产管理系统
		教师考核与评价系统
		招考报名系统
	教育大数据决策支持系统	基础教育数据统计系统
		教学质量监管系统
		教学资源统计系统
		信息化资产监管系统
		教育信息化监管系统

区域智能教育管理系统提供区域网络协同办公和教育业务管理应用，以提高教育管理工作的效率，一般包括智能办公系统、教学管理系统、资产管理系统、教师考核与评价系统、招考报名系统等子系统。

教育大数据决策支持系统通过对区域内教育大数据的汇聚和展现，构建区域教育教学过程的数据模型，实现全过程动态数据分析与评价，为各类用户提供科学、准确、翔实的即时反馈结果，为教育决策提供数据支撑和依据，一般包括基础教育数据统计系统、教学质量监管系统、教学资源统计系统、信息化资产监管系统和教育信息化监管系统等子系统。

以教学质量监管系统为例，它是教育大数据决策支持系统的重要组成部分，是全面收集区域教学数据、对区域教学质量进行过程性监管和评价的应用系统。该系统通过及时提供准确的教学质量测评与分析数据，有利于实现区域内教育活动、教育过程和教育结果的价值评判，并为提高教育质量、教育决策能力以及改进学校日常教学工作提供科学的依据，同时还可以形成覆盖全区域各级教育行政部门和各级各类学校的教育大数据库，实现教育管理的精细化以及教育管理与服务水平的全面提升。

案例 4-1　广东省珠海市金湾区教学质量监管系统

广东省珠海市金湾区教学质量监管系统通过全面收集、精确处理教学过程数据，轻松实现教育主管部门对全区教育信息化发展现状、资源建设与使用情况、教学活动情况、教研进展情况全面、动态地掌握与了解，进而在开展区域学业监测的同时，对学科均衡发展情况、学生学业负担情况进行科学评估，以方便各级教育管理部门开展常态化教育质量过程性评价与分析。该系统通过对教学管理、教学活动、教学质量、大数据教研四个维度教学数据的实时监测和直观反馈，帮助管理者了解教育教学的真实形态，实现由经验重复向数据实证的转型，创新教研路径，发掘教育规律，提升教学质量。

4.2.3　区域教育资源平台

区域教育资源平台是区域优质资源和特色资源集中展示和共享的中心，可以实现区域和学校教育资源的汇聚、流转与应用，有助于构建完善的教育资源生态圈。平台依据国家相关技术标准，建立资源接入规范，提供资源汇集、分类、索引、搜索、预览、浏览、推送、下载、评价等功能。通过区域教育资源库、区域特色资源库、教育资源管理系统等模块的建设，可实现区域教育资源共享和互联互通。智能技术的发展与应用，使资源管理与应用的智能化水平显著提升。如通过分词技术、高精确度的语音搜索技术、搜索结果智能排序技术、智能资源推荐技术等，可实现对文本、图像、音频、视频等全媒体教育资源进行智能查询，为用户提供方便精准的资源搜索服务。

案例4–2　江西省教育资源公共服务平台

江西省教育资源公共服务平台于2015年年初全面启动建设，2016年6月建成。该资源平台是一个覆盖全省、多级分布、互联互通、为“优质资源班班通”和“网络学习空间人人通”提供技术支撑和网络服务的云服务体系。平台主要具备五大特点：一是可以为市、县和学校提供教育资源、数据交换、数据挖掘、数字版权保护等基本服务；二是可以为师生提供覆盖课前、课中、课后环节的网络备课、课堂教学、网络教研、在线答疑、网上评课、教师培训、题库组卷、在线评测、视频互动、探究学习、家校互通、网络云盘等教学应用系统；三是可以为教师、学生、家长提供网络学习空间“人人通”服务，为教育部门、学校、班级提供机构空间，为名师、教研员提供专题空间；四是采用“云+端”应用模式，通过“云平台资源+教学端或移动终端”，推动数字化教育资源在教学过程中的普及和应用；五是可以实现江西全省师生使用优质数字教育资源一号通，即省内广大中小学校和师生通过使用全国统一的一校一号、一师一号、一生一号登录平台后，可以方便快捷地获取国家级、省级、市级平台上的优质教育资源，实现了各平台资源的无缝对接。截至2019年12月5日，该平台资源建设总量为2 499 886个，覆盖413种教材，平均每课103个资源。

案例4-3　广东省国家课程数字教材规模化应用全覆盖工程

作为学科教学与信息技术全面、深度融合的产物，数字教材是优质数字教育资源中的核心，与纸质教材相辅相成、同等重要，在教育信息化中起着不可替代的引领、规范和支撑作用。近年来，以人民教育出版社为代表的传统纸质教材出版单位投入大量人力物力，研发了几代“数字教材”，并在全国一些地区开展实验应用。“广东省国家课程数字教材规模化应用全覆盖工程”就是响应《广东省教育信息化发展“十三五”规划》号召、开展数字教材资源应用的典型案例。

2018年秋季，“广东省国家课程数字教材规模化应用全覆盖工程”启动。2019年秋季，“粤教翔云数字教材应用平台”正式全面推广，向全省义务教育阶段师生提供197个品种全学科、全学段的国家课程数字教材，以及以翻转课堂、主题探究、问题解决三种教学模式为引领的规模化、常态化应用服务。截至2019年12月31日，该平台开通用户超过1080万人，激活登录用户超过825万人。

该工程被广东省教育厅定为推动教育教学模式、方法、内容、评价等各环节全面创新，引领“课堂革命”的教育提质工程，其覆盖师生规模之大、覆盖学科品种之多、覆盖学科之全、覆盖区域应用水平之不均衡等皆在国内尚无先例，受到教育界、出版界的广泛关注。

4.2.4　区域网络教学平台

区域网络教学平台是基于新一代信息技术，运用教学系统设计、基于网络的协作学习、数据挖掘分析等方法，为区域内师生提供一系列网络教学教研应用服务的信息化系统。该系统通过在线学习、资源服务、学习评价、交互共享、活动管理等服务，为教师实现协同化、精准化教研提供支持，帮助教师提升工作效率和教学质量，同时助力学生的自适应学习、个性化学习。平台主要包括网络备课系统、在线学习系统、网络教研系统、学业评价系统和名师网络工作室等子系统（见表4-2）。

表4-2 区域网络教学平台构成

平台	系统	简介
区域网络教学平台	网络备课系统	将教师日常备课的教学准备、教学设计、教学反思等各个教学环节有机结合，提供资源精准推荐、课件在线制作、交流共享、智能管理等备课服务。
	在线学习系统	一种以学习者为中心构建的网络教学系统，可以为师生提供课程资源、互动交流、教学管理、智能评价等服务。
	网络教研系统	基于互联网构建的在线教研系统，可以帮助以各级各类学科教研员为主、学科骨干教师为辅的教研专家团队，组织和管理线上教研活动，发布和维护线上教研资讯，汇聚教研活动成果和学科优质资源。同时，还配套提供教研活动的智能化管理、记录和分析等服务，有助于提升区域教研部门的组织、管理和督导水平。
	学业评价系统	依托新一代信息技术，通过对各校各班全场景、过程性动态数据采集、知识图谱构建、重难点及偏差考点的提炼挖掘，全面提供考点覆盖度、知识点掌握程度、学生共性薄弱点等数据，便于区域开展有针对性的教研活动，有助于全面提升区域教学服务水平。
	名师网络工作室	为区域的特级教师、骨干教师和一线教师提供网络虚拟化工作学习空间。该系统提供插件化的应用，围绕教师日常教学工作和学习成长提供信息化服务，以“传、帮、带”形式推广优秀教学经验和方法，充分发挥名师的专业引领、带动、辐射作用，促进整体师资水平的提高。

案例4-4 安徽省芜湖市智慧教育应用平台“网络教研系统”

安徽省芜湖市智慧教育应用平台中包含“网络教研系统”。该系统基于学科维度，通过以各级各类学科教研员为主、学科骨干教师为辅的教研专家团队组织管理线上教研活动，汇聚教研活动成果和学科优质资源，积极营造网络教研氛围，充分发挥专家引领作用。系统包括集体备课、主题研讨、同步评课、在线评课、课题研究、网络大赛和在线培训等模块，并建立了常态化教学研讨机制，实现了区域教学资源与教研活动的共建共享。2016年至2018年间，芜湖市通过该平台共开展各类在线教研活动9 584次，其中集体备课7 365次，主题研讨1 580次，在线评课518次，省、市、区各级课题研究121个。

4.2.5 区域教育公共服务平台

区域教育公共服务平台是提供区域教育公共信息服务的载体和展示平台。它通过信息、资源、系统等形式将教育服务呈现给用户，以支持教育管理、教学应用、自主学习、教师发展和终身教育，从而实现服务全民学习、服务教育信息化的目标①。具体来说，就是利用区域内的教育信息资源，通过网络空间、数字图书服务系统、教育信息服务系统、招生就业服务系统和终身学习服务系统等，为用户提供与教育相关的基础服务和公共服务（见表4-3）。

表4-3 区域教育公共服务平台构成

平台	系统	简介
区域教育公共服务平台	网络空间	分为个人空间和机构空间，支持为学生、教师、教研员、管理者提供学习、工作空间，支持用户常态化沟通，并可以展示基本信息、热门推荐、好友动态等信息，满足用户的个性化需求。
	数字图书服务系统	为师生和社会公众提供多种类的数字化精品图书资源和区域特色资源，丰富其精神文化生活。
	教育信息服务系统	承担信息公开职能，公开发布区域内教育相关信息，如学区划分、师资招聘等。
	招生就业服务系统	为社会提供区域内招生就业服务等信息。
	终身学习服务系统	面向师生和社会公众提供在线学习资源，覆盖学前教育、基础教育、高等教育、职业教育、成人教育等，为实现区域内用户的终身学习提供支撑。

案例4-5 安徽省合肥市教育云平台“市民服务系统”

安徽省合肥市教育云平台是根据各级政府对教育信息化的整体部署，围绕教育改革发展的中心任务搭建的与国家、省、市级平台互通开放的平台。它利用云计算、大数据、智能语音、移动互联网等技术，以优质教育资源共建共享为基础，以服务学生、服务教师、服务管理、服务市民为导向。2019年1月，该平台成功入选教育部“2018年教育管理信息化应用优秀案例”。

该平台中的“市民服务系统”（见图4-3），整合了合肥教育网、终身学习

① 赵子云，左明章，邓果．基于云计算的教育信息公共服务平台的构建[J].现代教育技术，2012，22（12）：103-106.

网、公共文化资源网等系统模块，可以为师生和社会公众提供新闻动态、信息通知、学习资源、数字图书馆等公共服务，有利于促进城乡教育协同发展，提升全市教育信息化整体水平。

图4-3　安徽省合肥市教育云平台“市民服务系统”

4.3　智能校园

智能校园位于智能教育环境三层体系架构的中间层，是学校教育数据的汇聚中心和教育管理中心。它向上可以与区域智能教育云平台对接，向下可以与智能教学场所对接，是连接上下两级教育信息的关键节点，发挥着承上启下的作用。智能校园以学校为单位，通过对学校教育教学多种数据的汇聚，形成学校教育大数据，并据此进行科学管理和决策。基于智能校园技术架构，通过建设校本资源系统、教学服务系统、校本教研系统、学校管理系统和校园服务系统，为校园信息化、智能化应用与服务提供支撑。

4.3.1　基本内涵与总体架构

（1）基本内涵

智能校园是智能时代校园信息化发展的新形态，具有智能感知、智能控制、智能管理、智能互动反馈等特征[①]。校园信息化是伴随着技术应用的变化而不断发展的。早期校园信息化主要是基于校园网的业务系统建设与应用，后来逐步向系统化、集成化方向发展，进入数字校园、智能校园等不同阶段。当前数字校园、智能校园等概念在校园信息化建设过程中使用较为频繁，并且这些概念经常被混淆使用[②]。实际上，数字校园是校园信息化发展到一定水平的标志性产物，是以校园网为基础，利用信息技术手段将教学环境、教学资源和教育活动全部数字化后，构建的数字化校园环境[③]。智能校园则是在数字校园的基础上进一步发展而来，它与数字校园的最大区别表现为：在数字校园将原有线下校园业务数字化的基础上，基于物联网、云计算、大数据、人工智能等新一代信息技术的支持，将校园定义为一系列校园服务的集合，实现数据驱动的科学化、智能化、人性化的服务。智能校园通过搭建智能感知校园基础设施，开发和利用人工智能核心技术，汇聚挖掘校园教育大数据，研发各类教育教学业务系统，支持学校教育的智能化、个性化应用[④]。

（2）总体架构

智能校园建设不是一个简单的技术问题，而是一个包含多层次、多环节的系统工程。为了更好地规划与实施智能校园建设，学校需要从总体上构建智能校园的体系架构与技术策略。智能校园建设既包括校园信息化技术系统的建设，也包括各类教育教学和业务应用，同时还包括组织体系、安全体系、运维保障和人员发展等机制建设。参照《智慧校园总体框架》[⑤]

---

① 中国国家标准化管理委员会．GB/T36342-2018．智慧校园总体框架［S］．北京：中国标准出版社，2018.

② 刘邦奇．智慧课堂：新理念 新模式 新实践[M].北京：北京师范大学出版社，2019: 86-87.

③ 刘邦奇，孙曙辉．数字化校园——理念、设计与实现[M].合肥：中国科学技术大学出版社，2014: 232-233.

④ 刘邦奇，袁婷婷．智能教育系统的总体架构及区域实践模式研究[J]．远程教育杂志，2019，37 (3): 103-112.

⑤ 中国国家标准化管理委员会．GB/T 36342-2018．智慧校园总体框架[S].北京：中国标准出版社，2018.

和《中小学数字校园建设规范（试行）》[①]，结合人工智能、大数据、网络融合等最新的技术理念和基础教育校园信息化发展实际，依托本地化的区域智能教育云平台以及中心化的智能教育关键技术平台，我们构建了智能校园的技术架构模型。该模型在调用区域智能教育云平台和智能教育关键技术平台的关键技术服务基础上，采取基于“平台—系统—服务”的“3+N+4”的技术策略构建（见图4-4）。

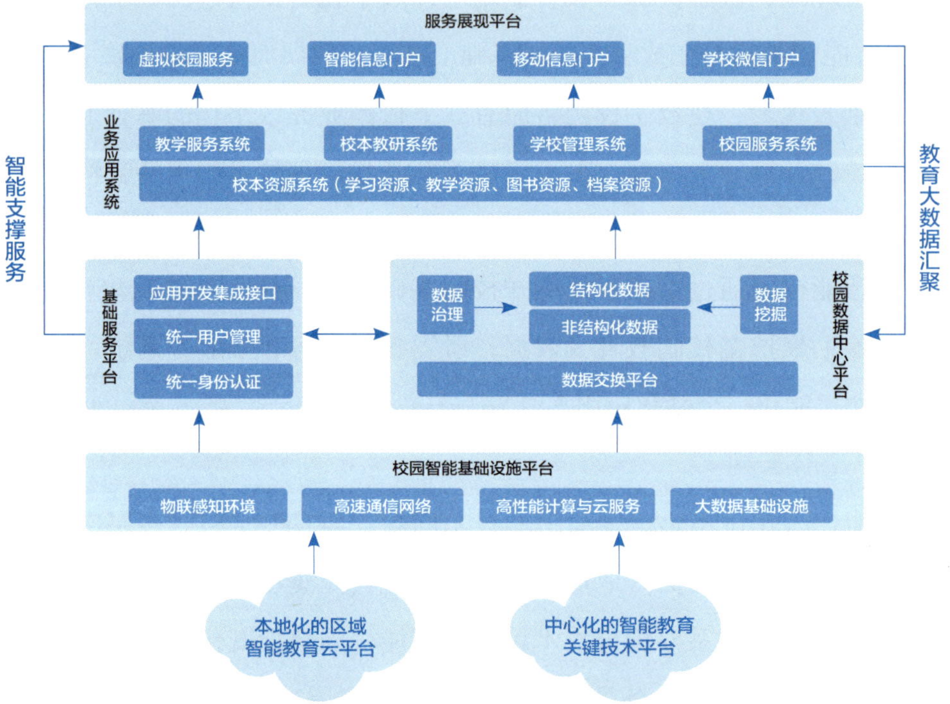

图4-4　智能校园技术架构模型

①三类支撑平台

“平台”即基础支撑平台，是依托本地化的区域智能教育云平台和中心化的智能教育关键技术平台，对校园信息化基础支撑平台升级建设而成的，包括校园智能基础设施平台、校园数据中心平台和基础服务平台。三者构成了智能校园的基础支撑服务环境。其中，校园智能基础设施平台由物联感知

① 教育部.教育部关于发布《中小学数字校园建设规范（试行）》的通知[EB/OL]. [2018-04-17]. http://www. moe.gov.cn/srcsite/A16/s3342/201805/t20180502_334759.html.

环境、高速通信网络、高性能计算与云服务、大数据基础设施等部分组成，形成感知化、网络化的智能校园基础环境；校园数据中心平台提供数据采集、数据治理、数据挖掘和数据交换共享服务；基础服务平台提供统一身份认证、统一用户管理和应用开发集成接口业务等基础服务。在具体实践中，三类平台的建设应结合学校和区域实际，根据是否已具备数字校园或校园网基础、是基于区域教育云建设还是基于学校私有云建设等具体情况，采取适宜的搭建或升级建设方式。

②N个应用系统

“系统”即业务应用系统，是实现学校智能教育应用价值的主要载体，包括学校教育教学的各类业务应用。其中，校本资源系统提供学习资源、教学资源、图书资源、档案资源和各类生成性资源的管理与共享服务；教学服务系统提供课前课中课后全过程、线上线下一体化的全场景教学应用；校本教研系统是支持教师开展电子备课、集体备课、协同教研活动的智能化系统；学校管理系统提供学校教学和人、财、物等的综合化、智能化管理；校园服务系统为师生提供基于互联网的一体化、智能化校园服务。

③四类展现服务

“服务”即智能化终端展现服务，包括虚拟校园服务、智能信息门户、移动信息门户、学校微信门户四类服务。其中，虚拟校园服务利用虚拟现实（Virtual Reality，VR）、增强现实（Augmented Reality，AR）和可视化等技术，提供虚拟现实的校园环境服务；智能信息门户基于校园业务系统的数据信息，利用语义网络、智能搜索、智能语音等技术提供智能化的校园信息服务；移动信息门户依托智能移动终端（智能手机、平板电脑、智能可穿戴设备等），提供智能移动信息服务，实现处处可用、时时可用的智能校园信息服务；学校微信门户基于微信企业号建立学校的微信公众号，提供智能便捷的微信服务。

4.3.2 校本资源系统

校本资源系统是智能校园建设的重要任务，是开展信息化教育教学应用的基础。该系统可提供资源标准体系、资源存储、资源管理、资源使用、资源分享、资源互联互通、智能推荐、校本教材管理、资源智能分析等丰富的资源管理与应用功能。师生可以通过多种接入方式访问校本资源系统，浏览、检索或下载所需资源。

校本资源系统建设的核心任务是资源建设与服务。学校通过建设校本资源及共享服务机制，推进教学资源、学习资源、教师发展资源、再生教学资源以及数字图书和档案资源建设，并与国家级、省级、市级教育云资源平台互联互通，提升教育教学资源服务的能力。

具体来说，教学资源主要是教师在课程标准的指导下，结合课堂教学内容特点开发的教学素材、教学课件、教学设计、教学案例、实验资源、学科专题网站、教学测评资源、中高考辅导资源等；学习资源主要是用于学生自主学习和个性化发展的资源，包括校本课程资源、学生作品、研究性学习成果、探究类教学资源、综合实践活动资源等；教师发展资源主要有教学论文、教学反思、专家讲座、教师论坛、校本培训、课题研究等；再生教学资源是师生在教学和学习过程中，使用教学资源的同时所生成的新资源，有助于促进教学资源的自我发展与不断完善。

案例 4-6　校本资源库系统

校本资源库系统是一个可以为学生、教师和管理者等提供校本资源建设与应用服务的系统。具体来说，该系统可以为学校提供教育资源的汇聚与服务，支持目录检索、资源筛选排序，以及资源的预览、下载、保存、推荐、分享、评价功能；支持本校教师将个人的优质教育教学资源存储至校本资源库；支持对学校使用的国家课程同步资源、试卷库和学校自定义校本课程资源等各类资源的存储和管理；支持区域内联盟校间校本同步资源和校本课程资源的分享、获取和使用。

目前，安徽省蚌埠二中所有主干学科均已将该学科部分典型例题的讲解音频、视频、动画上传，制作成微课资源并通过网络公开发布共享，构建了富有特色的校本资源库系统，探索出“三微一精”的数字化教学模式，即微课堂、微课时、微作业和精品课程。该校的校本资源库系统作为课程改革实践的代表性案例，成功入选“2016年教育部基础教育课程改革典型案例库”。

4.3.3 教学服务系统

教学服务系统是智能校园的核心业务系统，可以促进师生智能化教学活动的实施与开展，是提升教学质量、教学效能和学习效率的重要手段。该系统基于新一代信息技术，融合应用计算机科学、认知科学、教育学、心理学、行为科学等学科专业知识，构建服务于教师教学、学生学习以及智能评测等多个环节的信息化服务与支撑系统，可以为师生提供智能批阅、推荐学习、交互反馈、智能分析、数据化决策等智能化教学服务（见表4–4）。

表4-4 教学服务系统构成

系统	环节	子系统	简介
教学服务系统	教师教学	网络教学系统	适用于校园网络学习的专业级网络教学支撑系统。
		学科教学系统	结合学科特色与需求，用于师生之间相互交流、共同学习或讨论知识技能的智能化网络学习系统。
		智能教学助手	基于智能信息技术构建的、服务于教师更好地教学的智能化教学系统，承担着教师助教的职责。
	学生学习	个性化学习系统	以自适应学习技术为核心，通过全面地对学习者进行测量评价并为其推送合适的学习资源和测验来帮助学习者更高效地学习的信息化系统。
		学习分析系统	收集、处理学习数据并进行学习数据分析，同时再将分析结果输出到显示面板并为教育系统提供反馈和干预的系统[①]。
		智能学伴	通过计算机模拟，结合人工智能算法设计开发的与学习者进行交流、互动和沟通的虚拟伙伴，帮助和引导学习者进行学习，是具备记录学习者的学习进度、成长历程等功能的智能学习伙伴[②]。

① 马晓玲，邢万里，冯翔，吴永和．学习分析系统构建研究[J].华东师范大学学报(自然科学版)，2014 (2)：1-19.

② 张攀峰，寻素华，吉丽晓．“智能学伴”在小学游戏化学习社区中的情感交互设计[J].中国电化教育，2014 (10): 123-128.

续表

系统	环节	子系统	简介
教学服务系统	教学评测	智能阅卷系统	依托人工智能、光学字符识别（Optical Character Recognition，OCR）、大数据等先进技术，为师生提供智能化、自动化批阅服务的信息化系统。
		智能评测系统	基于智能技术构建的、可以为师生提供测试全过程的智能化监控、测试结果的智能化评价以及测试数据的智能化管理等服务的信息化系统。

在服务教师教学方面，教学服务系统主要包括网络教学系统、学科教学系统和智能教学助手等。以网络教学系统为例，它是以建构主义等现代教学理论为指导，以学生为中心，运用教学系统设计、网络协作学习等方法技术构建的集高效性、易用性、实用性于一体，能适用于校园网络学习的专业级网络教学支撑系统[①]。该系统一般由教学支持系统、教务管理系统、课程开发工具和教学资源管理系统等组成[②]。常见实例包括Blackboard网络教学平台、Moodle系统、Sakai系统等。

在服务学生学习方面，教学服务系统主要包括个性化学习系统、学习分析系统和智能学伴等。以个性化学习系统为例，它是以自适应学习技术为核心，通过全面地对学习者进行测量评价，使用特定的教学策略和学习资源来帮助学习者提高学习效率的信息化系统。该系统一般由内容模块、学习者模型、指导模块和适应性引擎等四部分构成，由此来传递学习者所需的学习内容，评估及推测学习者的知识熟练度，评估并干预学习者知识技能的学习表现，指导学习者进行个性化学习[③]。常见实例包括智能辅导系统等。

在服务教学评测方面，教学服务系统主要包括智能阅卷系统和智能评测系统等。以智能阅卷系统为例，它是依托人工智能、光学字符识别、大数据等先进技术，通过提供智能化、自动化批阅服务为师生高效、科学地开展教学评测而构建的信息化系统。该系统基于高速扫描仪等硬件设备以及计算机图像工

① 刘邦奇，孙曙辉．数字化校园——理念、设计与实现[M].合肥：中国科学技术大学出版社，2014：232-233.

② 余胜泉，何克抗．网络教学平台的体系结构与功能[J].中国电化教育，2001（8）：60-63.

③ 周皖婧，辛涛，刘拓．“互联网+”背景下的学生个性化学习系统开发：现状与启示[J]．清华大学教育研究，2016，37（6）：79-84.

程、计算机模式识别、大数据分析等相关技术，将学习者的答题试卷扫描到计算机数据库服务器中并以可处理的数字图像格式进行存储。客观题经过图像处理等技术后，由计算机自动进行识别和评分；主观题在制定相关误差控制原则和质量管理标准后，由软件系统自动批阅并完成成绩汇总。除此之外，智能阅卷系统还具有核分、校验、分数的统计和试卷分析等功能，可为师生提供各类数据分析报告，满足教学需求①。常见实例包括智能云阅卷系统等。

案例 4–7 英语听说智能教学系统

英语听说智能教学系统是一个依托智能语音识别等人工智能技术，集“教、学、评、管”于一体的英语听说教学应用系统。系统预置与课程同步、主题相关的智能化教学资源，可帮助学校、班级便捷地开展英语听说课堂教学活动、随堂测试以及课后听说训练。系统可自动统计汇总学生课堂互动记录、测试记录和学习记录，形成学情分析报告，指导教师科学制订并及时调整教学计划，辅助教学主管部门更好地进行教学研究和管理决策。通过英语听说智能教学系统，课上学生可以随堂进行听说练习，即时获取反馈评测结果；课下学生不仅能按老师要求完成课程听说作业，也可以针对自己的口语水平选择适合的题型进行自主学习（见图 4–5）。该系统实现了信息技术与教育教学的深度融合，使英语听说教学更加灵活、高效。

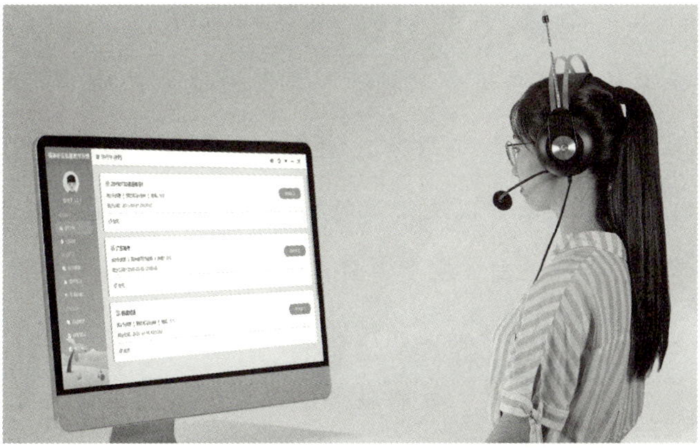

图 4–5　英语听说智能教学系统

① 郑婷．一种 DOM 与图像工程相结合的智能阅卷系统[D]．太原理工大学，2014．

4.3.4 校本教研系统

校本教研系统是智能校园的重要业务系统。利用高效、便捷的校本教研系统，为教师提供校本教研服务，促进教研合作，是助力教师专业发展的有效途径。该系统是在现代教育教学理论指导下，依托新一代信息技术，开发和利用数字化教育教学资源建立的智能、开放、动态、交互的智能化教研支持系统①。它主要包括教研资源系统、教研协同系统、教研信息系统和智能实录系统等子系统（见表4–5）。

表4–5 校本教研系统构成

系统	子系统	简介
校本教研系统	教研资源系统	以数字化教研资源库为基础，通过教师参与线上、线下教研活动，动态生成学科资源和教研信息的服务系统。
	教研协同系统	针对备课、评课等教研活动任务，基于工作流驱动（流程设定和过程控制）方式，根据教研活动各环节的应用需求提供相应的支撑工具，可以实现网络会议、共案编写、评价反馈等功能的服务系统。
	教研信息系统	利用人工智能技术、知识管理技术等信息化手段，实现集教研人员、课题、获奖成果及论文等信息的录入与查询、课题立项与结项、教研数据统计等功能为一体的网络化、智能化管理系统。
	智能实录系统	主要指高度自动化、智能化的具有直播、录播等功能的系统。

案例4–8 智能实录系统

智能实录系统可以在语音识别等人工智能技术支持下，提供便捷式、常态化的教学数据采集和加工服务。该系统主要由智慧麦克风、麦克风接收盒、搭载智慧微课的软件以及云端超脑引擎等组成。通过智能实录系统，可以实现教学过程一键录制、课堂讲解内容实时转写，并且可以对教学视频进行结构化处理，生成自动标注的结构化资源体系，最终为师生提供智能化、精准化、个性化的教学、教研服务。以智能实录系统为载体构建新型教研模式是当前发展的新趋势。

① 刘邦奇，孙曙辉.数字化校园——理念、设计与实现[M].合肥：中国科学技术大学出版社，2014：232–233.

4.3.5 学校管理系统

学校管理系统是智能校园业务管理的重要平台。通过建立综合管理系统以及学校大数据挖掘和分析系统，可以实现校内教务、校务、人事、行政等方面的信息化管理，提供教学、办公、业务管理为一体的智能化管理服务，创新教育管理模式，提高学校教育管理信息化、智能化水平。学校管理系统构成详见表4-6。

表4-6 学校管理系统构成

平台	系统	子系统
学校管理系统	综合管理系统	教务管理系统
		办公自动化（Office Automation, OA）系统
		师资管理系统
		资产管理系统
		财务管理系统
		……
	学校大数据挖掘和分析系统	/

综合管理系统是在智能校园基础支撑平台和现有各类系统上，基于物联网、云计算、大数据、人工智能等新一代信息技术集成化建设的，支持学校完成各项管理业务以及辅助决策的信息化管理系统。该系统可有效促进管理的一体化、智能化，主要包括教务管理系统、办公自动化系统、师资管理系统、资产管理系统和财务管理系统等。

学校大数据挖掘和分析系统主要提供收集、汇聚、分析学校教育动态数据等服务，是智能校园的核心组成部分。系统基于大数据采集机制与挖掘分析技术，提供学校教育大数据治理、大数据决策分析、智能化信息推送、个性化应用推荐等功能。

案例4–9　新高考教务教学平台

在新高考改革背景下，“6选3”“个性化课程表”“走班制”等新模式都对学校教务管理工作提出了新的挑战。新高考教务教学平台遵循“统筹规划、统一建设、标准开放、全面覆盖”的原则，针对新高考改革下的教务教学工作需求，提出了完整的解决方案，包括高中发展指导系统（含选科指导系统、生涯课程系统、学科潜能测评系统、专业兴趣测评系统）、智能选排课系统（含高考选科系统、智能排课系统、算法引擎系统、资源评估系统、课表管理系统）和走班考勤软硬件系统等。其中，智能排课系统可以方便地解决学校每学期烦琐复杂的排课工作。它基于高效的人工智能算法引擎，合理利用学校有限的教学场地和教师资源，结合学校个性化特殊规则，可以实现一键智能排课，并通过人机协同输出最优的可视化排课方案。

北京理工大学附属中学就使用了智能排课系统协助学校管理。系统结合该校课程安排、教师需求等实际情况，智能化输出最优的可视化排课方案；课表管理功能可以为学生、任课教师、班主任、校长输出准确的个性化课表。目前，在该系统的帮助下，学校已顺利完成每个学年的排课任务。这不仅为排课教师减轻了工作负担，同时也方便了授课老师日常的调课工作，极大地提高了工作效率。

4.3.6　校园服务系统

校园服务系统是为师生提供智能化校园服务的重要平台。通过建立该系统，可以为师生提供集文化、生活、健康于一体的信息化、智能化校园服务。该系统一般主要包括智能图书馆系统、生活服务系统、校园安全监控系统、网络安全监管系统和运维服务系统等子系统（见表4–7）。

表4-7　校园服务系统构成

平台	系统	子系统
校园服务系统	智能图书馆系统	运用新一代信息技术，优化整合藏书资源和管理模式，实现图书管理自动化、服务智能化的图书管理系统。
	生活服务系统	面向师生生活、学习、工作的综合性服务系统。它将众多校园服务整合在一起，可以使师生通过校园信息门户便捷了解各种服务资源、预约各项服务等。
	校园安全监控系统	利用自然语言处理、人脸识别、计算机视觉、物联网等技术，实现对校园重要区域、重点部位全覆盖的音、视频监控系统及可视化预警系统，具备动态监控预警、应急指挥等功能。
	网络安全监管系统	利用智能信息技术实现对校园局域网内的信息、资源和师生数据等进行智能监管、预警、过滤的信息化系统。
	运维服务系统	通过物联感知技术提供运维服务的信息化系统，可以远程监控设备状态，及时处理故障情况，保证校园信息化服务的正常平稳运转。

案例4-10　无感知物联平台

无感知物联平台是提供校园安全服务的典型案例。它通过物联网技术（蓝牙、射频识别）和后端数据处理应用构建校园智能化网络，可对校内部署的硬件采集到的信息进行有效集成、整合和处理。该平台除了包含标准接入的一卡通管理、硬件设备监听、学生活动信息关系分析、体质健康监测、校内轨迹与定位、危险区域预警及轨迹数据分析等功能外，还提供标准的对外接口并进行算法处理，可以对学生活动信息与轨迹数据进行处理，从而实现对学生“千人千面”的社交活动、活跃指数等进行计算并形成报告。

山东省滨州实验学校南校区通过建设无感知物联平台，为该校师生提供智能化的校园安全服务。学校为学生配备了电子校徽，并在校内进行轨迹、无感知出入校、危险区域、无感知班牌等硬件建设以及无感知物联平台的部署，利用平台强大的数据处理与分流能力，实现了学生出入校实时通知、轨迹全捕捉等多维度数据采集。这不仅可以帮助学校提升校门管理、考勤管理、学生校内行为管理、校内安全管理的工作效率，还降低了管理成本，促进了智能校园、智慧环境和平安校园的建设。

4.4 智能教学场所

智能教学场所是智能教育环境三层架构中的基础部分，连接一系列教学感知应用及系统，承担感知、收集教育教学大数据以及传递、落实教育决策信息的职能。随着时代的发展和科技的进步，人类的知识传授、学习方式和教学模式也随之改变。为了适应师生教与学发展的需要，封闭、单调的教学场所亟须改造升级。智能教学场所是教育信息化发展到一定阶段的必然产物，是基于物联网、云计算、大数据、人工智能等新一代信息技术构建的，具备感知、交互、开放等特征的现代化教学活动场所。它为师生提供了全新的教与学环境，为构建基于智能技术的新型教学模式提供了条件。智能教学场所可以是物理教学环境，也可以是虚拟教学环境，还可以是虚实结合的混合教学环境。

《中小学数字校园建设规范（试行）》指出，教室、实验室、创新训练空间等数字化教学空间、创新创造空间和文化生活空间为学校信息化教育教学工作的开展提供了基础的教学场所支持[①]。伴随着智能技术在教育领域的融合应用，素质教育、创客教育、STEAM教育等成为教育新常态，智能教室、学科教室、智能实验室、创客教室和人工智能实验室等多类支持智能教育开展的重要教学场所也应运而生。

4.4.1 智能教室

智能教室是智能化时代背景下教室发展和变革的产物，是开展智能教学与学习活动的主要场所。智能教室借助物联网、大数据、人工智能、传感技术等先进技术，以促进学习者认知、能力、技能和情感的发展与完善为出发点[②]，打破学习空间限制，使教学内容呈现富媒体化、教学资源获取便捷化、

① 蔡耘，黄天元，蒋宇，刘雍潜，杨现民，张生，宋述强.《中小学数字校园建设规范(试行)》解读[J].中国电化教育，2018 (10)：1-6.

② 谢舒潇，陈毓超，刘冠.智能教室建设的探索与实践[J].实验技术与管理，2016，33 (6)：221-224.

师生交互立体化、情境感知智能化、环境管理高效化[①]，是能够支持多种教学模式的泛在、灵活、智能的教学环境。

智能教室突破传统教室的空间布局，基于智能技术打造由智能基础设施、智能中控、应用服务等构成的智能化教学平台，为师生教学提供智能化教学环境。具体来说，智能基础设施是教室智能化建设的基础支撑条件，主要包括网络通信系统、感知系统、数据库与服务器、智能终端等，所有智能终端通过网络通信系统和感知系统与智能中控部分相连接。智能中控部分是智能教室的中央控制中心，它通过集成各类软、硬件设备和系统之间的连接、通信和协作，使教室成为一个智能的整体。应用服务部分主要包括智能显示系统、交互反馈系统、虚拟现实系统、智能实录系统、学习分析评价系统、智能推荐系统、环境管控系统、第三方系统接口等，可为师生活动提供资源、工具、数据分析等智能服务。

随着智能教室的发展，有学者在相关研究实践中提出了“室联网”的新概念[②]。“室联网”是指以学校教室为核心构建的教学、学习及培训网络，可以实现智能化教学平台各要素、各环节间“应用—中控—设施”的互联互通互动。“室联网”的建立将实现线上虚拟与线下实体教室的互联，打破班级、学校和地域的限制，进一步推动智能教育的发展。

案例 4-11　以“智能教室”为载体的“智慧课堂”

“智慧课堂”是以智能教室为载体，通过“云、台、端”整体架构创设的网络化、数据化、交互化、智能化学习环境，支持线上线下一体化、课内课外一体化、虚拟现实一体化的全场景教学应用。其中，“云”即智能云服务，通过资源服务、教研服务、评测服务、学习服务、决策服务和在线课程等方式，为教师和学生提供教与学全过程应用服务；“台”即教室智能平台，在智能网

① 黄荣怀，胡永斌，杨俊锋，肖广德．智慧教室的概念及特征[J]．开放教育研究，2012，18（2）：22-27.

② 未然．“室联网”教育新概念融入智能教室[N]．中国教育报，2019-08-17（3）.

络设施、高效能计算中心和数据中心基础上构建通讯中枢、数据中心、能力中心和控制中心，依托智能技术提供课堂智能管控和智能化教学服务；“端”即智能终端，包括教师智能终端、学生智能终端和环境智能终端等智能软硬件，可自由接入教室智能平台，自动感知环境信息，收集教师和学生行为信息，为教师和学生提供教学工具、微课工具、互动工具、即时评价分析等服务[①]。

浙江省杭州市保俶塔实验学校利用“畅言智慧课堂”，形成了课前备课（备学情、备资源等）、课中授课（智能教学、立体化互动等）、课后辅导（个性化作业等）的完整教学闭环。试点班级学生学习氛围热烈，积极性、主动性明显提高，课堂师生互动、生生互动效果有所增强（见图4-6）。

图4-6 以“智能教室”为载体的“智慧课堂”

4.4.2 学科教室

学科教室是围绕学科教学需要，针对各学科不同的教学特点所建立的专业化教学场所。它以培养学生学科核心素养为逻辑起点，通过构建学科情境，配置丰富的学科资源，开展学科教学、实验（体验）和研究，从而提升学生的学习内驱力[②]。

① 刘邦奇，吴晓如.智慧课堂：新理念 新模式 新实践[M].北京：北京师范大学出版社，2019：86-87.

② 李小静. 基于学科教室的化学实验教学研究[J].化学教学，2017(6)：39-40.

学科教室既具有传统教室的教学功能，又因其布局、结构、文化设置的差异体现出特色功能，为学生开展学科探究、进行学科实践提供环境、资源、工具等方面的支持，并且可以提供个性化、数字化的评价机制。在学校建设学科教室，有利于提高学生的思维能力和问题解决能力，培养学生的科学精神和理性思维，提升学生的学科核心素养，同时也是落实学科教学改革与实践的必要措施，能够更好地促进学科教学目标的达成。

作为学科教学的基本阵地，学科教室具有“专业的学科情境、课程实施的场所、多维度的认知设计、学科老师的设计与建设、技术的深度融合、动态的建设过程、常态化的互动性教学、非标准化的技术装备”八大特点[①]，一般可以为师生提供学科资源、教学演示、实验体验、成果展示等智能化应用服务。目前较为常见的学科教室类型如表4-8所示。

表4-8　常见学科教室类型

场所	类型	简介
学科教室	语文学科教室	作为语文学科专业教学场所，一方面通过独具特色的课桌（如方桌）、书柜、墙壁和走廊等环境建设，营造浓厚的语文学习气氛及文化氛围；另一方面结合学科特色，设置阅读、展示平台等，培养学生独立思考能力和语言运用能力，全面提高学生的语文素养。
	数学学科教室	作为数学学科专业教学场所，通过实物展示、名人事迹小报、数学图书角等方式塑造数学文化，同时通过学生作品空间、师生互动空间和微课网络空间，关注学生个性特点、学习方式和教师教学方式，发挥数学教室优势，组织学生展开自主、合作、探究学习[②]。
	英语学科教室	作为英语学科专业教学场所，一方面结合语言学科特色，通过建设电子白板、电脑、耳机和智能听说系统等软硬件设备，为学生提供英语语言学习空间；另一方面通过合理布置和利用教室课桌椅、柜子、电教设备以及内外部环境（如墙壁、走廊），为学生构建情境化、活动化的英语专用教室。
	物理学科教室	作为物理学科专业教学场所，是围绕培育物理学科核心素养而建设的学科专业教室。它既可以作为实验平台，满足基础型课程、拓展型课程和研究性课程的实验需求，还能够满足互动课堂、个性化学习、学科资源借阅和教师办公等学生学习和教师工作需要。一般包括教学区、试验区、阅读区、展示区和办公区等五个部分[③]。

① 浙江教育信息化网.浙江省积极推进学科教室和创新实验室建设和应用[EB/OL].[2017-08-25]. http://www.ict.edu.cn/p/zhejiang/zxzx/n20170825 10711.html.

② 王晓燕.数学专用教室建设的几点思考[J].课程教育研究，2015 (12): 180-181.

③ 林春辉，周世平．构建“物理学科”教室，培育学科核心素养[J].物理教学，2017，39 (6): 5-7+21.

续表

场所	类型	简介
学科教室	化学学科教室	作为化学学科专业教学场所，集普通教室、化学实验室、实验准备室功能于一体，是由专人负责的可供教师和学生研究与学习化学的场所。一般包括课桌、实验台、仪器柜、药品柜、中控台、多媒体教学一体机、电脑、高拍仪、排气扇等基础设施。通过独特的布局（如扇形）、结构等设计，可以实现实验探究、展示交流、阅读查询等功能，促进学生“自主、合作、探究”式学习的开展①。
	生物学科教室	作为生物学科专业教学场所，可以满足各种课型的教学需求，一般包括日常教学区、教学办公区和橱柜展示区等功能空间，具有课程教学、实验探究等主要功能，以及教师办公、展示阅览和研究性学习等拓展功能②。
	政治学科教室	作为政治学科专业教学场所，可以拓展学生政治学科学习的维度和空间，让学生从课内的探究学习走向课外的自主学习，从校内的知识课堂走向校外的实践课堂。主要由学科体验中心、展示拓展中心、教研观摩中心和智能化教学平台四部分组成③。
	历史学科教室	作为历史学科专业教学场所，一般包括多媒体演示区、师生教学活动区、学生成果展示区、阅读沙龙区、教学研讨区、教师办公区、教具摆放区、档案管理区等功能空间。可以方便学生查阅历史资料，为直观性认识历史发展过程及存在意义提供背景信息；方便学生进行探究性教学和学科实践活动，为参与式历史教学创造条件；方便师生运用现代教育技术，为兼顾日常教研、微课制作提供场所④。
	地理学科教室	作为地理学科专业教学场所，一般包括“地球、地质模拟室”“水文、气象实验室”“人文地理活动室”等场所，配备“地震科普实验室”“天文观测平台”“户外地理园”等辅助教学资源，可以满足学生地理观察、地理观测、地理演示、地理实验和制作等实践与应用需求⑤。

案例 4–12　中小学语言学科教室

中小学语言学科教室是为语文、英语等语言类学科的听说能力培养、测试训练及自主练习而打造的新一代智能化学科功能教室。教室的核心硬件包括智能听说服务器、听说专用耳机、智能卡座等。智能听说服务器可以实现对智能

① 李小静．转变学习方式：学科教室的应然追求[J].化学教学，2018 (7): 27–31.
② 陈钢．高中生物学科教室建设的实践与思考[J].中学生物教学，2017 (23): 7–9.
③⑤ 浙江教育信息化网．浙江省积极推进学科教室和创新实验室建设和应用[EB/OL]. [2017–08–25]. http://www.ict.edu.cn/p/zhejiang/zxzx/n20170825107711.html.
④ 赵华栋．凸显历史学科性 扩大学生选择性——浙江大学附属中学“历史学科功能教室”的建设与思考[J]. 中学历史教学，2017 (9): 74.

化环境下的教学互动、资源数据存储、测试服务的支持；听说专用耳机可以确保学生获得更好的人机互动练习效果；智能卡座与传统机房卡座相比，具有可移动、可组合、辅助教学软件实现教学管理等特点。教室的软件系统主要包括语言教学管理平台、智能听说教学系统、智能听说考试系统三部分，主要以网页、客户端形式呈现，可以灵活满足教师课前备课、课堂授课、课后反思等不同应用场景需求。

通过中小学语言学科教室构建“人工智能+听说教学”课堂新模式，可以为语文、英语等语言类学科的听说能力培养提供智能化和软硬资源一体化等支持。如图4-7所示，在北京市房山区四〇一学校的语言学科教室内，教师利用PC端的英语听说智能教学系统，开展了英语教学公开课和观摩课，探索了英语听说特色课程的智能化教学模式。

图4-7　北京市房山区四〇一学校语言学科教室

4.4.3　智能实验室

智能实验室是在传统实验室的基础上，将无线遥感控制技术、传感器技术、自动语音识别控制技术、网络通信技术、学习分析技术等智能技术与实验教学相融合，集硬件设备、软件应用系统、实验内容和实验资源于一体，为师生提供的综合、开放的实验教学环境。智能实验室的应用，使实验时间和空间得到延伸，实验现象更加易于观测，数据反馈更加高效。当前，智能实验室主要分为数字化实验室和虚拟实验室。

（1）数字化实验室

数字化实验室处于真实的实验环境中，主要由传感器、数据采集器等硬件以及软件系统构成，通过传感器与数据采集器的结合，计算、分析、呈现实验数据①。其中，传感器是一种能把物理量或化学量转变成便于利用的电信号的器件，按照工作原理的不同，可以分为电阻式传感器、电感式传感器、电容式传感器、光电式传感器等。数据采集器是连接传感器与计算机的桥梁，是整个实验室系统的核心部件，其主要功能是实现对传感器采集的电信号进行A/D转换（模/数转换）、D/A转换（数/模转换）以及数据分析与运算，然后将数字信号传送至计算机或大投影屏幕并显示最终结果。软件系统主要用于传感器数据的采集、数据表现与数据分析。在数据表现上，提供了数据表格、数据曲线等表现形式。在数据分析上，提供了数据统计、曲线拟合和线形回归等方式。除此之外，软件系统还提供实验过程记录功能，可以将实验过程用视频方式记录并保存，以供实验结束后浏览整个实验过程的概况。

案例 4-13　北京市第一五六中学数字化探究实验室

北京市第一五六中学的物理、化学、生物数字化探究实验室由“输出终端+传感器+配套教具”组成，运用实时测量、数据采集、数据分析和智能控制等先进技术，在利用传感器将实验现象转换为电信号后，通过计算机实验软件对其进行计算和归纳，并形成最终的实验结果，由此实现信息技术与探究性实验的结合。学校通过该类数字化探究实验室展开教学，在一定程度上降低了学生实验探究的难度，提升了实验的精确度，节省了探究性实验学习的课时，提高了教学效率。

① 潘洪涛，钱洁．连接虚拟与现实的桥梁 数字化学习的新手段——数字化综合理科实验室应用[J].中国教育技术装备，2008（1）：21-26.

（2）虚拟实验室

虚拟实验室是一种基于Web技术、VR（虚拟现实）技术、AR（增强现实）技术构建的开放式、网络化的虚拟实验教学系统，是现有教学实验室的虚拟化。它是以计算机硬件和软件技术为支撑，通过软件集成开发环境实现的一种虚拟实验环境。通过软件开发一系列虚拟实验组件来仿真和再现整个实验环境、实验设备和实验工程，实验者可以脱离传统实验的束缚，互动地感受实验信息，从而在更为便捷的条件下，以近似真实的方式完成整个实验过程[①]。对于学校而言，创建虚拟实验室可以解决传统实验室场地建设困难、教具更新缓慢、耗材成本高、实验过程存在操作风险等问题。对于教师而言，通过虚拟现实和增强现实技术，可以使教学内容更加形象生动，提高教学效率。对于学生而言，全新的实验环境可以进一步激发学习兴趣，引导学生自主探究，提升他们实验探究的能力和解决问题的能力，有助于帮助学生形成科学思维。

案例4-14　VR虚拟实验室

北京市教委利用VR虚拟实验室面向全市初中学生开展每周一次的VR教育社会实践课，目前已帮助上万名学生体验了VR技术。该实验室主要基于硬件设备、软件平台和课程平台三部分内容进行建设。硬件设备包括AR智能课桌、轻沉浸VR设备、全沉浸VR设备等；软件平台包括“E上课”客户端、管控系统等；课程平台包括STEAM课程和主题课程等优质课程资源。

如图4-8所示，该实验室可以为学习者打造高度仿真、沉浸式、可交互的虚拟互动学习环境，针对科学、数学、物理、化学、生物、地理等学科的同步实验课程或科普拓展类课程，实现基于VR技术的真实感知性、实践性、交互性教学。VR虚拟实验室可以使学生自身与虚拟环境相结合，通过体验式、互动式的学习方式，培养创新思维，提高实践能力。

---

① 任树飞．基于LabVIEW的虚拟实验室的研究与开发[D].青岛大学，2010.

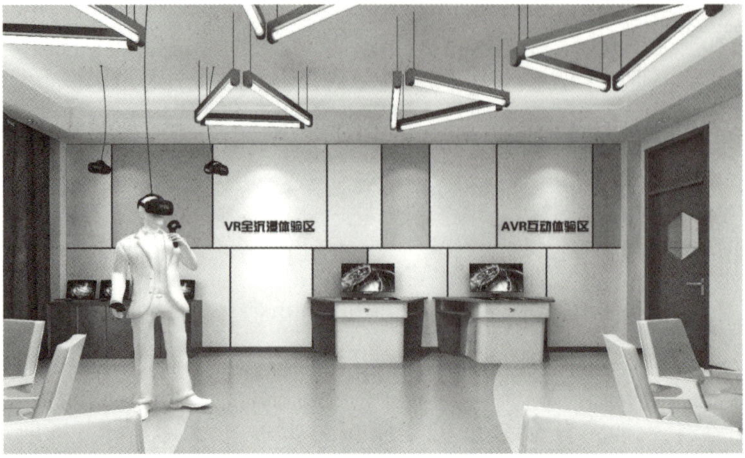

图4-8 VR虚拟实验室

4.4.4 创客教室

《2015年政府工作报告》从众创的角度出发，将众创空间定义为“顺应网络时代创新创业特点和需求，通过市场化机制、专业化服务和资本化途径构建的低成本、便利化、全要素、开放式的新型创业服务平台的统称。”[①]创客学习是创客在创客空间里通过主动探索、动手实践、创新设计、跨界融合、问题导向、活动探究、项目体验等途径获取新知识的学习方式[②]。创客教室是中小学生进行创客学习的重要场所，是一种依托科技手段全面打造的融创客课程、智能教具、数字资源、云服务等内容于一体的新型教学环境。

创客教室采取寓教于乐的形式，通过所提供的技术和服务，进行学习的协作推进以及各种学习活动的开展，由此促进学生之间知识和资源的互动、创造力的表达与分享[③]，并最终提高学生的综合实践能力、创新能力，促进学生全面健康地成长。创客教室是对物质、技术、智力、社会资源的整合，支持学生独立或协同完成创造过程，实现基于创造的学习。它是创客教育实施的基本载体，对于创客教育的有效推进起着至关重要的作用。

① 王爽．两会授权发布：政府工作报告中相关词语注释[EB/OL]．[2019-12-13]．http://www.xinhuanet.com/politics/2015lh/2015-03/13/c_1114629906.htm.

② 王同聚．基于“创客空间”的创客教育推进策略与实践——以“智创空间”开展中小学创客教育为例[J]．中国电化教育，2016 (6)：65-70+85.

③ 杨绪辉，沈书生．创客空间的内涵特征、教育价值与构建路径[J]．教育研究，2016，37 (3)：28-33.

根据不同发展阶段，创客教室可以分为不同的类型，通常称为“自己玩”型与“集体玩”型[①]。创客教室最初的形态表现为“自己玩”型,主要为了满足学生的兴趣爱好，着眼个体创新能力的提升。随着创新层次要求的提高，其形态逐步表现为“集体玩”，这一方面可以提高学生整体创新能力，另一方面可以培养其团队合作精神。在中小学阶段，为满足学生设计、制造、观察、交流、学习等需求，创客教室一般包括创意设计区、制造区、交流区和展示区四大区域，为师生提供创客资源、项目实践、自主探究、成果展示等智能化服务，为学校开展创客教育和STEAM教育提供环境支持[②]。

案例4-15　重庆市璧山区实验小学青雅创客空间

重庆市璧山区实验小学青雅创客空间是围绕“育青苗之才，创大雅之堂”的办学目标，立足“青雅”的校园文化规划出来的创客教育建设案例。该空间主要分为成果展示区、活动教学区、智慧造物区和活动体验区四大区域（见图4-9）。基于搭建的创客教育展示平台，学校规划并完善了“3+2”青雅创客课程，同时开发出比较完备的教材体系、教学设计、教学视频、评价工具等教学资源，旨在培养学生的创新能力、动手能力和科学素养，并推动学校乃至璧山区创客教育的建设和发展。

图4-9　重庆市璧山区实验小学青雅创客空间

① 林祥，高山，刘晓玲. 创客空间的基本类型、商业模式与理论价值[J]. 科学学研究，2016，34 (6)：923-929.
② 刘正云. 中小学校创客空间的评价研究[D]. 南京师范大学，2016.

4.4.5 人工智能实验室

人工智能实验室（AI实验室）类型较为丰富，按照其应用功能可分为科研型AI实验室、学科型AI实验室和教学型AI实验室等。这里的AI实验室特指教学型AI实验室。它是以人工智能为技术特色的新型创客空间，是中小学开展人工智能教育的重要教学场所。AI实验室是一个集参观、体验、教学、实践、分享等功能于一体的人工智能技术实体化教学空间，可以从课程体系、学习环境、配套教具、师资队伍等方面进行体系化设计。

AI实验室根据“学习金字塔”理论进行功能分区，包括文化科普区（听讲与阅读）、技术体验区（视听与演示）、互动教学区（交流与讨论）、实验操作区（演练与操作）、分享展示区（展示与演讲）以及仪器设备区（存放与管理）①。各分区主要功能、支撑条件和内容描述如表4-9所示。

表4-9 AI实验室功能分区

分区	主要功能	支撑条件	内容描述
文化科普区	参观记录、课程教学、视频观看、交互学习	科普VR视频、教学课件、文化墙等	通过文字、图片、富媒体等形式，展示人工智能的发展历程和著名人物事迹等。
技术体验区	实际操作、观察记录、交流反思	交互式一体机、人工智能软件等相关产品	通过人工智能技术展示“人工智能+教育”变革、“人工智能+生活”变革、“人工智能+工作”变革等主题，让学生体验人工智能的现状与未来。
互动教学区	课程教学、编程练习、合作演练	移动终端、资源平台、学习软件等	通过学生探究等方式，转变教学模式。基于编程及可视化原理开展教学，促进学生的知识理解和能力提升。
实验操作区	实践演练、协同合作	机器人、硬件设备等	通过外显的机器人、硬件设备等，支持学生参与项目实践、动手操作，进而形成立体认知。
分享展示区	作品展示、演讲分享	作品展示架、智能投影等	通过展示、讲述本组作品，进一步完成知识的内化，并培养其小组合作、创新、表达等能力。
仪器设备区	五金器材、教学设备的存放与管理	终端充电车、器材收纳柜、设备收纳架等	对实验室的器材及设备进行统一存储、管理。

① 赵飞龙，钟锟，刘敏．人工智能科普教育探究——以初中“语音合成”课为例[J]．现代教育技术，2018，28（5）：5-11．

AI实验室可以帮助学生以有趣的方式、由浅入深地了解深奥的人工智能相关知识，满足学生走近科学、了解前沿科技的需求，提升学生对人工智能的认识，培养编程思维和初步的编程能力。同时，借助人工智能技术的支持，学生在AI实验室中接受任务挑战、开展项目式学习，可以更好地锻炼自己在沟通、协作、创新和实践等方面的能力，在未来实现更好的发展。

案例4-16　江苏省苏州工业园区独墅湖学校人工智能联合创新实验室

江苏省苏州工业园区独墅湖学校人工智能联合创新实验室于2018年4月建成，是江苏省首个人工智能创新实验室，主要包括历史展示区、智能体验区和教学实践区等功能分区（见图4-10）。历史展示区旨在使学生了解人工智能发展历程和发展史上的重要人物，进而产生学习欲望。智能体验区帮助学生从初期的体验开始，了解生活中人工智能的作用，激发学生未来研发更多人工智能设备的想象力与创造力。教学实践区是人工智能创新实验室最核心的部分，学校教师通过专业培训和自主学习，逐步设计、打磨出一些“深度学习”课程，以培养学生对科技的兴趣、对未来生活的向往，激发学生的探究能力。目前该实验室已正式启用，成为该校特色办学理念的重要体现。

图4-10　江苏省苏州工业园区独墅湖学校人工智能联合创新实验室

第五章

智能教育应用场景

智能教育应用是发挥智能技术在教育领域中的价值、构建新型教育教学模式的必然路径。智能教育应用结合具体教育场景，通过利用智能教育关键技术平台、各类教学场所和教育教学系统开展教育教学活动，实现智能技术与教育教学的深度融合，促进教育教学结构性变革，探索新的人才培养模式和教学方式。本章主要从教学、学习、考试与评价、管理与服务以及其他智能教育应用五个方面，系统梳理和分析智能技术在教育中的典型应用场景，为推动智能技术在教育教学中全面应用、建立智能教育教学新模式提供参考。

5.1 智能教学

教学是教育过程中的核心环节，智能技术为教学提供了全场景的支持服务。智能教学从辅助教师教学角度出发，涵盖了备课、授课、作业与辅导、教研等多个教学场景，实现了对学生学情的大数据分析、教学资源的智能推荐、教学设计方案的自动生成、课堂互动的即时反馈与数据留存、智能教学助手的辅助教学、智能辅导与答疑、课堂教学过程的常态化录制与结构化分析、网络协同教研等功能。智能教学在很大程度上减轻了教师教学的负担，提高了教师教学的效率和针对性。

5.1.1 智能备课

（1）大数据学情分析

学情分析是教师为了获取有效开展教学所需的各类信息和依据，而对影响学生学习的各种因素进行诊断、评估与分析的准备活动[①]，包括学生基础信息、学业信息、行为信息、心理信息、生理信息等内容。大数据学情分析是指借助大数据技术，通过深度挖掘多维度学生数据，全面分析学生学情，并自动生成精准的、可视化的学情分析报告，以供教师在备课阶段进行参考。

① 陈瑶．学情分析研究综述[J].当代教育理论与实践，2014，6（6）：21-23.

精准分析学生学情，承认并尊重学生的个体差异，是实施因材施教的前提和基础，有助于提高教学质量、减轻学生学习负担。

①采集学情数据。教师可借助多种设备与方式，采集学生的基础数据、学业数据、行为数据、心理数据、生理数据等，为学情分析做准备（见表5-1）。

表5-1　常见的学情数据采集方式

数据维度	数据来源
基础数据	信息化系统中所存储的学生姓名、出生日期、性别、籍贯、民族等基础信息。
学业数据	在线作业与考试数据。
	通过扫描仪或读卡器采集的线下作业与考试数据。
行为数据	在线学习行为数据，包括登录时间、浏览记录、点击记录等。
	通过摄像头、麦克风等采集的线下学习行为数据，如举手、回答问题等。
心理数据	通过量表或心理测试采集的心理数据 ，如学习风格等。
	通过摄像头、可穿戴设备等采集的心理数据，如注意力、紧张程度等。
生理数据	通过可穿戴设备、物联网等采集的生理数据，如体温、血压等。

②分析学情数据。在完成学情数据采集的基础上，系统通过建立学情数据分析模型，将学情分析结果进行可视化呈现。通过可视化学情分析报告，教师可以从多维度了解学生的知识点掌握情况、课内外学习参与度、学习状态等信息。大数据学情分析能够弥补传统学情分析经验化、模糊化、粗略化的不足，为教师的教学设计提供科学精准的全方位数据支撑。

案例5-1　安徽省合肥市第八中学运用大数据技术精准了解学情

安徽省合肥市第八中学在记录学生基础数据的基础上，运用大数据精准教学系统，进一步分析了学生的学业表现数据和学习行为数据，从而获得了直观的学情分析报告。教师通过学情分析报告，可以直观了解学生的作业表现和日常表现。其中，作业表现包括班级平均分、最高分、最低分、成绩分布、知识点掌握情况、高频错题等信息；日常表现包括某段时间内作业得分率及排名、作业提交率及排名、作业完成平均时长及排名等信息。通过数据化呈现方式，教师能够精确了解学生学习效果并展开相应的教学活动。例如，数学教师通过大数据学情分析报告了解到某些学生在平面向量的线性运算方面学习效果不理想，据此有针对性地展开了专题训练。此外，教师通过学情分析报告还能了解到某些学生在某段时间内的作业表现和日常表现的幅度变化，可以及时采取有效的干预措施。

（2）教学资源智能推荐

教学资源是教师备课中需要重点研究和准备的内容之一。互联网时代，教师常用的资源获取途径之一是网络搜索。这种方式不仅难以搜索到合适的优质教学资源（尤其是学科教学所需的特色资源），而且往往需要耗费较多的时间和精力。智能技术可以实现教学资源的智能化推荐，即通过分析、挖掘教师的资源检索行为，发现其个性化需求与兴趣特点，将教师可能感兴趣的信息或资源自动推荐给他们。教学资源的智能推荐与一般的搜索引擎不同，它不需要教师准确地描述自己的需求，而是通过分析教师的历史检索行为，主动提供满足教师个性化需求的资源。

①确定教学资源推荐范围。开展教学资源智能推荐的前提条件之一是明确大致的教学资源推荐范围。教师一般通过点击学科知识图谱或电子课本目录，或在搜索框中输入所需资源的关键词，来确定所需资源的范围。

②构建智能推荐策略。系统利用深度学习技术，从复杂的内容数据中分析得出有效的隐性因子特征，并建立资源特征模型；利用协同过滤算法，建立教师与教师之间的相似度关系及其合集，分析教师特征、资源特征之间的对应关系；依据相似教师所使用的资源特征和目标教师历史记录中使用的资源特征，为目标教师推荐相关教学资源。教学资源推荐策略有多种实现方法，如北京师范大学学习元平台主要采取了TOP-N、关键词、最新资源推送、基于关联规则推荐以及好友推荐等五种推荐策略[①]，实现了教学资源的个

① 杨丽娜.数字学习资源的个性化推荐效果提升研究——以学习元平台资源推荐设计为例[J].现代教育技术，2014（6）：84-91.

性化推荐。

③筛选与优化教学资源。通常来说，并非所有智能推荐的资源都可以直接为教师所用。当教师使用智能教学资源推荐系统初期，由于系统尚未掌握教师的资源使用习惯与兴趣，需要教师对所推荐的资源进行筛选和优化。教师使用次数越多，系统进行机器学习的时间越长，学习到的样本量越大，教师的个性化需求就越明确，系统所推荐的教学资源也会随之越来越精准。教师在对资源进行初步筛选后，有时还需要对资源进行一定程度的改编、优化，以更好地适应教师的个性化需求。

案例 5–2　安徽省蚌埠市第二中学进行智能备课

自 2014 年起，安徽省蚌埠市第二中学便开始使用智慧课堂教学平台进行智能备课。平台以教师教学场景和学生学习场景为设计核心，根据各学科知识学习与能力培养的要求，提供体系化教学资源。资源内容涵盖全学科、全学段，覆盖主流教材各个版本并与教材内容完全同步，基本满足了不同教师的教学需求。教师通过点击电子课本目录便可轻松获取教案、课件、素材、微课、同步练习等多种形式的资源内容。同时，平台针对语文、英语学科，还提供了即点即读的课文同步音频素材。教师通过简单查看和筛选后，将所需资源拖拽到电子课本的相应位置，便可实现教学资源的“到书、到课、到位置”。平台的资源智能推荐功能，显著减轻了教师在备课过程中寻找和制作资源的负担，同时也节省了教师在课堂授课时调用和打开资源的时间。

（3）教学设计方案自动生成

教学设计是根据课程标准的要求和教学对象的特点，将教学诸要素有序安排，确定合适的教学方案的设想和计划[①]。教学设计方案是教学设计活动的结果呈现，一个完整的教学设计活动通常包括明确教学目标、选择教

①［美］加涅等著，王小明等译．教学设计原理[M]．上海：华东师范大学出版社，2007．

学内容、设计教学活动、准备教学资源、选择教学媒体、设计评价标准等。在传统的教学设计过程中，教师需要撰写大量重复性文本信息，往往会耗费大量的时间和精力。基于大数据技术与学科知识图谱，教学设计方案自动生成系统通过挖掘并分析教师授课风格和学习者特征，可实现学科知识点与教学目标、教学重难点、教学资源、教学活动等信息的智能匹配，并在此基础上自动生成教学设计方案，有效减轻教师的工作负担。

①确定教学设计方案的内容模块。根据教师的授课情境、学习者特征、授课内容等背景信息，基于深度学习和自然语言理解等智能技术，系统能够自动生成多份教学设计方案供教师选择。教师可以根据自己的教学需要灵活选择不同方案的不同内容模块，从而生成满足自身需求的个性化的教学设计方案。

②修改教学设计方案。教师在初步生成的教学设计方案基础上，根据个性化教学需求对方案各模块的内容信息进行修改。修改后的教学设计方案，能够有效支持教学过程的实施及活动的开展。

5.1.2 智能授课

（1）立体化课堂互动

课堂互动是师生围绕教学目标的实现，调动课堂教学中的各项主要参与因素，以形成彼此间良性交互作用的整体性动态生成过程[①]。传统课堂互动存在互动形式较为单一、互动深度较浅、互动过程中的数据难以保存等问题。基于智能技术的课堂互动，可支持随机提问、抢答、分组讨论、投票、全班作答等多种类型的互动形式，以及课堂互动过程性数据的留存与分析，可实现课堂互动的网络化、数据化、立体化、智能化，有效提高课堂互动的质量与效果。

①开展多种形式的课堂互动。基于智能终端，师生可以开展多种形式的课堂互动，主要包括三种形式。一是随机提问。教师利用系统的随机算法，抽取单个或多个学生的姓名进行提问，从而避免了提问的主观倾向性，提升

① 钟启泉．“课堂互动”研究：意蕴与课题[J]．教育研究，2010（10）：73-80.

了课堂互动的随机性、趣味性、公平性。二是基于规则的分组讨论。教师预先设定分组规则，如随机分组、同质分组、异质分组等。系统基于分组规则自动生成若干小组，学生根据分组展开小组讨论。三是投票、抢答等特色课堂互动。学生借助智能终端，主动参与教师所发起的课堂活动。同时，系统能够自动记录投票和抢答的过程和结果。此外，基于智能技术的课堂互动还可以延伸到课外，在任何时间、任何地点进行信息交流和互动，实现师生之间、生生之间全时空、立体化的持续沟通。

②留存与分析课堂互动结果。课堂互动结果的留存方法主要包括三种类型：一是学生将作答结果输入并存储到课堂互动系统中；二是系统基于压力感应、手写字符识别、点阵识别等技术，采集和存储学生在普通纸张上的书写轨迹；三是系统基于电泳显示、手写字符识别等技术，采集和存储学生在墨水屏上的书写轨迹。系统可通过提取学生作答结果的关键信息，参考系统中存储的正确答案，实现学生作答结果的自动批阅。在此基础上，系统最终会生成包含学生互动行为、学生书写过程、学生错误作答结果分析、不同作答结果的学生名单等多种信息的课堂互动报告。

案例5-3　安徽省合肥市梦园小学开展智慧课堂教学

安徽省合肥市梦园小学利用集电子屏幕和智能手写板为一体的学伴机及智慧课堂教学平台，实现了多样、立体的课堂互动以及课堂互动数据的自动留存与分析。在课堂教学过程中，教师将课堂互动所需资源（如课堂检测题目、图片、音视频等）一键分享至学伴机的电子屏幕上。随后，教师利用这些教学资源发起随机提问、抢答、分组讨论、投票、全班作答等多种形式的课堂互动。针对客观题而言，学生通过触控电子屏幕完成作答后，智慧课堂教学平台便会自动呈现课堂互动报告，包括答题的正确率、正确和错误作答学生名单等信息。教师基于课堂互动报告对部分题目进行有针对性的讲解，既节约了课堂时间，又提高了教学效率。针对主观题而言，学生通过智能手写板完成作答后，学伴机将学生书写轨迹传输至智慧课堂教学平台。教师通过调取多个学生的作答结果和作答过程视频，实现典型作答过程的对比讲解。例如，在小学语文写字教学过程中，教师可以通过查看学生的书写轨迹，判断学生书写时的笔画顺序是否正确。

（2）智能教学助手

随着技术的发展，教学助手开始走向虚拟化、智能化。智能教学助手是虚拟助手在教育领域的进一步发展，旨在为教师教学提供有效的帮助与支持。智能教学助手能够通过自然语言模拟人类对话，深层次理解教师需求，并能够帮助教师更好地组织和开展教学活动。智能教学助手的核心特征是对话式交互与智能性服务[①]。对话式交互是指教师通过自然语言（日常对话的形式）向智能教学助手发送指令，智能教学助手执行指令后再以自然语言形式将执行结果反馈给教师的交互方式。从根本上说，智能性服务是基于智能技术而开展的课堂教学服务，旨在帮助教师完成一些重复性的或通过常规教学手段难以完成的工作。

①语言类学科的范读和带读。语文和英语等语言类学科的教学过程中常涉及字词的发音和文章段落的朗读等环节。传统教学过程中，一般由教师为学生进行示范朗读，但有时会出现个别教师发音不标准的问题。智能教学助手可以代替教师进行朗读，为学生提供标准化的示范。

②抽象知识点的讲解。物理、化学、生物等自然学科常涉及抽象、微观、难以理解的知识点，通常需要借助图片、视频、实物或虚拟现实场景等方式进行辅助教学。智能教学助手可以为教师课堂教学提供智能化服务。例如，教师在为学生讲解某一抽象知识点时，可以向智能教学助手发出指令。智能教学助手会自动调取相关教学资源，并以虚拟教师的方式对知识点进行讲解，直观展示知识点的原理与过程，降低学生的理解难度。

① 王萍，石磊，陈章进．智能虚拟助手：一种新型学习支持系统的分析与设计[J]．电化教育研究，2018（2）：67-73.

5.1.3 智能辅导与答疑

为学生辅导、答疑一直是教师教学过程中的重要任务之一。但教师在面对众多学生进行辅导与答疑时，任务量繁重，费时耗力。随着自然语言理解、图文识别等智能技术的发展与应用，一些新兴的技术手段可以辅助教师进行辅导与答疑，从而减轻其工作负担。

（1）智能微课辅导

利用视频编解码、智能推荐等智能技术，微课自动生成系统可以实现微课的录制、分割、标注、重组，生成结构化的微课视频，并根据推荐算法自动推荐给学生。智能微课可应用于课外辅导，主要方式为系统在学生完成作业后，针对每人的错题情况为其推荐相关微课资源。这些微课资源一般来源于微课自动生成系统所生成的结构化微课，它能够基于自然语言理解与图文识别技术，实现知识点的自动提取与定位。此外，当学生有疑问时，还可以通过搜索引擎获取所需微课资源，弥补某个知识点的不足。

（2）课后答疑机器人

当学生在课后向答疑机器人提出疑问后，答疑机器人会通过提取学生问题的关键特征，并与事先建立的、经过专家或教师验证的知识库进行匹配，为学生智能推荐最适配的答疑结果，以实现对学生的课后辅导。

（3）智能搜题

当学生对某个题目缺乏思路或解答错误时，可以通过拍照或扫描等方式，使系统自动识别作业题目，并与数据库中的题目进行匹配，从而实现解题过程或解题思路的智能检索。

案例5–4　智能答疑助手在在线教育中的应用

目前国内外都在尝试借助智能化技术辅助在线教育中的辅导与答疑。比如，美国佐治亚理工学院计算机学院教授阿萧克·格尔（Ashok Goel）在其开设的一门在线课程中，使用智能答疑助手为学生提供反馈和答疑服务。在课程开设初期，每学期有三千多名学生注册此课程，在问答论坛上产生了近万条信息，即使阿萧克·格尔教授有八位人工助教，也难以完成全部答疑与反馈的工作。为了给学生提供及时的反馈和充分的学习支持，阿萧克·格尔教授与助教团队开始研发智能答疑助手吉尔·沃森（Jill Watson），并搜集了与该课程相关的约四万条提问。吉尔·沃森在投入使用初期经常出错，需要人工助教进行审核后再将答案反馈给学生。随着阿萧克·格尔教授及其助教团队的不断调试，吉尔·沃森的回答正确率已达97%，极大地减轻了教授及其助教团队的负担。

5.1.4 精准教研

（1）课堂实录与数据分析

课堂实录是运用视频拍摄设备对课堂的教学过程进行记录的过程，是教师开展教研工作的重要手段之一[①]。课堂实录能够全面展现教师课堂教学的完整状态，包括课堂语速、仪态、肢体语言、面部表情等，也体现了教师对教学内容的组织方式、授课技巧、方法运用，以及教师的讲课水平和教学风格。因此，课堂实录不仅是教师反思课堂教学的重要途径，也是教师进行精准教研的有效依据。传统课堂实录通常是在普通教室内架设录像机和麦克风等设备进行拍摄，或在专门建设的录播教室内进行，一般需要专业人员的辅助才能完成课堂教学过程的录制，因而难以开展常态化录制。借助智能设备与技术，可以实现课堂教学过程的常态化录制与结构化分析，并为教师个人分析总结以及教师间的教学研讨提供可视化分析报告。

①课堂教学过程一键式录制与分析。智能实录系统将多机位智能摄像头、便携式麦克风以及教室电子屏幕进行关联，全面采集课堂教学过程中的声音信息、教室电子屏幕信息和师生课堂影像信息，实现课堂教学过程的一键录制。系统利用语音识别、语音转写以及图文识别等技术，可将教

① 张苏芹．运用课堂实录促进教师教学技能发展的研究[D]．山东师范大学，2014．

师和学生的言语信息转化成文字，并实现语气词的屏蔽和知识点的自动提取。系统自动根据教学内容对视频画面进行分割、标注和重组，生成结构化的课堂实录数据。在此基础上，系统可通过人脸识别、声纹识别、行为识别等技术，准确识别出课堂教学过程中的师生行为特征，生成基于行为数据的课堂观察分析报告。

②基于课堂实录分析报告进行精准教研。授课教师基于课堂实录分析报告，可以了解授课风格、语速、提问次数、师生行为比例等多维度信息。这为教师进行个人教学反思和集体研讨提供了精准的数据支撑，进而为后续改进教学提供了科学依据。

案例5–5　内蒙古自治区呼和浩特市第六中学基于智能课堂实录工具开展精准教研

内蒙古自治区呼和浩特市第六中学基于便携式麦克风设备与智慧微课系统，实现了课堂教学全过程的一键录制与分析，为教师精准教研提供了数据支撑。教师通过按下启动录制和结束录制的按钮，便可完成对课堂教学过程的录制工作，实现了在不影响教师正常教学的情况下对课堂教学过程的常态化录制。在课堂教学录制过程中，智慧微课系统利用实时的语音转写技术将教师的声音信息转化成文字。在课堂教学录制结束后，系统可以自动生成包括视频、文本、关键页面在内的结构化微课，并上传至教师个人空间。教师可以通过扫描二维码的方式查看完整的教学过程。教师通过观察真实的日常授课风格、授课状态、授课过程的行为数据等信息，能够更有针对性地开展教研活动。

案例5–6　北京市东城区和平里第一小学利用“人教数字教材”进行精准教研

北京市东城区和平里第一小学坚持为教师创设“科研治校、科研兴校”的校园文化，鼓励教师运用先进的教学理念、智能化的数字资源与教育管理、学科教学相融合，努力形成“多科联动、多育互动、多元整合”的素质教育新格局。

2014年，该校成为人民教育出版社实验基地，重点承担“人教数字教材”的实验应用工作。近年来，和平里第一小学与人民教育出版社深度合作，在混合式教学理念的指导下，结合学校信息化环境，坚持开展依托“人教数字教材”的道德与法治、语文、数学和音乐等多学科的教学应用实验探索。在实验过程中，人民教育出版社汇聚教材专家、学科教研员和数字教材教研服务人员等多方力量，辅助该校教师开展学科数字教材的常态化、规模化应用。参与实验的教师以需求为驱动，以提高教学效益为核心，认真钻研数字教材在不同信息化环境中的典型应用模式，积极探索启发式、探究式、合作式、个性化教学在数字教材支撑下的创新应用案例，启发学生用创新思维思考探究，有效利用教学中生成的数据，实现精准教研以及学科教学与信息技术的深度融合。

（2）网络协同教研

网络协同教研是指将网络技术作为构成新型学习研究生态环境的有机因素，以教师互助、提高专业化水平为目标，以探究学习、交流研讨为主要学习方式的教学研究活动[①]。过去的网络协同教研主要基于教育博客、教育论坛等方式开展线上教研活动，虽然突破了面对面教研的时空限制，但是缺乏面对面教研的实时交互性[②]。云计算、语音识别与转写、光纤传输等技术的出现，实现了基于智能网络教研平台的协同教研。它在突破时空限制的基础上，也使教研的主动性、交互性和合作性更加突出。

基于网络教研平台，参与听课、评课的教师可以对某一具体课例进行线上集体研讨，利用文字输入、语音输入等方式，实现对课例视频中的关键画

① 陈文红，焦建利，周岩，孙照．网络协同教研促进教师专业发展[J]．教育信息技术，2013（Z2）：4-9.
② 李华．基于网络的协同教研系统研究[J]．电化教育研究，2012（12）：52-59.

面或关键语句的点评和标注。网络教研平台利用语音识别、转写等智能技术，能够实时生成教学视频案例的字幕，并与案例库中的优秀案例进行对比与分析，自动生成评分意见和建议。

（3）面向教师TPACK的深度教研

TPACK（Technological Pedagogical and Content Knowledge，TPACK）是美国密歇根州立大学的马修·科勒（Matthew Koehler）和庞雅·米沙（Punya Mishra）在学科教学知识（Pedagogical Content Knowledge，PCK）基础上提出的整合技术的学科教学法知识。美国教师教育者联合会指出，教师如果拥有将技术整合到课堂中的知识和经验，便可以让技术更好地应用于课堂、服务于课堂，最终促进学生思维的发展和有意义的学习。教师TPACK框架体现了教师整合技术进行教学的思想。实践表明，在技术环境下进行深度教研是促进教师TPACK发展的有效途径。

智慧课堂是智能技术应用于学校教学的典型场景，也是教师开展对信息化教学精准教研、深度教研的重点。智慧课堂是以新一代信息技术为基础构建的新型信息化课堂，无论与传统课堂相比，还是与早期的信息技术在课堂中的应用相比，智慧课堂都有很多新特色，在学科教学应用上也有不同的优势。智慧课堂环境也为教师的TPACK框架发展提供了良好的平台。依据建构主义学习理论构建的智慧课堂以“云、台、端”信息化平台为基础，为实现“以学习者为中心”的理念创设了理想的学习环境①。在这一环境中，学生可以利用各种工具和信息资源，采取基于智慧课堂信息化平台的学习方式来达成自己的学习目标，完成知识意义建构的过程。

随着新一代信息技术在学校教育中的广泛应用，技术与课堂教学的融合不断深入，并由此引发了传统课堂教学流程与结构的深刻变化。一般来说，传统课堂的教学流程结构通常采取“5＋4模式”②，即由教师“教”的五个步骤（备课、讲课、提问、布置作业、批改作业）、学生“学”的四个

①② 刘邦奇，吴晓如.智慧课堂：新理念 新模式 新实践[M]. 北京：北京师范大学出版社，2019.

步骤（预习、听课、代表回答、完成作业）以及它们之间的联系方式系统构成，最终形成“课前、课中、课后”持续发展的课堂教学循环。但在传统课堂模式中，“教”与“学”的关联方式比较简单，缺乏全面、深入的互动交流。在教学实践运用中，智慧课堂教学流程由三个阶段和八个环节组成，每个阶段和环节均包括在智慧课堂信息化平台的技术支持下教师“教”和学生“学”的共同活动以及它们的互动关系（见图5-1）[1]。

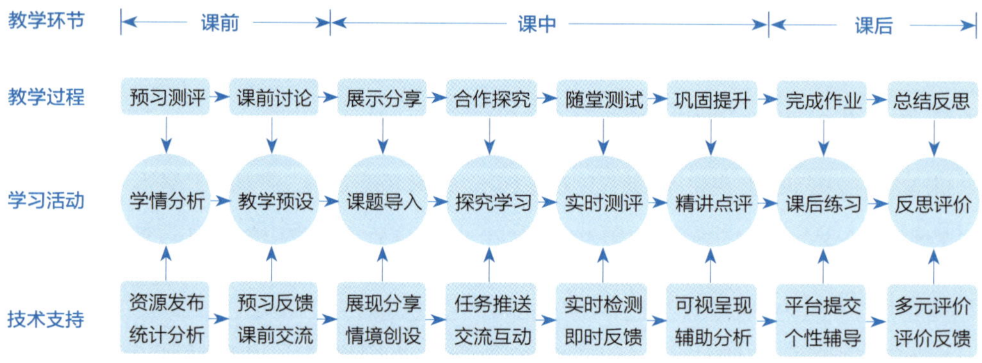

图5-1 智慧课堂教学流程

根据上图所示，智慧课堂教学流程由课前、课中、课后三个阶段、八个环节构成。其中，课前环节包括学情分析及教学预设；课中环节包括课题导入、探究学习、实时测评及精讲点评；课后环节包括课后练习及反思评价。

①学情分析：教师通过智慧课堂信息化平台提供的学生作业成绩分析和学生特征档案，可向学生推送供预习的知识点微课和检测的内容，学生进行预习并参加测评。同时，学生也可以在论坛或平台上进行相关讨论。由此，教师可精确掌握来自学生的第一手学情资料并进行分析。

②教学预设：教师根据学情分析结果和学生预习检测统计反馈情况“以学定教”，预设本节课的教学目标，确定教学内容、方法、策略等，设计相关教学资源和环境，优化教学方案设计。

③课题导入：教师可采取多种方式导入新课内容，主要包括预习反馈、

① 刘邦奇．“互联网+”时代智慧课堂教学设计与实施策略研究[J].中国电化教育，2016(10)：51-56.

测评练习和创设情境等。学生展现课前自学成果，围绕新课导入进行演讲展示、观点分享。

④探究学习：教师下达新的学习探究任务和成果要求，指导学生开展协作探究学习，主要包括小组合作探究、游戏学习等方式。教师设计活动使学生分组互动讨论，学生开展小组协作学习后提交成果并进行展示。

⑤实时测评：学生完成学习探究任务后，教师将随堂测验题目推送到每个学生的终端上，学生完成随堂测验练习并及时提交，平台进行实时诊断和反馈。

⑥精讲点评：教师根据实时检测反馈结果，对学习重点、难点进行总结和点评，对薄弱环节补充讲解，对易错点进行辨析。学生针对教师布置的弹性分层作业和任务，对所学习的新内容运用巩固、拓展提升。

⑦课后练习：教师利用平台发布个性化的课后作业，学生完成课后作业并及时提交给教师后，可以得到客观题的即时反馈。教师依据学生课堂学习情况及作业批改情况，录制讲解微课并有针对性地推送给学生，进行个性化辅导。

⑧反思评价：学生在线观看教师所录制的讲解微课，与老师、同学在线讨论交流。教师进行在线指导，并在此基础上进行总结性评价和反思，为后续授课做准备。

教学流程结构是课堂教学模式的基本框架，反映出在一定教学环境和资源支持下的教与学活动中，各要素之间稳定的关系和活动进程的结构形式。因此，教学流程结构设计是课堂教学设计的核心，也是做好其他方面教学设计的基础。与传统课堂及早期的信息技术在课堂中的应用相比，智慧课堂在技术和教学应用方面具有教学决策数据化、评价反馈即时化、交流互动立体化、资源推送智能化等基本特征。智慧课堂增进了课堂的高效互动，借助智能化的移动学习工具和应用支撑平台，教师与学生、学生与学生之间的沟通与交流更加立体化，可以实现无障碍的即时交流，大大提高了课堂互动能力和教学效率。通过开展智慧课堂环境下的深度教研，探索智慧课堂的教学流程结构，可以有效促进教师的TPACK发展。

5.2 智能学习

学习过程是学生在教学情境中通过与教师、同学以及教学信息的相互作用获得知识、技能和态度的过程。智能学习是在智能技术支撑下的新型学习方式，它通过学习路径规划来制订动态的学习目标，通过个性化学习、协作式学习、沉浸式学习和游戏化学习等方式构建新型学习形态，通过对学习过程中的学习负担监测与预警提供学习保障服务。智能学习在为学生提供良好学习体验的同时，也能够减轻学生的学习负担，提升学习效率。

5.2.1 学习路径规划

学习路径是为达成一定的教育目标而进行设计的学习任务、学习资源或学习活动的组织序列①。学习路径规划指设计学习路径的具体方案。在传统教学中的学习路径规划通常依据教材对知识点的组织顺序而定，所有学生遵循同样的学习路径，存在个性化和动态性不足的弊端。基于智能技术的学习路径规划依据学生知识点掌握情况以及知识点之间的关系，能够从众多学习路径中自动选择最优的个性化学习路径并实现持续的动态调整。

进行学习路径规划，首先要基于知识地图厘清学科知识点之间的关系，例如包含关系、依赖关系、平行关系等。知识地图是一种知识导航系统，显示了不同知识点之间的动态联系。知识地图也是知识管理系统的输出模块，输出的内容包括知识的来源、整合后的知识内容、知识流和知识的汇聚。学生的知识点掌握情况是学习路径规划的关键依据。在规划学习路径时，通常会将学生的知识点掌握情况与知识地图进行关联，并以一定的方式可视化呈现，比如在知识地图上用不同颜色或不同形状表示学生的知识点掌握情况。学习路径规划可以帮助学生清晰地了解到自己知识点中的薄弱环节，从而确定“先学什么，后学什么”。举例而言，某高中生通过可视化学习路径，发

① 赵琳，解月光，杨鑫，贾云，张琢．智慧课堂的“动态”学习路径设计研究[J].中国电化教育，2017 (11)：1-6.

现自己没有学好“线面平行的判定”是由于对“线线平行的判定”掌握不到位，所以他需要先去学习与“线线平行的判定”相关的知识。

学习路径规划不仅要考虑学科内“先学哪个知识点，后学哪个知识点”的问题，还要考虑学科之间“学哪个学科，不学哪个学科”的问题。新高考政策发布后，自主选科成为学习过程中的重要抉择。通过学习路径规划，可以综合学生的兴趣、当前学习成绩与未来可能达到的学习状态等多维度、多层次的数据，基于智能技术进行建模分析，为学生提供更加全面科学的选科指导。

案例 5-7　天津中学为学生提供智能化学习路径规划服务

天津中学借助“高中发展指导平台”，为学生提供了一套用于科学测评、科学选科的生涯类学习规划服务系统。服务内容主要包括学科潜能测试、专业兴趣测评、选科抉择等。通过构建多维度的选科指导模型，帮助学生更好地选择和规划自己的选考科目。

其中，学科潜能测试系统由北京师范大学参与研发，由学科思维评价、学科兴趣倾向、一般推理能力三部分组成，可以帮助学生发现自己的优势学科。教师通过获取学生测评报告、校级测评报告以及原始测评数据，可以精准掌握学生个人和整体的学科潜能水平，从而更好地指导学生选科。专业兴趣测评系统由北京大学参与研发，聚焦高中生的人格特征、性格优势和多元智能特点，通过多维度分析，帮助学生探索自己感兴趣的专业类别，为学生增进自我了解、理性选择专业提供了科学依据。

5.2.2　个性化学习

个性化学习在中国最早起源于孔子提出的“因材施教”的教学思想①。随着教育规模的不断扩大，班级授课制逐步占据主导地位，个性化学习往往难以实现。近年来信息技术不断发展，个性化学习重新受到越来越多的关注。

① 师亚飞，彭红超，童名文．基于学习画像的精准个性化学习路径生成性推荐策略研究[J]．中国电化教育，2019 (5)：84-91.

2010年7月，中共中央、国务院颁布的《国家中长期教育改革和发展规划纲要（2010—2020年）》明确提出，要注重因材施教，关注学生不同特点和个性差异，发展每一个学生的优势潜能。2018年4月，教育部印发的《教育信息化2.0行动计划》提出，要探索在信息化条件下实现差异化教学、个性化学习、精细化管理、智能化服务的典型途径。人工智能、大数据等智能技术为个性化学习的实现提供了有效支撑，能够帮助教师在了解每个学生个性特征的基础上，为学生提供个性化的学习服务。

（1）实现个性化学习诊断，了解学生个性特征

过去的学习诊断只能简单地基于考试成绩来分析学生的学习情况。随着智能技术的快速发展，当前已经可以通过大数据技术，有效地改进学习诊断的质量。智能时代的学习诊断，能够通过记录学生的课堂表现、作业过程、师生或生生互动的过程等，获得即时性的学习行为与表现评价数据；能够通过对这些数据的整合，诠释教学全过程中学生个体的学习状态、表现和水平；能够通过伴随式、全过程地将学生的学习行为转化为教育大数据，关注到每一个学生的微观表现，体现出学习诊断的高度个性化特征。通过智能技术了解学生的个性特征，并据此为学生提供针对性的教育，有利于贯彻因材施教理念，从而挖掘、发展每一个学生的潜能，促进学生的个性化发展。

（2）构建资源特征模型，推荐个性化学习资源

个性化学习资源包括多种类型，如课程资源、作业资源等。个性化资源推荐的实现途径，主要基于学生个性特征与学习资源特征之间的联系。个性化学习系统可以利用深度学习技术从复杂的内容数据中获取有效的隐性因子特征，建立资源特征模型，包括资源涉及的知识点、资源的类型、资源的评价分数等多维度信息。在此基础上，该系统可利用个性化推荐算法将学生个性特征与学习资源特征进行匹配，并为学生自动推荐个性化学习资源。

案例5–8　安徽省合肥市第六中学助力学生个性化学习

从2017—2018学年第一学期开始，安徽省合肥市第六中学（以下简称“合肥

六中”）开始使用智学网为每一位学生布置个性化作业，助力学生的个性化学习。智学网通过月考、周考、单元测验、作业等方式，收集教学过程中产生的作业和考试数据，深度挖掘数据蕴含的价值，并通过成绩分析、错题解析、个性化作业等方式反馈给一线教师和学生，实现线上线下交互式的教学和学习（见图5–2）。

合肥六中高一年级通过个性化学习手册的常态化应用，使该校学生成绩和教学效率都得到了显著提高。学校相关调查统计显示，2018年3月至6月期间，合肥六中高一年级16个班的近800名学生在使用个性化学习手册10次后，在期末考试中数学学科的及格率从上学期的75.3%升至82.4%；未使用的另外16个班的学生，数学学科及格率从上学期的74.5%升至76.4%。通过半个学期的全面应用，学生做题量从平均每周60道题减少到20道有针对性的个性化错题。题量大幅下降，但学生对同一知识点掌握的时间比之前缩短约30%，之前未掌握知识点的题目重复出错率降低了约16%。个性化学习手册实现了“做少题、做对题、做好题”的目标，帮助该校高一年级学生的数学整体成绩环比提高约12%。“个性化学习手册是六中本学期在学生个性化学习领域推出的第一个法宝。它借助全球领先的人工智能核心技术，针对每位学生的不同学习情况打造了个性化的学习材料，促进学生更高效地掌握知识、提升成绩。同时，帮助学校分层教学，全面提高了教学效率。”合肥六中校长封安保如此评价。

图5–2　安徽省合肥市第六中学的学生正在进行个性化学习

5.2.3 协作式学习

协作式学习是指通过任务分组、信息资源共享、分工合作等方式进行的共同建构知识并解决问题的一种学习方式。计算机支持的协作学习（Computer Supported Collaborative Learning，CSCL）提供了计算机支撑的学习环境，支持小组成员利用丰富多样的在线学习资源和学习活动开展学习。智能技术的发展与运用，为协作式学习的实施和开展带来了新的机遇。

（1）提升学习效率

协作式学习通常涉及人员分工、角色分配、观点分享、过程记录等方面的内容。学习过程中，学习效率问题是人们普遍关心的重要问题。基于智能技术的协作式学习，支持随机分组、指定分组等多种分组方式，同时能够根据学习者特征个性化推荐分工角色，从而提高小组分工的效率。互联互通的智能终端设备，能够支持小组讨论结果的无线投射，方便了各个小组之间的沟通交流，提高了观点分享的效率。即时反馈评价系统通过数字化工具，实现了小组讨论交流的同步反馈和讨论结果的自动生成，提高了评价反馈的效率。协作概念图工具[①]支持小组成员协同编辑，并通过智能录播系统全程记录小组协作式学习进程，跟踪学生的学习轨迹，使协作式学习的过程记录更加便捷。

（2）增强学习深度

长期以来，协作式学习面临的一个重要问题是学习深度不足。学习者在协作式学习的过程中，有时会出现偏离主题的现象，只能进行一些浅层次的讨论。通过智能技术构建虚拟的合作伙伴，可以引导协作式学习进程，提高学生小组协作与讨论的投入度，进而拓展协作式学习的深度。

协作知识建构的过程包括个人知识建构过程和社会知识建构过程，CSCL对这两部分都产生了重要影响。个体在头脑中形成一系列疑问的时候，会寻求同伴的协助，并通过语言符号在同伴面前公开表述这些疑问，而同伴也会

① 蔡慧英，乔惠，顾小清．协作概念图工具在协作学习情境中对个体认知发展的实证研究[J]．现代远程教育研究，2017（6）：93-102．

参与到该问题的讨论中来，经过集体的共同协商和阐述，进而形成一个更加完善而广泛的讨论议题。基于CSCL的知识建构过程以计算机为媒介，按照知识建构的发展规律帮助学生建立新旧知识之间的联系，并使其获得对新知识的理解。这两个过程在知识传递中同时进行，从不同角度影响着知识建构质量的优劣。通过计算机的支持，总体上提高了知识建构的效率，促进了知识建构过程的发展①。

5.2.4 沉浸式学习

沉浸式学习最早用于第二语言习得教学，旨在为学生学习和使用全新的目标语言提供广阔且丰富的语言环境②。随着信息技术的发展，对于沉浸式学习的理解与应用融入了更多技术因素。沉浸式学习是建立在虚拟现实、面向桌面的虚拟应用以及虚拟世界等技术基础上的一种学习新形态。它通过虚拟现实、增强现实和混合现实等技术，为学习者提供了一个无限接近现实情况或真实情境的虚拟学习环境。学习者借助全身的感官系统全方位参与学习过程，并且全过程安全、高效③。虽然沉浸式学习的形态发生了改变，但沉浸式学习的核心特点没有变化，依然是为学生营造接近真实世界的学习情境，使学生沉浸于其中而不受其他因素的干扰，以获得沉浸的学习体验。在教学实践中，基于智能技术的沉浸式学习典型应用场景主要有以下三种。

（1）学科教学

教师在学科教学过程中往往会遇到一些抽象的、微观的知识点或存在操作风险的实验等各类难以直观展示的内容。基于虚拟现实技术所创建的多种虚拟教学模型和教学场景，突破了传统课堂或学校实验室空间、资源和能力的限制，为学生带来了完全沉浸或半沉浸的学习体验。虚拟现实技术以计算机技术为核心，结合其他相关科学技术，生成与真实环境在视觉、听觉、

---

① 沈婵．基于社会建构主义学习理论的CSCL质量研究[D]．湖南师范大学，2012.

② 许怀芝．基于VR的沉浸式教学实践探索[D]．扬州大学，2018.

③ 张海生，范颖．“互联网+教育”时代的学习新形态：主要类型、共性特征与有效实现[J]．中国远程教育，2018，525（10）：26-36.

触感等方面高度近似的数字化环境。学生借助必要的虚拟现实装备与数字化环境中的对象进行交互作用和相互影响，可以产生亲临真实环境的感受和体验[①]。例如，“数字地球”系统运用虚拟现实等智能技术，将地球的面貌直观地呈现给学生，有助于学生对地形、地貌、洋流、季风、气候等知识的理解与学习。

（2）创客体验

随着创客教育的发展，学校对学生实践操作能力的要求也越来越高。日常教学中，若通过让每个学生操作真实物体来提高实践操作能力，通常需要耗费较多的材料和设备。虚拟现实、增强现实、混合现实等智能技术的出现，使学生在日常学习过程中有机会获得一种新型的创客体验。具体而言，通过计算机图形技术和可视化技术，可以创设现实环境中不存在的虚拟对象，并通过传感技术将虚拟对象叠加到真实环境中，使真实的环境和虚拟的对象实时地显示在同一个画面或空间中。学生基于智能交互设备，可以对一个感官效果相对真实的物体进行感知或操作。

（3）安全教育

基于智能教育技术的学校安全教育主要通过增强现实技术来营造接近真实世界的教育体验，常用于火灾安全教育和地震安全教育等场景。增强现实不需要显示完整的场景，它主要通过分析大量的定位数据和场景信息，确保由计算机生成的虚拟物体实现在真实场景中的精确定位。首先，系统利用摄像头和传感器获取现实世界信息，送至后台处理单元进行分析和重构；其次，利用位置跟踪技术将获取的真实世界中的位置信息与建立的虚拟场景进行融合，同时利用交互设备采集外部控制信号，实现对虚实结合场景的交互操作；最后，将虚拟场景与真实场景融合后的信息进行展现[②]。

无论是基于虚拟现实、增强现实还是混合现实的沉浸式学习，都对网络

① 张志祯．虚拟现实教育应用：追求身心一体的教育——从北京师范大学“智慧学习与VR教育应用学术周”说起[J]．中国远程教育，2016（6）：5-15.

② ARChina．AR——基本原理实现科普[EB/OL]．[2019-06-20]．https://blog.csdn.net/qq_27489007/article/details/78765810.

传输速率提出了较高要求[1]，这也是目前虚拟现实或增强现实技术难以大面积推广的原因之一。未来，5G技术将凭借速率高、容量大以及延迟低等特性，为虚拟现实和增强现实技术的广泛应用提供有力支撑，从而为沉浸式学习的推广应用带来新的机遇。

案例5-9 安徽省六安市金寨白塔畈中学利用VR科普教室开展教学

安徽省六安市金寨白塔畈中学结合科普教育需求，利用虚拟现实技术打造了标准化的VR科普实验体验中心（见图5-3）。在这里，教师利用多点定位操作手柄，可以实现空间立体操作，精准捕捉动作，让知识点清晰可见。比如，通过旋转“恐龙”卡牌，恐龙的全貌、身高、体重、生存年代、栖息地等信息便会呈现在眼前。学生通过旋转“酒精灯”卡牌，可以打开酒精灯，观察实验现象，并进行一氧化碳还原氧化铁的实验。这些生动的教学场景让我们看到了虚拟现实技术为教育教学带来的便捷和高效。

图5-3 安徽省六安市金寨白塔畈中学VR科普实验体验中心

5.2.5 游戏化学习

游戏化学习意在将游戏元素融入学习过程中，充分发挥游戏在创设学习情境、激发学习兴趣、维持学习动机、增强学习交互以及培养学习者高阶思

① 赵兴龙，许林，李雅瑄．5G之教育应用：内涵探解与场景创新——兼论新兴信息技术优化育人生态的新思考[J].中国电化教育，2019（4）：5-9.

维能力等方面的作用，旨在优化学习过程、提升学习效果[①]。传统的游戏化学习多由教师基于实物或口头描述游戏场景，学生的临场感不强，容易游离于游戏之外。基于虚拟现实、增强现实、物联网、神经网络分析等智能技术的游戏化学习能够为学生提供接近于真实世界的游戏体验和交互，充分激发了学生的学习兴趣和学习动机。

智能技术在游戏化学习过程中的应用，除了利用虚拟现实或增强现实技术构建接近真实世界的游戏化学习情境外，还包括对学生行为的识别与反馈。游戏化学习环境对学生行为的反馈主要包括两个方面：一是通过物理环境对学生的行为作出反馈，如学生在学习电流、电阻等相关知识时，基于物联网技术实现实验室灯光亮度的变化；二是通过虚拟环境对学生的行为作出反馈，如体感游戏基于视频动作捕捉技术将人的身体动作即时反映到游戏系统中，实现人通过肢体动作与游戏进行互动。

案例 5-10　学生利用教育游戏学习 20 以内的加减法[②]

北京大学设计了一款名为《怪兽消消》的教育游戏，帮助小学生学习 20 以内的数字和加减法。学生在《怪兽消消》中可以扮演游戏世界里的英雄，通过操作魔法方块来帮助动物们将小怪兽赶走，避免了直接以计算技能的机械训练为游戏目标。此外，学生在游戏中能够得到即时的反馈。如每一步游戏操作结果都会引发音效和视觉效果，提示学生每一步操作的正误；每一关游戏的过程和结果都充满了随机性，不同的操作会直接影响游戏最终的得分以及星级的评定。这款教育游戏在应用于北京某小学一年级的数学教学后，充分激发了学生的学习兴趣，提升了教学效率。

① 徐杰，杨文正，李美林，马映梅．国际游戏化学习研究热点透视及对我国的启示与借鉴——基于 Computers & Education（2013-2017）载文分析[J].远程教育杂志，2018，36（6）：73-83.

② 裴蕾丝，尚俊杰．学习科学视野下的数学教育游戏设计、开发与应用研究——以小学一年级数学“20 以内数的认识和加减法”为例[J].中国电化教育，2019（1）：94-105.

5.2.6 学习负担监测与预警

学习负担也称学业负担、课业负担，是教育界普遍关注的热点话题。过重的学习负担，不利于学生的健康发展和学习目标的达成，甚至对学生的全面发展造成影响。传统教学中学习负担监测的主要方式是访谈法、问卷调查法、观察法等，且监测结果多以“轻”“重”等模糊性词语进行定性判断，缺乏客观数据支持。而基于大数据、情感计算等智能技术的学习负担监测与预警系统，能够深度挖掘、多维度分析学习负担数据，实现科学的监测和及时的预警。

（1）学习负担数据的采集

学习负担数据采集主要包括以下四种方式：一是利用摄像头采集学生的面部信息；二是利用摄像头和可穿戴设备采集学生的线下行为信息；三是利用可穿戴设备采集学生的生理信息；四是基于信息化系统采集学生的线上行为信息。

（2）学习负担数据的分析

在完成数据采集后，系统基于情感计算技术，对学生面部信息、行为信息、生理信息等进行综合分析，并构建学习负担模型，为学校、教师、学生和家长提供多维度的学习负担分析报告。

（3）学习负担的干预与纠正

在掌握学生的学习负担数据后，学校、教师和家长可以及时采取减少作业布置量、减少补课时间、进行谈话沟通、增加娱乐休息时间等措施进行干预与纠正。

案例 5-11　利用情感计算技术监测学习者情绪

美国北卡罗来纳州立大学基于智能技术开发了一套学习者情绪监测系统。该系统在通过深度相机、网络摄像头及皮肤电传导手镯完成学习者姿势和手势、面部表情、皮肤电传导活动等相关信息的采集后，基于情感计算、人脸识别等智能技术，对学习者的学习行为、面部表情等数据进行分析，进而有效识别学习者的情绪。如系统通过记录并分析学习者面部的细微动作（如扬眉、眼睑收紧等），可以确定学习者是否在认真听课、是否在学习或是否遇到困难等一系列状态。北卡罗来纳州立大学将这一监测系统应用于在线辅导课程的监测中，收到了良好的效果。

5.3 智能考试与评价

考试与评价是学校衡量学生学习效果、促进学生全面发展的重要方式，也是学校教育教学工作的关键环节。《教育部关于积极推进中小学评价与考试制度改革的通知》提出，要建立以促进学生发展为目标的评价体系①。这对考试与评价工作提出了新的要求。通常来说，考试和评价工作涉及组卷、监考、阅卷、考试分析、综合素质评价等多项内容，往往会占用学校较多的时间和精力。智能技术不仅可以辅助学校开展科学、高效的考试与评价工作，还能够支持基于新技术的自适应考试新模式的探索，在提高了考试与评价工作效率的同时，也减轻了教师的工作负担。

5.3.1 智能组卷

（1）智能辅助命题

命题是组卷的基础，快速、高效、高质量地命题对后续的组卷工作具有重要意义。过去，教师主要依靠个人经验或通过网络检索的方式进行试题的选择、命制或改编。这种命题方式针对性不足，耗费的时间也相对较多。随着智能技术的发展，学校可以基于知识图谱以及教材章节目录，组建智能题库，实现对考试题目的智能化管理。教师可以快速检索出自己需要的题目并进行确认或改编，从而实现快速、高效、智能化命题。随着智能技术的进一步发展，未来有望实现根据学习场景和学习者特征灵活匹配、

① 教育部.教育部关于积极推进中小学评价与考试制度改革的通知[EB/OL].[2018-12-18].http://www.moe.gov.cn/srcsite/A26/s7054/200212/t20021218_78509.html.

自动化命题。

（2）试题难度系数预测

在实际组卷过程中，往往需要教师确定每道试题的难度系数。过去对于试题难度的预测主要依赖教师的个人经验，具有较强的主观性。通过智能技术的辅助，教师可以客观、精确地实现对试题难度系数的预测，具体包括两种方法：一是人工特征工程方案，主要通过人工专家设定难度特征的计算规则，机器依据规则从试题中抽取这些特征后，直接对难度等级进行回归，预测试题的难度系数；二是深度学习方案，主要通过深层的神经网络，自动从试题中抽取与难度系数相关的特征并进行难度预测[①]。实践表明，人工专家与智能技术辅助相结合进行试题难度预测，是一种较为理想的应用路径。

（3）试卷自动生成

教师利用智能组卷系统，可以一键生成满足不同要求的一份或多份试卷。教师可以先根据教学目标，确定所组试卷的知识点分布、难度等级、题量、题型以及分值等内容并生成试卷。然后，教师可以对该试卷的试题结构、试卷类型和内容进行审核与优化，并重新评判整个试卷结构的适切性与难度系数。当教师发现部分题目不符合预期需求时，可以通过智能组卷系统自动替换同一知识点、同一难度的相似试题。同时，教师人工审核的结果又可以即时反馈至智能组卷系统，进一步提升系统的智能化程度。

案例 5-12　智能组卷成为天津市咸水沽第一中学教师的考试小助手[②]

对于不少教师而言，考试出题工作是一项艰巨的任务。因为每次出题既要注意试卷知识能力的覆盖面、避免考点的重复，还要注意难易适中以及原创题和修改题的比重，往往一改再改，甚至有时候撤换一个小题都会导致一次大的调整。

① 汪张龙．人工智能技术在考试中的应用[J]. 中国考试，2017(11)：30-36.

② 李东方．精准教学让地理讲评减负增效——智学网应用体验[EB/OL].[2018-01-12].https://mp.weixin.qq.com/s/T8jJ2dnXhSk4GiNwkhpiew.

天津市咸水沽第一中学引进了智能组卷系统，它为教师的减负增效带来了很大的帮助。利用该系统，教师可以按资源的多种属性标签进行智能组卷。比如，根据不同的难度和教学需求，教师可以选择学情组卷、专项组卷、同步组卷、知识点组卷、模拟组卷等不同的组卷方式。系统能够自动生成教师自行“组装”的试卷以及配套的答题卡。再比如地理试卷，其特点是图多而复杂，人工组卷方式不好处理图文的格式匹配问题。而智能组卷系统可以筛选出最符合用户需求的图文试题供教师选择，大大提高了出卷效率。智能组卷系统通过为教师提供高清分类的题库，成为他们考试命题工作的得力助手。

5.3.2 智能监考

（1）考生身份验证

考生身份验证是考试实施与管理的重要环节，对于考试的公平公正具有重要意义。传统的考生身份验证需要监考人员人工核验身份证、学生证、准考证等多个证件的真实性和一致性，流程既烦琐又费时。智能技术的发展使考生身份的自动化验证得以实现，显著提升了考生身份验证的效率和准确性。

①基于生物特征信息的身份验证。智能技术运用于考生的身份验证，可以通过考生的生物特征信息（比如指纹、人脸、声纹等）进行。由于任何单一识别技术都无法做到100%准确，所以在实际应用时通常采用组合的方式对考生身份进行验证，比如“指纹+人脸”或“指纹+声纹”等方式。一旦发现替考行为，监考人员还能通过智能终端完成摄录取证。为满足未来考试多元化的需要，越来越多的国家考试机构开始重视考生生物特征库的建设。在今后的考试身份验证中，一名考生可能只需进行一次信息采集，即可满足参加多次考试的身份验证要求。

②基于图像识别的证件信息验证。在很多考试中，监考人员都需要对考生的身份证、准考证等多个证件的真实性及证件之间的一致性进行确认。一般来说，需在监考人员肉眼识别核对后，再由考生在纸质证明上签字登记。借助光学字符识别技术，监考人员可以通过移动智能终端上的摄像头对考生

相关证件进行拍照，并将图片上的文字内容直接转化为可编辑文本，实现对考生证件信息的采集和验证。

（2）考试作弊防范

一场考试的公平公正与否事关考生的切身利益，因此对考试作弊行为进行防范具有重要意义。传统的考试作弊行为主要通过监考人员的肉眼识别进行防范，监考漏洞常常难以避免。智能技术支持下的考试作弊防范，主要包括疑似抄袭行为预警、作弊设备的干扰与屏蔽等技术手段。

①疑似抄袭行为预警。利用智能技术进行考场监管，主要是通过安装智能摄像头，识别、分析、判断考场中的疑似抄袭行为。同时还可以将考场画面通过网络传输到考点或上级考试管理部门，帮助监考人员实时了解各个考点的考试情况。随着图像识别技术的不断成熟，未来还可以实现对各个考场的动态视频数据的实时跟踪，在海量的视频监控图像中自动发现考场异常情况。

②作弊设备的干扰与屏蔽。随着技术的发展，高科技作弊越来越引起考试监管部门的关注。作弊考生通过手机、电子词典、对讲机、针孔摄像机和针孔耳机等设备与考场外人员取得联系，实现作弊目的。智能考场信号屏蔽系统通过特定的电磁信号，结合3D建筑信息模型，可构建出一个立体的考场信号屏蔽区域，并通过精准调节屏蔽距离实现对该区域潜在考试作弊设备信号的干扰和屏蔽。同时，该技术并不会影响考场外其他公共通信设备的合理使用。

案例5-13　福建省教育考试院建设标准化考场，服务英语口语高考①

福建省教育考试院根据教育部及福建省有关考务工作的规定，充分利用教育信息化发展契机，提前做好英语口语考试标准化考场的规划与建设工作。为

① 福建省教育考试院．福建省教育考试院关于做好2019年普通高考英语口语考试标准化考场建设的通知．[EB/OL]．[2019-05-28]．http://www.eeafj.cn/xxhgsgg/20181228/8903.html.

确保福建省普通高考英语口语考试的顺利进行，福建省教育考试院新建了一批英语口语考试标准化考场，实现了对考场巡视监控系统的全覆盖，并与省级管理平台联网。通过配备金属探测仪、身份证识别仪和无线信号屏蔽设备等，实现对考生入场时违禁物品的检查和考生身份的验证，充分利用智能技术手段实现考试作弊防范。

（3）在线考试监管

随着网络的普及，越来越多的考试以在线方式开展，如在线课程考试、计算机等级考试等，在线考试监管成为考试管理的一种新类型。智能技术可用于辅助在线考试监管，进一步提高在线考试的公平性、公正性。

①在线考试身份实时核验。电脑考试机位前，通常会设置一个正对考生的摄像头。通过该摄像头可对考生进行监督和人脸识别，同时对考试过程中可能出现的他人替考或交头接耳等行为进行实时监测。

②在线考试作弊防范。对考试试题随机混排，使每一位考生的试卷虽然内容相同，但试题的编排顺序不一，从而有效避免邻座之间的偷看和抄袭行为。另外，为了防止考生上网搜索答案，在线考试系统还可以提供智能防切屏技术，即预先设置切屏次数，超过次数后系统便会强制交卷。

③在线考试流程监管。在线考试系统可以实现考试流程监管，帮助教师掌控学生考试流程，具体包括下发试卷、开始考试、结束考试、数据上传等。同时，系统为每个考试环节设置了相应的时间范围、进度记录、切屏管控等功能，帮助教师监控学生考试过程中的各种状态，及时掌握考试过程中的每个细节。

5.3.3 智能阅卷

（1）客观题智能阅卷

早期的客观题阅卷工作主要由人工批改，需要耗费较多的时间和精力，而且阅卷结束后的分数录入及统计工作也较为烦琐。智能技术的发展与应用实现了客观题的自动批阅，在大幅减轻阅卷人员工作负担的同时，有效避免了人工阅卷时因为疲劳等造成的失误，从而提高了阅卷的准确性。

首先，教师可以利用光标阅读机或扫描仪，采集考生涂写在标准答题卡或试卷上的答题信息。其次，光标阅读机基于光的吸收和反射原理，可以自动识别考生的涂写信息并将其转换为数字信号，以供智能阅卷系统处理。最后，智能阅卷系统利用图像定位、手写字符识别等技术，对试卷进行图像的倾斜校正、标记定位、图像切分和字符识别等相关处理，并参考标准答案实现对客观题的智能阅卷。

（2）主观题智能阅卷

在大规模考试中，主观题阅卷往往会耗费较多的时间和人力，而且会受到评阅人主观因素的影响。智能技术的应用可以有效减轻教师的主观题阅卷负担，减少误差。在机器评阅主观题的过程中，评价标准并不是由机器自己制定的，而是机器根据人工专家的阅卷结果来确定的。机器学习的过程是一个智能阅卷模型的构建过程，涉及自然语言处理、模式匹配、分词技术、语句相似度计算等多种技术与方法[①②]。通常来说，机器需要学习大量人工专家的阅卷结果，学习的数据越多，机器的评分标准就越接近人工专家。智能阅卷系统还可以提供一种快速的试卷质检校验手段，快速检出空白答卷、特殊作答、疑似套作、疑似雷同等作弊试卷或问题试卷。在实际操作中，智能阅卷系统先通过采集考生的答题图像信息，对各个题目进行切割划分，筛选出考生的有效作答片段，再参照评分标准，实现主观题的阅卷评分。智能阅卷系统给出的主观题评分，既可以作为人工评分的参考，也可以直接作为某些考试的最终评分，从而有效节省主观题阅卷的人力资源。

案例 5-14　智能阅卷技术服务于湖北省襄阳市中考阅卷

湖北省襄阳市在全省率先引进了智能阅卷系统，作为教育质量监控的一部分服务于襄阳市中考。根据襄阳市教育考试院的介绍，智能阅卷系统重点服务

① 杨文文．教育领域主观题智能阅卷关键技术的研究与实现[D].北京工业大学，2014.
② 何恒飞．主观题智能阅卷的关键技术研究[D].北京工业大学，2013.

于三个方面。

一是辅助异常试卷检出。襄阳市的中考评卷在教师初评、科题组长跟踪检查、学科组长督促抽查三级质量监控的基础上，将智能技术运用到评卷工作中。智能检测技术可以自动检测出试卷异常给分、雷同试卷和作文疑似背诵范文等情况，为进一步提高阅卷质量提供了技术支持。例如，语文中考评分标准之一是如果有的考生作文模仿范文，或者是考生之间作文特别相似的，则该作文得分不能超过35分。教师凭个人经验有时难以判断某篇作文到底是否模仿了范文，而借助智能技术可以通过在海量数据中进行搜索，最终作出准确判断。

二是实现阅卷实时监控。对于英语、语文作文和数学大题等主观性强、可能存在给分误差范围大于三分的题目，在采用“双评”技术的基础上，可再利用智能阅卷系统对其进行实时监控。比如出现评卷误差时，系统会实时将每位老师给出的成绩与考生最终的成绩进行比对。

三是支持教学诊断。智能阅卷还能对试卷试题进行大数据分析，进行教育教学诊断，从而更好地引导学校改进教学工作。例如，每道题的得分情况、全市的平均分、哪些模块学生掌握得好、哪些方面教育教学不到位，系统都可基于大数据给出相关的教育教学诊断报告。

（3）听说考试题目的智能评测

随着教育改革的不断深化，国家对英语口语和普通话考试的要求越来越高。传统听说考试常常采用人工面对面测试或计算机录音的方式来进行，组织过程较为复杂，测试结果容易受到评判者的主观影响。智能技术的发展与应用，大大提升了听说考试的智能化水平，不仅减轻了教师的工作负担，而且提高了评价的客观性和公平性。

①考生语音数据的质检。听说考试的实施，需要确保在复杂多变的考场环境中采集到清晰完整的考生录音。教师利用音质检测技术，在考试过程中对考生的语音数据进行实时检测，能够确保收回的语音数据质量（如音量、信噪比等）符合要求。如果检测到考生的语音数据不完整或者音质较差，系

统会及时提醒和处理，避免采集到的语音数据不可用。

②训练机器评测系统。人工专家对收集到的大量考生语音数据的物理特征进行细致地标注，并通过标注的结果训练机器评测系统。机器训练得越多，它与人工专家评测结果的一致性就越高。此外，系统还可以分析实际环境中噪声对语音物理特征的影响，建立从带噪语音物理特征到干净语音物理特征之间的映射，实现噪声干扰在打分特征层面的补偿，最终使评分系统具备较好的抗噪性能[①]。

③口语评测与生成分析报告。系统从考生语音数据中，提取反映口语发音的标准程度、语速、正确性、语气语调等特征，进行计算机自动评分，从而综合评判考生的发音情况。系统还可以为考生提供详细的诊断分析报告，针对学生的薄弱项给出精准的改进建议，自动给考生推荐个性化的学习资源，增强后续练习的针对性，从而有效帮助学生提升学习效果。

案例5-15 浙江省桐乡市应用“英语听说模拟测试系统”提升学生听说能力

在传统教学场景中，教育主管单位、学校组织英语听说联考难度较大，考试后也常常难以针对考试结果及时给予学生反馈，口语评测的准确性也得不到保障。为了解决这些难题，浙江省桐乡市在29个学校部署了“英语听说模拟测试系统”来辅助英语听说训练。

该市于2017年年底至2018年5月间组织了14次大型联考，其中初三年级8次。根据初三年级的8次联考结果来看，系统能够方便教育主管部门组织区级联考、学校及班级测试，有效提升学生整体的英语听说能力，平均每次考试成绩提高10.42%。同时，初三年级考生经过8次模考训练，更加适应人机对话的考试模式，听后理解、口语表达能力也得到了进一步加强，特别是在听后回答、话题表述这两类题型中的成绩提升效果尤为明显，分别提升了5.59%和10.38%。

① WEIS, WANG H K, LIU Q S. WANG R H. CDF-Matching for Automatic Tone Error Detection in Mandarin Call System[C]. IEEE International Conference on Acoustics, 2007.

5.3.4 智能考试分析

（1）学生作答情况分析

学生作答情况分析涉及不同类型、不同层次的多种数据，比如考试的时间、地点、年级、人数，以及每道题的得分率、正确率等内容。基于智能技术的考试分析，不仅能够分析学生分数等结构化数据，还能够分析学生的作答笔迹、教师的批改和圈画痕迹等半结构化数据。学生作答情况分析的常见维度包括学业等级分布、达线情况、临界生情况、分数分布形态、卷面答题情况、单科培优情况、学业水平分段（全科/单科）、名次段情况等多个方面。通过引入专家系统、建立规则库，可以对上述内容进行自动化分析，并根据需求生成学生作答情况的各类分析报告：根据范围大小，可以生成区级报告、校级报告、班级报告、个体报告等；根据角色对象不同，可以生成管理者报告、教师报告、学生报告、家长报告等；根据比较方向，可以生成单次考试报告、同一班级多次考试纵向比较报告、不同班级联考横向比较报告等。

（2）试卷质量分析

试卷质量是决定一场考试成败的重要因素之一。试卷质量分析主要是对试卷的信效度、题型结构、试卷考查内容与教学的一致性等方面进行分析。例如，试卷设计的导向和策略是否正确，试卷考查的内容和试题结构是否合理，试卷的分数权重以及难度系数是否恰当，等等。试卷质量分析的数据涉及考生基本信息、命题逻辑、试卷结构、总分、每道试题得分、答题痕迹等过程性和结果性数据。

传统的试卷质量分析，主要是由教师通过Excel等统计工具进行简单的统计分析，存在样本量较小、分析的深度和广度不足等问题。基于智能技术的试卷质量分析，能够自动计算单道试题和整套试卷的难度、区分度和信效度，判断命题质量和试卷结构是否符合要求。此外，还能够根据学科知识图谱，自动计算出考试的知识点覆盖范围是否合理。基于智能技术的试卷质量分析，为每道试题设立了属性标签，能够对试卷质量进行自动校验和审核，实现了试卷结构的自我优化，促进了教师考试命题水平的持续提升。当最终的分析完成后，系统可以自动生成分析报告，通过对比考试与教学拟合度情况，为考试管理者提供智能化的试卷优化决策服务。

案例5-16 上海市爱国学校利用智能技术进行考试分析[①]

上海市爱国学校从2016年开始引进大数据精准教学系统，经过不断尝试与改进，已初步建立了较为完善的学科学业质量测试、分析与反馈指导精准化分析流程，较好地改进了教学质量。

试卷质量分析是大数据精准教学系统应用中最核心的环节。该系统为学校呈现了每次考试试卷的难度、信度和区分度。命题质量是衡量教师学科专业能力的一个重要指标，而这些数据正是帮助教师把握好命题质量的直观参考依据。一场考试完成后，任课教师可以从报告中获知此次试卷的难度、信度和区分度结果，为今后命题总结经验教训。同时，教师还可以了解涉考知识点在全年级学生中的掌握情况：哪些知识点学生已经完全掌握，今后不必重复考查；哪些知识点掌握得比较差，需要进行深入考查。这将为有针对性地进行试卷讲评和未来精准教学的开展提供依据和方向。通过对各班最高分、最低分、平均分、优秀率、及格率和标准差的比较和分析，教师可以了解到现阶段各班学生学习情况，找出差距和问题，明确努力方向。例如，通过对比各分数段学生的分布，结合班级退步和后进学生名单，可以看出哪些学生在知识掌握或考试发挥方面出现了问题，需要教师在今后的教学中多加关注，以帮助其提高。

5.3.5 自适应测验

自适应测验（Adaptive Testing，也称自适应测评）起源于阿尔弗雷德·比奈（Alfred Binet）开发的智力测验。1973年，韦斯（Weiss）借助计

① 诸岚．应用大数据精准教学系统经验分享[EB/OL].[2019-01-09]. https://mp.weixin.qq.com/s/IqaRqLZTio1Z7jmudyXOsw.

算机技术实施了阿尔弗雷德·比奈提出的自适应测验，从而产生了计算机自适应测验（Computerized Adaptive Testing,CAT）的雏形[①]。自适应测验是基于项目反应理论而进行的一种先进测评方式，它基于“因人施测”的目标，根据考生答题情况不断计算受试者的能力值，并及时调整出题策略，最终评估并判断出考生的真实水平。

自适应测验通过自动调节测验内容的难度及出现顺序，实现测验内容的个性化[②]。自适应测验的基本策略为：若被试正确回答一个题目，下一个题目就更难；若被试错误回答一个题目，下一个题目就更容易。具体而言，自适应测验系统依据一定的规则先为学生呈现一定难度系数的题目，当学生连续答对或答错题目时，系统会为学生呈现更难或更简单的题目，以此来达到准确评估学生当前水平的目的。例如，美国研究生入学考试（Graduate Record Examination，GRE）就运用了难度自适应评估技术。答题者在连续答对多个题目之后，系统会自动调整题目难度系数，以匹配考生能力水平。

自适应学习是基于学习者个性特征差异提供个性化的学习服务，记录、挖掘和深入分析学习行为历史数据信息，以可视化方式呈现数据结果，用于评估学习过程、发现潜在问题、预测未来表现，并进行个性化干预、指导，促进有效学习发生的学习方式[③]。自适应学习依托于大数据技术，对学生学情进行精准分析与诊断，为学生提供自适应学习内容、自适应学习评估和自适应学习序列，一般运用于网络学习空间、大规模在线开放课程等在线学习平台中。自适应学习以测验诊断结果所呈现的学生学习起点为依据，通过预测模型预测学生知识、能力水平等是否与为学生提供的学习内容（包括学习内容的难度、呈现类型等）相匹配，据此为学生提供最适合的学习内容。基于自适应测验的自适应学习，能够根据学生的能力水平和学习偏好，向学生推

① 陆宏，高佳佳，胡一平．计算机自适应测验在美国州立K-12教育测评中的实践与探索[J]．全球教育展望，2015，331（2）：72-79.

② 胡旺，陈瑶．自适应学习：大数据时代个性化学习的新推力[J]．中国教育信息化，2018，432（21）：46-51.

③ 姜强，赵蔚，李松等．个性化自适应学习研究——大数据时代数字化学习的新常态[J]．中国电化教育，2016（2）：24-32.

荐多元化、个性化的学习资源，自动规划最适合学生的学习路径，从而实现高效学习。

案例 5–17　基于大数据的自适应学习平台

牛顿（Knewton）自适应学习平台集数据科学、统计学、心理测量、内容绘图和机器学习于一身，旨在最大限度地实现个性化学习。该平台实现了概念层面的专业化数据（如知识概念掌握程度、学习投入程度、学习效率、优势劣势、活跃时间、预测分数等）的采集处理，并建立了专业化数据与学习过程数据之间的关联映射。专业化的数据模型不仅能评估学生“做了什么”，还能在概念层面分析学生的掌握情况以及学习就绪状态、认知投入、学习偏好、学习风格、学习策略等，并向学生呈现为下一步学习或评估所应完成的准备，以及能力随时间变化的可视化图示[①]。

5.3.6　学生综合素质评价

（1）评价数据汇聚与内容监管

综合素质评价是对学生全面发展状况的观察、记录、分析[②]。2014年9月，国务院印发的《关于深化考试招生制度改革的实施意见》明确要求，要建立规范的学生综合素质档案，客观记录学生成长过程中的突出表现，注重社会责任感、创新精神和实践能力。综合素质评价工作的开展，可以促使学生以事实为基础做好自身成长的写实记录，如学习成绩、参加研究性学习、社区服务、社会实践以及学校社团活动的情况等，从学生发展性、过程性和终结性等方面对学生的成长过程进行综合记录。

综合素质评价数据的来源较为多样，既可以是自评，也可以是他评和互评。为此，智能化综合素质评价系统为学校提供了项目填报、数据上传、问

① 万海鹏，汪丹．基于大数据的牛顿平台自适应学习机制分析——“教育大数据研究与实践专栏”之关键技术篇[J]．现代教育技术，2016，26（5）：5-11．

② 教育部．教育部关于加强和改进普通高中学生综合素质评价的意见[EB/OL]．[2018-12-10]．http://old.moe.gov.cn/publicfiles/business/htmlfiles/moe/s4559/201412/181667.html．

卷量表等多种评价途径，支持文本、音频、图像、视频等多种数据类型。随着学生综合素质评价数据越来越多样化，急需建立起一套相关的内容监管与诚信保障机制，以确保综合素质评价结果真实可信。综合素质评价系统内置了智能的内容安全预警模块，通过语义理解快速与预警词库和预警图像进行匹配，自动分析并判断文本、音频、图像和视频等内容是否应该过滤或预警，从而保障学生上传的材料安全可靠。

（2）快速生成学生综合评价报告

综合素质评价作为中考、高考招生录取的重要参考，已成为影响学生升学的“高利害”评价方式。综合素质评价系统可以围绕学生思想品德、学业水平、身心健康、兴趣特长、社会实践等方面的内容，对收集的数据材料进行赋分管理，包括等级和分数两种赋分方式。综合素质评价报告不仅要关注学生学习活动结束之后的终结性评价，也应该关注与学生的学习和生活紧密联系的过程性和发展性评价。为此，评价系统支持家长对学生日常生活的评价、教师对学生在校学习的评价、同学之间的相互评价和学生的自我评价，从而形成多角度的评价模式。系统在每学期结束后，可以快速生成学生的综合素质评价报告，多角度展示学生的综合素质情况，构建学生“画像”，帮助教师掌握学生各方面的发展情况，从而及时调整教学重心，有针对性地关注学生发展的薄弱环节，指导学生全面发展。

案例 5-18　广东省深圳市中小学生电子综合评价档案构建学生成长写实记录

为推进学生综合素养评价工作的信息化，有效促进学生的全面发展、全体发展和个性化发展，广东省深圳市教育科学院开展了全市中小学生电子综合评价档案袋系统的建设工作。

《教育部关于积极推进中小学评价与考试制度改革的通知》明确指出，中小学要“建立每个学生的成长记录”。电子档案以信息技术的方式收集、记录学生成长过程中的各种资料，不仅可以反映学生的学业成绩，更能反映学生的学习过程及其在爱好、特长等方面的成长变化，多视角、多层面展示学生的成长过程，为综合素质评价提供实证性材料。

广东省深圳市中小学生电子综合评价档案袋系统是市、区、校一体化的平台系统，集学生成长记录、综合素质评价和数据存储等多种功能于一体，利用现代化科技全面跟踪记录中小学生学习生活轨迹，通过大数据挖掘为教学及管理提供科学的决策与评价依据。目前，该系统覆盖了全市389所中学的10余万名学生，实现了过程性数据和结果性数据的采集，并且通过活动管理和点滴记录等方式，构建了学生的成长写实记录。教师对照政策评价标准，可以实现对学生综合素质表现的评分评级，最终结果将作为初中升学考试的重要参考。

5.4 智能管理与服务

教育管理与服务是区域和学校教育事业发展的重要保证。伴随着各类教育改革措施的不断深入，教育内外部环境日趋复杂，这对区域教育行政部门和学校管理部门的管理与服务能力提出了新的要求。智能技术应用于教育管理与服务，不仅能够帮助管理者实现对区域和学校人、财、物等资源的高效配置和科学管理，还能实现对教育管理与服务工作流程的升级改造，构建智能技术背景下的教育管理与服务新模式。智能技术应用于教育管理与服务的主要场景包括：学校教学管理、校园综合管理、校园保障服务和区域管理与服务等。

5.4.1 学校教学管理

（1）排课管理

智能技术支撑下的排课管理系统，能够自动生成多种排课方案供排课人员进行选择，有效解决了大规模走班背景下学生、教师和教室三者之间的协调问题，提高了教师排课的效率、精准性和灵活性。

①收集基础数据。学校排课人员收集学生选科数据、教师任课数据、教

室开课数据、科目课时数据、班级人数等基础数据和参数，作为排课的前期准备。

②输入限定条件。学校根据自身特色或办学优势，确定排课规则、限制条件和特殊情况等内容。

③生成排课方案。根据设置的参数和限定条件，排课算法引擎会对各种可能的排课结果进行快速计算，自动生成若干走班排课方案。

④人工审核调整。学校排课人员在综合比较不同方案的优劣后，选择最适合的方案作为排课的结果，并向每位师生输出个性化的走班课表。

（2）考勤管理

智能技术应用于考勤管理，主要是通过在校园关键位置安装高清摄像头，自动识别抓拍学生人脸数据，并结合学校对学生考勤时间和地点的管理规定，实现校园场景中的考勤管理。

①出入校考勤。学生进出校门时，摄像头可以对人脸数据进行抓取并识别学生身份，获取学生是否住宿、是否请假和详细请假时间等信息。

②班级考勤。安装于教室前方的摄像头会对在座的所有学生进行拍照识别，并结合排课管理系统中学生课表数据，记录学生走班的考勤情况。

③住宿考勤。摄像头自动识别进出宿舍的学生信息以及进出时间，并与宿舍管理系统中的住校生信息、作息时间安排等数据进行匹配，完成住宿考勤。

案例5-19　中国人民大学附属中学利用智能排课和考勤系统迎接新高考

为迎接新高考改革对学校教学管理的挑战，自2017年起，中国人民大学附属中学开始引入基于智能技术的新高考综合解决方案，以解决学生生涯规划指导、分层排课、走班考勤、综合素质评价等问题。根据新高考改革精神，课程安排由学生选定而非学校派送。学校此前开展了新高考选科意向问卷调查，结果显示分层走班教学中每种选科组合情况都有学生选择，这要求学校对此做好充分准备，做出合理安排，以顺应学生个人意愿。智能排课和走班考勤系统通过内置的排课算法引擎，为学校提供一键式排课服务，实现对不同教学场景下“同班同志愿不拆、定二走一、单科不拆、大走班”等各种排课策略的全方位支持，全面满足学生选课志愿，大大减少了自习课人数和走班人数。同时，教师的平均课时却并未增加，教室利用率也达到了95%以上。智能排课系统使学生的自主学习和学校的统一管理得到了平衡。

（3）教学质量管理

智能技术支撑下的教学质量管理系统，能够实现对学生日常课堂教学、作业考试成绩等教学过程和结果数据的自动采集。同时，系统基于精准数据分析和可视化技术，还可以对采集到的数据进行动态监测和深度挖掘分析，形成面向学校管理者的多维度评价分析报告，从而实现实时的教学质量分析，有效帮助学校管理者加强对教学质量的监管。基于大数据的质量管理，不是“一刀切”式的统一管理模式，而是差异化、精准化的弹性管理模式。通过学生成绩数据的采集与分析，可以更好地促进学分制、导师制等管理制度的实施，打造学校因材施教的特色与品牌。在学校管理实践中，通常会从横向和纵向两个维度对智能技术支持下的教学质量管理进行分析。教师通过调取某个班级、某个学科、某个学生的历次考试数据，既可以横向比较不同班级或者不同学科之间的平均分、最高分、方差等统计数据分布情况，也可以从纵向的数据变化中把握教学质量的变化规律和整体发展情况。

案例5-20　湖南省长沙市第十一中学利用大数据助力学校管理

湖南省长沙市第十一中学是省级重点中学，也是以艺术教育为特色的省级示范性中学。学校有一半学生是艺术特长生，文化课学习时间相对有限。由于每个年级的班级类型较为多样（包括文科班、理科班、音乐班和美术班），利用同样的指标衡量全部学生的学业水平难免有失偏颇，不利于学校进行精准化的分类管理。

针对这种情况，学校建立了大数据教研中心，积极探索教学过程数据化与智能化的方法，通过应用大数据来推动学校教学方式、学习方式和管理方式的转变，助力学校科学管理、教师精准教学、学生高效学习。依托学业大数据，教师在大数据教研中心常态化开展集体备课、听课评课、研题制卷、学情调查与分析等工作，有针对性地解决学校发展过程中遇到的问题，充分发挥数据教研对教学的支撑作用，推动了教学质量的提升。

目前学校已经实现了校内数据连贯、资源流转，初步构建了以学习者为核心的评价体系，实现了“用数据说话、用数据决策、用数据管理、用数据创新”。大数据精准教学系统不仅减少了学校在数据统计与分析中的工作量，更重要的是实现了“以学定教”，大幅度提升了教学效率和精准度。以高二年级702班为例，通过对学生成绩的优秀率、良好率、合格率、不合格率进行对比分析发现，该班学生在高一入学时学习基础普遍较差，但在使用大数据精准教学系统一年以后，该班学生的不合格率明显下降，从入学时的27.5%下降到4.7%，合格率大幅提升，从入学时的2.5%上升到18.6%。调查结果显示，绝大部分学生都认为信息化对学习产生了不同程度的帮助，特别是优质的学习资源对课前预习和课后巩固等环节帮助较大。

5.4.2 校园综合管理

（1）办公管理

借助互联网和人工智能等技术开展网络化、移动化、智能化的校园办公，有助于提高办公和管理工作的效率，保障学校教育行政工作有序、高效运转，使教师可以更加专注于自身的教学工作。

①日常行政办公。利用物联网技术，实现人与设备、设备与设备之间的连接，以及不同科室之间业务系统的连接，从而有效提升教师日常行政办公效率，减少非教学时间投入。

②校园会议服务。智能技术应用于会议服务，能够实现对会议室办公资源的精细化管理，全面覆盖会前语音查询预约、会中人脸签到和翻译转写、会后同步输出会议纪要等全场景的会议服务，可以有效提高会议室资源利用

率和会议工作效率，减轻会议记录等相关工作的负担。

③校园访客接待。智能技术应用于校外人员来访，可以实现从自动预约、身份登记、识别验证访问到签离的全流程、自动化的访客管理，提高访客登记管理效率，节约前台接待的人力资源。

（2）师资管理

基于智能终端设备和大数据挖掘等智能技术，可以实现对教师基础数据和日常行为数据的采集分析，并通过数据分析为教师“画像”，对教师队伍进行科学管理。

①对教师基础数据进行集中管理。建立教师基础数据库，实现在不同教学管理系统之间的自动同步和信息更新，以及对教师的招聘引进、薪资福利、日常考勤、职称职别、培养培训和离退休等环节的统一综合管理。这一举措有效提高了教师管理的工作效率，使学校师资管理工作从繁杂的行政性事务中解放出来，更多地向服务教师专业发展的方向转变。

②基于教师发展档案构建教师“画像”。在建立教师发展档案的基础上，全面采集教师的基础信息数据和过程性数据的变化情况，对数据进行加工与建模，形成能够反映教师发展状况的多维度指标体系。通过数据可视化技术，构建能够全面反映教师整体状况的个人“画像”和群体“画像”，实现对教师发展情况的精准掌握，为教师提供更具针对性的职业发展指导。

（3）设备管理

基于物联网技术的智能设备管理，为管理者提供了人与设备、设备与设备之间的信息互联互通服务，同时满足了师生多样化的教学需求，有助于打造高效、绿色的智能校园环境。

①设备控制。通过建立物联网管理系统，后勤管理人员可以实时监控校园设备的状态，包括设备数量、使用情况及运行状态，并及时接收系统推送的异常预警信息。在此基础上，设备控制系统可以对校园里的灯光、空调、窗帘、水管等设备进行远程集中的智能化管理和控制，从而降低了后勤管理的劳动强度和人工成本，提高了设备管理的效率。

②能耗管理。学校通过安装各类智能传感器，可以实现对设备能耗信息的实时采集和分析。据此，后勤管理人员可以实现对整个校园能耗信息的监控，并获取多维度、高精度的设备能耗分析数据，从而督促学校师生按照相关节能标准的要求，合理使用各类设备。

③环境监测。学校在部署各类环境监测设备的基础上，对包括温度、湿度、空气质量、噪音等校园室内外环境进行信息采集，并上传到校园环境监测系统，提取其中有效的特征信息并加以处理和分析，建立所在地区环境数据模型。通过这一模型，根据预先设定的参数指标，学校可对以校园物联网连接的灯光、窗帘、空调和加湿器等硬件设备进行调节。当环境不够理想时，师生会收到系统发出的即时预警。

（4）校园安全监管

智能技术应用于校园安全监管，能够有效识别校园内部及周边的潜在危险，并对可能危害校园安全的事件及时进行预警和响应，减轻安保人员在常规检查、危险排查等工作中的负担。

①校园食品安全。智能技术应用于校园食品安全管理，主要通过对食堂员工常见的各类动作行为特征进行深度学习和训练，构建食堂场景下的行为轨迹状态模型，使系统具备对违规行为的识别、判断和预警能力。该系统可以帮助学校后勤管理人员实现对校园食堂安全的科学监管。当视频监控抓拍、识别到违规操作画面时，后勤管理人员会第一时间收到系统预警信息[①]。

②校园安防。智能技术应用于校园安防，主要包括校外危险人员识别和校内学生异常轨迹识别两个方面。校外危险人员识别主要将人脸识别系统与公安系统的嫌疑人资料库进行联网，当潜在危险人员靠近时，安保人员会立即收到预警通知并采取行动，从而实现对校园周边陌生人的自动识别以及对非法入侵的即时报警。校内学生异常轨迹识别主要通过对学生活动轨迹的综合统计（包括进出时间点、停留时长等），结合当前学生应有的年级、课表

① 中国政府采购报．校园食品安全监管如何更智慧[EB/OL]．[2019-05-26]．http://www.ccgp.gov.cn/llsw/201903/t20190326_11808412.htm.

安排、走读住宿状态等信息，设定正常的轨迹范围，一旦发现偏离正常轨迹范围的情况或长时间滞留，系统会立即发送异常提醒。

③校车安全。通过人脸识别和车联网技术建立的校车安全监管系统，可以实现对学生上车、行驶过程中以及到站下车全场景的安全监管。校车司机可以获得智能导航路线提示和路况提醒，家长和教师可以实时查看校车的行驶位置、车内实况和预计到达时间。此外，当出现学生滞留车内的情况时，校车司机会第一时间收到预警通知。

④校园网络安全。智能技术应用于校园网络安全，主要体现在对校园网中的有害信息内容进行监测、过滤和预警，包括不良信息过滤、垃圾邮件处理和木马病毒的防护等①。

案例 5-21　海南省微城未来学校利用安全监管系统监测过滤不良信息

为保证学校信息系统的安全性并积极响应教育部对网站内容管理的要求，海南省微城未来学校建设了安全监管系统，通过对学校平台的数据进行实时监控，保证了网络内容安全，创设了绿色、安全、文明的应用环境。

安全监管系统旨在通过智能语音技术、图像识别技术和文本信息检索技术以及敏感词库的建设，分析海量数字资源内容，并根据资源中出现的敏感词汇进行智能拦截，为云平台中的数字资源提供相对准确的安全预警。系统还能通过语音转写和文本扫描技术对音视频、文本内容进行自动识别、分析、对比，并提供分析结果。

5.4.3　校园保障服务

（1）校园文化展示

将智能技术融入校园文化展示，可以实现校园文化与智能技术的有机结

① 张果．人工智能时代校园网络安全体系的构建[J]. 传播力研究，2018，2（34）：250-251.

合，有利于进一步彰显学校的文化特色，促进校园文化的广泛传播。

①文化互动体验。通过体感交互、增强现实等技术，学校可以将各类文化体验活动和课堂教学中无法直接体验到的知识和实践，用接近于真实的三维场景展示出来，学生通过肢体动作还可以操控三维场景中的人物。文化互动体验以寓教于乐的形式启发学生心智，有利于激发学生探索的兴趣。

②VR全景校园。学生可以在移动终端上访问网上虚拟学校，通过VR形式对校园环境进行远程实景浏览。使用者通过拖动鼠标或者滑动屏幕，就可以完成观察视角和地点的切换，从而实现对校园各类现实与虚拟场景的全景浏览，全方位了解学校的教育特色、校园风采、办学历史、重点学科等信息。

案例5-22　山东省曲阜夫子学校建设创新素质教育基地

山东省曲阜夫子学校是一所十二年一贯制寄宿制学校，涵盖小学、初中、高中三个阶段，共108个教学班。学校的办学目标是“复兴东方正道，铸就夫子品格，创办中国课堂，培养国际公民”。在传承中华优秀传统文化的同时，夫子学校还将科技与文化相互融合，利用VR资源与人工智能技术，打造了全新的智慧创新教室（包括6间人工智能虚拟现实创新教室，见图5-4），展现了校园创新科普文化。此外，该学校还建设了VR楼梯间、科普走廊、VR教室、STEAM教室、机器人教室、编程教室、人工智能教室等多类智能教育教学、体验空间，不断进行科普文化宣传。近年来，学校的教育信息化水平和教育教学质量得到显著提升。

图5-4　山东省曲阜夫子学校智慧创新教室

（2）图书服务

智能技术应用于校园图书服务，可以实现人与资源的立体多维互动，为图书馆提供基于到馆服务系统的图书借阅、馆内人流统计以及智能图书机器人等多种服务。

①图书自助借阅。图书馆基于人脸或指纹等身份识别信息进行读者身份确认，可以实现图书自助借阅。同时，根据以往的借阅记录，借阅系统能够通过分析并推断读者可能感兴趣的书籍，为师生提供个性化的图书推荐服务。

②在馆人流统计。借助智能感知终端，通过人脸识别、人流计数与大数据分析模型的结合，可以匿名实时统计在馆人数、人群分布、座位占用情况，以及进出馆高峰时间和逗留时间等数据。

③机器人咨询盘点。智能图书机器人不仅可以为师生提供书籍查询、借还书指引、扫码找书和读者引路等服务，还能够实现规划线路自动巡航和对图书的快速定位，大幅提高了书籍盘点效率，有效减轻了馆员工作负担。

案例5–23　上海市建平中学利用智能图书漂流柜营造“书香校园”

上海市建平中学一贯重视校园图书馆的建设。当前，学校在校园不同建筑和楼层中分别部署了一批智能图书漂流柜，为学生提供24小时无人化智能图书借阅服务。学生凭学生卡或者刷脸识别，就可以进行自助借还书。利用智能图书漂流柜，将学校图书馆的服务延伸到教学楼的各个楼层，可以打破图书馆的物理空间和时间限制，在校园中构建一个泛在的阅读空间，满足师生随时随地阅读的需要，从而营造出“书香校园”的整体氛围。

案例5–24　智能图书机器人“图小灵”[①]

上海图书馆的参考咨询机器人“图小灵”于2018年元旦正式上岗实习，其职责主要是在办证处和中文书刊外借室接受读者问询。图书馆还为“图小

① 解放日报．公共图书馆走向电子化、智能化“图小灵”上岗预演图书馆未来模样[EB/OL]．[2019-05-11]．http://www.shanghai.gov.cn/nw2/nw2314/nw2315/nw4411/u21aw1281896.html.

灵”配备了专门的带教老师，收集机器人回答不了的问题，在机器人“下班”后帮助其不断学习改进，以完善知识库系统。“图小灵”不仅能在无馆员值守时帮助读者解决某些特定的业务问题，还可以为读者查询天气和路线。当使用图书馆自助机器的读者排队时，它还会陪他们聊天儿打发时间。

（3）校园生活服务

智能技术应用于校园生活服务，可以大大提高师生在停车、餐饮、消费等生活保障方面的便捷程度，为师生带来智能、高效的生活体验。

①校园停车管理服务。系统通过摄像头进行高空图像识别，自动分析校园地面停车位的剩余情况，并根据教职工的办公位置和以往停车习惯，推荐最优停放区域，从而提供“所见即所得”式的停车管理服务，有效提升校园停车的效率。

②食堂就餐排队。通过人脸识别、人流计数与大数据分析模型的结合，系统可以计算分析出各餐厅实时就餐排队和座位占用的情况，并推算出人流趋势，智能推荐就餐时间和地点，以方便师生合理安排就餐。这为食堂管理部门实施以数据为驱动的就餐人员分流管理策略提供了可能。

③消费自动结算。基于人脸识别技术，系统与学校食堂、水房、洗衣房、浴室等校园消费场景相结合，能够实现精准计量、自助结算、刷脸支付，从而提升校园消费结算效率，提高师生校园生活满意度。

（4）家校互动

智能技术为家校互动提供了先进的技术支持，家长和学校通过移动终端与校园智能服务平台的数据对接，可实现家校互动方式的创新升级。

①家长问题智能答疑。针对家长提出的各种问题，系统能够自动完成相关信息推荐，实现家校互动交流方式由单向的提问解答向智能搜索问答的转变。除此之外，家长可以随时随地通过智能终端了解学生在校信息，无须等待教师在线回复，教师也不必时刻待命守在线上回复家长的问题，从而极大地提升了教师与家长沟通的效率。

②学生数据全面反馈。通过对学生进行大数据分析，可以实现家校互动内容由简单的信息统计和通知公告，向经过深度分析挖掘后的多维度数据报表转变。同时，借助数据可视化技术，系统可以展现学生多样化的行为数据。家长可以根据自身需求，获取学生在校期间的多元数据，包括学业成绩、课堂互动、作业反馈、每日活动轨迹、运动数据等，从而更加全面地了解孩子在学校的表现并及时发现潜在的问题，实现家校之间充分有效的互动。

5.4.4 区域管理与服务

（1）教育信息化应用监管

大数据驱动下的区域信息化应用监管，主要是对教育管理过程中产生的相关动态数据进行监管分析，并通过数据建模和可视化技术予以呈现，使管理者能够清晰直观地了解当前区域教育信息化的基本现状。

①构建区域信息化应用地图。区域教育管理者可从宏观角度整体掌握区域信息化应用情况，同时实时详细了解区域信息化覆盖学校数、学校覆盖率、信息化应用用户数、师生用户占比、当月活跃率以及各学校信息化应用数据等情况。

②管理信息化数据资产。系统可以对教育教学过程中实时生成和历史积累的数据资产，按照数据类型、业务场景等分类统计，并对各类数据资产进行可视化呈现。区域管理者可以基于当前教育信息化应用现状数据分析结果，进行相关预测和决策，科学准确地部署下一步信息化建设计划。

③监测教育信息化热点。系统对新闻门户、社交媒体等线上信息来源中涉及国内外以及所在区域教育领域热点话题进行数据抓取后，可以利用大数据系统进行有效的筛选和统计，提炼当前相关热点事件并进行实时跟踪、观察，进而实现对区域教育相关社会舆论消息的监控，做到即时预警和快速响应。

（2）基于大数据的教育决策

教育大数据的核心价值是通过数据分析为教育决策提供依据，即结合专家团队资源和各类信息化系统采集到的学校教育、教学和管理数据，借助数据模型进行分析、挖掘和评价，为区域教育决策提供科学的数据参考，以提高教育方针和政策制定的质量①。

①汇聚区域教育教学数据。区域教育决策系统通过与各学校信息化系统的互联互通，直接获取教育教学过程中的多维度数据，包括各学段学生考试成绩、综合素质发展状况、课外活动发展状况、旷课情况数据、作业错题数据、课堂互动数据等，为科学化的教育决策提供数据支撑。

②分析区域教育教学数据。系统将汇聚的区域内各学校的数据进行分类，并构建教育教学数据分析模型，从人力、物力、财力等多维度分析区域内资源配置情况，生成教育教学数据分析报告。

③合理配置教育资源。区域教育主管部门依据系统生成的数据分析报告，可以了解区域教育资源配置情况。例如，区域教育主管部门可以通过系统随时了解区域内各学校的教师数量、年龄分布、职称分布、学科分布等师资队伍配置方面的信息，然后据此制订有针对性的教师招聘或培养计划，以实现区域内师资结构的合理配置。

（3）区域教育公共服务

智能技术应用于区域教育公共服务，主要是基于区域教育数据进行预测分析，为区域内广大师生、社会公众和教育管理者提供入学负担预警、升学趋势、就业指导等方面有针对性的服务。

①学位负担预警。教育行政部门通过采集当前区域学校分布情况、区域人口数据、适龄新生数据等关键信息，建立大数据预测模型，实现对区域内学校入学人数的综合匹配和算法分析。相关部门可根据上述信息，在新学期学生入学报名前对周边学校带来的学位负担和学校资源压力进行预警。同时合理划分学区，确定招生人数，并配置相应的教学资源。

②区域升学预测。为提升区域的教育治理能力，完善教育治理体系，教

① 李伟涛．基于“国家教育科学决策服务系统”的教育决策支持体系研究[D].华东师范大学，2017.

育行政部门依托大数据中心的数据资源和专家资源，可实现对区域升学率的预测分析。通过采集历年中、高考以及历次省考考试分数、全省排位等数据，系统可将录取数据反馈到学校，并与地市模考的排名数据进行对比分析，从而预测出区域和学校下一年度各批次的升学率。

③就业指导服务。通过人力资源智能模拟匹配技术，结合就业方面的大数据，系统可以对求职诉求和岗位诉求关键点进行模糊控制和近似匹配，并给出相关建议或对策，从而增加双方成功匹配、达成意向的概率，提高对学生就业指导服务的针对性[①]。

案例 5-25 教育大数据应用模型体系和教育大数据应用平台发布

2018年12月12日，由互联网教育智能技术及应用国家工程实验室、北京师范大学基础教育大数据应用研究院共同主办的“教育内涵发展的新理论、新方法、新技术高峰论坛”在国家会议中心举行。此次高峰论坛成功发布了教育大数据应用模型体系和教育大数据应用平台，并围绕大数据应用模型落地进行了案例分享和深入交流。

此次发布的教育大数据应用模型体系，重点聚焦教育大数据模型的构建策略与方法，突出教育科学与数据科学相整合的关键理念，强调教育大数据模型的核心地位。从微观、中观、宏观三个层面发布教育大数据应用模型体系，旨在为破解基础教育资源配置公平与效益、教育质量提升和学生个性化发展这三大难题提供数据支持。

具体而言，微观层面包括学生的身心健康发展模型、兴趣性格表现模型、学生综合发展模型、学业水平发展模型以及核心素养发展模型，共计5大类30个模型。中观层面包括权益保障模型、教师成长模型、资源配置模型、创新发展模型、机制建设模型、教育质量模型等36个模型。宏观层面包括教育背景模

① 中国劳动保障报．打造智能化就业模式 提供全方位人力资源服务[EB/OL]．[2019-06-18]．http://www.lm.gov.cn/c/2018-09-18/75040.shtml.

型、教育机会模型、教育过程模型、教育投入模型和教育结果模型等5个模型。

此次论坛同期发布了教育大数据应用平台。该平台主要借助教育大数据应用模型体系，从个体发展、学校管理和区域治理三大层面，实现基于不同层面的评价、诊断、预测与分析，最终为不同用户提供数据展示、分析报告以及辅助决策等服务。

5.5 其他智能教育应用

构建德智体美劳全面发展的教育体系是当前教育改革的关键。智能技术除了可以应用于传统知识教学和教育管理等领域，还可以应用于学生的心理健康教育、体质健康教育、美育、家庭教育以及特殊教育等领域。利用自然语言理解、虚拟现实、计算机视觉等一系列智能技术，可以实现学生心理健康状态的智能评估和预警、学生身体素质的科学记录和指导、学校美育工作的创新开展、家庭教育的智能陪伴以及特殊教育的智能辅助等。

5.5.1 学生心理健康服务

（1）心理健康问题预警

人工智能技术与大数据技术相结合，可以对大规模的学生心理健康数据进行分析和建模，从而实现对大范围学生群体的心理特征感知监测和问题预警。具体而言，基于智能技术的心理健康问题预警，首先通过采集学生行为数据和面部表情数据，建立学生心理健康的动态数据库；随后系统利用转换、特征提取等方法进行数据的进一步处理，建立心理状态模型并对学生的心理健康状态危险等级进行划分。当监测到个别学生心理健康状态危险等级较高时，系统会自动发出预警，提醒学校采取干预措施。

（2）心理健康咨询服务

基于自然语言理解技术和人脸微表情识别技术，系统可以通过心理健康量表和面部表情数据，对学生的心理健康进行综合评估，并根据评估结果，利用智能咨询机器人为学生提供一对一的线上心理咨询服务。具体而言，当学生需要心理咨询服务时，教师需要先让学生填写专业的心理测评量表，以初步了解其心理健康状态。随后咨询机器人通过与学生的对话以及对话过程中的面部表情识别进行判断分析，为学生提供心理咨询与建议。

案例5-26　江苏省无锡市启动“无锡市学生心理发展指导研究项目”①

江苏省无锡市尝试基于“京师壹心”心理发展云平台，提升校园心理发展工作水平。该平台依托北京师范大学重点交叉学科项目“基于智能可穿戴的心理健康预警与干预”，借助北京师范大学心理、教育、信息等专业强大的科研及专家资源，提供在线心理发展评估与干预服务。该平台目前已经在北京、四川、重庆、山东等地四十余所中小学校落地，运行效果良好。

针对校园心理发展疑难个案，试点学校可通过该平台获得国内知名心理学专家在线会诊的服务。试点学校对评估结果的科学性给予了充分肯定，认为评估结果与学校日常观察结果具有较高的匹配度，尤其是平台在报告中提供的有针对性的、具体可操作的指导建议，对校园心理工作水平的提升将起到重要的助推作用。

5.5.2　学生体质健康服务

（1）体感互动训练

体感互动系统能够利用即时动态捕捉、影像辨识、语音辨识等功能，实现全方位的人机交互，创造出一个接近真实的三维体育教学场景，进而实现对学生动作数据的采集、分析与反馈。当前体感互动技术运用于体育教学的典型场景为：学生站在大屏幕前进行模仿训练或人机互动比赛，系统基于红

① 无锡市教育信息化管理服务中心．无锡启动“无锡市学生心理发展指导研究项目”[EB/OL].[2019-05-18]. http://djg.wxjy.com.cn/2018/news_0518/369.html.

外线识别和追踪技术，结合体感互动系统的反馈意见进行精准分析，矫正学生的运动姿势，提高运动训练效果。

（2）体育教学过程监测

借助智能穿戴设备和数据显示终端，教师可以实时监测体育课上的学生运动数据，并通过对学生运动数据的分析，形成个性化教学建议。具体而言，教师在进行体育教学过程中，可以通过智能运动手环等可穿戴设备实时了解班级和学生个人运动数据，包括心率变化、运动步数、活动强度、有效运动时间和卡路里消耗量等信息，并据此进行运动负荷评价。此外，系统能对学生的心率情况等进行实时监测，并对异常情况即时预警。

案例 5–27　北京中学东坝校区利用运动手环辅助体育教学

北京中学东坝校区是从小学至高中的十二年一贯制学校。目前，北京中学已向该校区所有学生发放了运动手环，部署了学生体育达标测试成绩管理和分析系统、体质健康数据采集与管理系统、体育教学心率监测系统、体质健康成长档案管理系统、心率实时监测移动大屏系统，实现了学生体质健康监测的智能化管理。

体育老师通过运动手环采集每个学生的个体运动数据，准确评估不同学生的运动量，实现了对不同学生个性化体育锻炼的教学引导和调控。在上课过程中，体育老师除了进行动作示范外，还养成了经常抬头看大屏幕、实时观察学生运动监测数据的习惯。在课堂教学结束后，以前教师常常通过经验来分析、总结、判断该堂课的运动负荷是否达到预期目标，而现在教师可以通过后台数据分析，清楚地了解全班每个学生的运动心率以及运动强度、密度等，并据此进一步对教学工作作出调整。

（3）阶段性体质监测

基于红外线、光电非接触和VR激光测距等智能测量技术，可以实现对学生身高、体重、肺活量等常规项目以及立定跳远、仰卧起坐、引体向上、跳绳、实心球等常见测试项目的数据采集，并借助智能语音技术快速记录数据，最终生成体能测试报告。综合学生体检报告和体能测试报告，系统可通过智能技术实现对学生运动健康数据的分析和管理，为学生提供个性化的运动和饮食建议。同时，系统可以将结果实时传送到教师、家长和学生的智能终端上，帮助学生进行健康管理。

5.5.3 学校美育教学服务

2019年5月，国务院发布的《国务院办公厅关于全面加强和改进学校美育工作的意见》指出[①]，学校美育课程主要包括音乐、美术、舞蹈、戏剧、戏曲、影视等，各级各类学校要按照课程设置方案和课程标准、教学指导纲要，逐步开齐、开足、上好美育课程。由于重视程度不足、技术手段单一、师资力量薄弱等原因，传统的学校美育工作长期以书本的形式进行艺术知识的简单传授，不利于全面培养学生发现美、感知美的意识和能力。

（1）美术教学

虚拟现实等智能技术应用于美术教学，不仅可以带来逼真的视觉体验，还可以为学生提供丰富的绘画建模工具，帮助学生更好地进行创作与表达。当前，智能技术应用于美术教学的典型场景主要分为两种。一是VR美术作品体验。利用虚拟现实技术将美术作品立体化呈现，为学生提供沉浸式的体验。通过该技术，学生可以“亲眼”看到雅典的帕特农神庙、卢浮宫的《蒙娜丽莎》，“亲手”摸到埃及的法老雕像、商周青铜器上的花纹等。二是VR美术创作。学生利用VR头盔和智能画笔在虚拟空间中进行位置移动和立体绘画，并能够不断切换手中画笔的颜色、粗细。学生完成绘画后，可以将作品以立体图像的形式进行保存，或者通过3D打印机制作成真实作品。

（2）音乐教学

借助计算机听觉技术、音乐人工智能算法和虚拟现实等技术，可以实现

① 国务院办公厅．国务院办公厅关于全面加强和改进学校美育工作的意见[EB/OL]．[2019-05-15]．http://www.moe.gov.cn/jyb_xxgk/moe_1777/moe_1778/201509/t20150928_211095.html.

对音乐知识的个性化学习和音乐作品的可视化体验，从而有效辅助教师开展丰富多样的音乐教学。当前，智能技术应用于音乐教学的典型场景是音乐测评。智能音乐测评系统可以对音乐的内容和音频信息进行检索、分析、标注、理解和建模，并从音准、音域、调性、节奏、语感、乐感六个维度对演绎的音乐作品进行客观评价。系统兼顾了音乐欣赏的功能和量化分析的特点，利用科技来评价艺术，从而实现对音符“美”的“理解”。未来，通过情感计算技术，还有望在音乐感知、情感分析等方面实现突破，根据学生情感变化引导学生个性化发展，实现因材施教。

案例 5-28　音乐人工智能辅助管弦乐教学系统

2018年5月16日，由星海音乐学院管弦系与美国印第安纳大学信息计算与工程学院音乐信息学实验室合作的“音乐人工智能辅助管弦乐教学联合实验室”正式挂牌启动，双方就“音乐人工智能辅助管弦乐教学系统”引入日常教学展开合作。该系统可以让学生们在日常专业练习过程中随时听到职业管弦乐团的完整乐曲伴奏，同时可将自己与管弦乐团的合成演奏音频转化成高度结构化、可视化、可检索、可比较研究的音乐数据，方便地带到课堂上与专业教师共同探讨。对专业教师而言，该系统可以实现对学生专业学习情况的纵向和横向比较，获取学生学情的第一手资料，进而完善教学内容和方法。

（3）书法教学

近年来，国家对书法教学越来越重视，广大中小学纷纷开设书法课。然而现有的书法师资极度缺乏，教育手段、教学工具、教学环境等也亟待创新。智能技术支持下的数字书法云平台可以有效地解决这些“痛点”。云平台一般由交互式数字临摹台、教师中控、书法直播、字帖排版、视频资源库、板书示范等系统构成。普通教师通过短期培训，就可以组织学生开齐、上好书法课。借助数字书法云平台，教师可以通过直播系统在教师端书写示范、点评学生练习作品，还可以根据教学需要，随时调取字库资源生成电子字帖。电子字帖通过学生端清晰地同步呈现在临摹台上，学生们用毛笔蘸着墨汁，铺上普通宣纸就可以临摹了。基于人工智能的计算机视觉和大数据技术，数字书法云平台还可以对已有各类名家的书法作品分析建模，并实现对学生书法作品的智能测评和学习资源的个性化推荐，从而提升学生学习兴趣，帮助学生科学、高效地练习书法。

5.5.4 智能家教陪伴

（1）情感陪伴

很多家长由于工作繁忙，不能时常陪伴在孩子身边，与孩子交流相对较少，导致情感陪伴不足。智能技术的应用，可以在一定程度上改变这一现状。孩子可以通过智能机器人主动呼叫家长并进行视频聊天儿，家长也可以通过手机端APP远程监控孩子周边的环境。此外，智能机器人还可以利用声纹识别和声音复刻技术，识别并记住家庭成员的声音，模仿家人的声音与儿童进行对话问答。

（2）知识启蒙

智能机器人拥有强大的智能语音交互能力和知识查询能力，能够通过百科全书式的“大脑”，智能识别并理解孩子的语言，甚至陪孩子唱歌、聊天儿。它还能够通过智能语音对话功能，回答孩子的各种问题，并提供妙趣横生的解释，陪孩子一起探索未知的世界。此外，借助智能机器人的专业语音测评技术，通过生词查询、文章跟读、中英互译、儿歌故事等多种互动形式，孩子可以在家跟机器人学习标准的普通话和英语口语。机器人可以自动识别孩子发音中声母、韵母和声调等错误，精准纠正发音，从而帮助孩子学习掌握标准的语音。

案例 5-29　智能伴学机器人助力家教陪伴

智能伴学机器人可以提供互动式家庭教育，实现“说”“教”结合，帮助儿童在一问一答中学习知识。它倡导伙伴式教育理念，比如通过设置闹钟提醒功能，帮助儿童养成良好的作息习惯；借助独有的儿童识别引擎，与小朋友交流孩子感兴趣的话题。此外，智能伴学机器人内置了海量幼儿学习资源和语音对话系统，可以实现对儿童的全程陪护，成为儿童的学习伙伴和家长的家教助手。

5.5.5 特殊教育应用

（1）自闭症筛查干预

当前，对于儿童自闭症，智能技术主要应用于以下两个方面。一是预测筛查。利用智能算法对婴儿的大脑图像进行分析，可以提前发现其中存在的可能导致自闭症的征兆。二是咨询干预。利用医疗影像识别技术，在提高对早期自闭症儿童筛查准确率的同时，还可以利用问答机器人开展进一步的干预。

案例 5–30　机器学习辅助自闭症儿童治疗[①]

美国麻省理工学院媒体实验室（MIT Media Lab）的研究人员研发出一种个性化的机器学习方式，可以根据每名自闭症儿童的独有数据，通过机器人来评估每个孩子在互动过程中的参与度和兴趣点。研究人员表示，他们的长远目标不是让机器人来代替人类治疗师，而是增加自闭症患儿的关键信息。治疗师可以充分利用这些信息来制订个性化治疗方案，机器人和自闭症儿童之间也会产生更具吸引力的、更自然的互动。

（2）听力障碍辅助学习

有听力障碍的学生经常面临沟通方面的困难：一方面，学生因为阅历较少等方面的原因，有时无法将页面上的文字与自己的生活经历联系起来；另一方面，通过手语或文字形式进行教学，师生沟通效率较低。利用人工智能在视听方面的感知能力，借助智能穿戴手套采集手语表达时的移动轨迹信

① Becky Ham，智能观编译．MIT：我们用深度学习开发了一个能识别人类情绪的机器人[EB/OL].[2019-06-03]. https://mp.weixin.qq.com/s/tvrkVziqna-b8iGV_6dXOA.

息，在此基础上结合手语识别、语音识别、语音合成等多项技术，可以实现文字、口语和手语之间的快速转化，从而有效解决听力障碍学生的沟通问题，为他们提供多样化、便捷化的学习辅助服务。

案例5-31　声文转写系统助力南京特殊教育师范学院实现智能授课

第二次全国残疾人抽样调查数据显示，全国听力障碍人数高达2 780万。对于重度听障人士而言，如果没有科学设备和智能化技术的辅助，他们的人生只能在聋哑世界里度过。

南京特殊教育师范学院作为全国“残疾人高等融合教育试点高校”之一，有60多位存在听力障碍的在校学生。如何帮助这些学生更高效地学习和接收信息，对于学院来说任重而道远。目前该学院正在尝试利用人工智能技术为听障学生提供智能化的授课服务。他们利用声文转写系统，实时将教师的授课语音转换成文字并展现在屏幕上。听障学生通过观看屏幕上实时更新的文字内容，可以随时了解教师的授课内容，甚至可以和正常学生一起上课，同步获取课堂信息和教学内容。

人工智能技术提供的不仅仅是语音转换为文字的服务，更是为特殊教育工作提供了一盏温暖的明灯，在听障人群通往知识宝藏的路途中架起了一座桥梁。

（3）视觉障碍辅助阅读

存在视觉障碍的学生，一般只能通过触摸细密的凹凸点来阅读专门制作的盲文书籍，既费时又费力。借助图文识别、语音合成等智能技术，可将书本上的文字转换成视觉障碍学生能够听懂的语音，为其提供“所看即所听”的书籍辅助阅读服务。

案例5-32　个性化语音阅读APP让盲人听见世界

电子书技术的普及，让我们在碎片化的时间里可以通过手机、电脑等设备随时随地轻松阅读。很多知识类、幼儿类读物都从纸质产品变成了电子有声书，读者们从“看书”变成了“听书”。

依靠听力获取信息，是视觉障碍群体重要的学习方式。但对于盲人而言，阅读却不是件轻松的事情。以前，他们只能通过触摸细密的凹凸点来阅读种类有限的盲文书籍，既费时又费力。后来市面上出现了一些辅助盲人读书的有声阅读软件，但公益版软件提供的内容比较少，且操作相对复杂，软件更新的速度经常赶不上听书的速度，而商业版软件大多采用自动合成的呆板的机器人语调，无法提供很好的用户体验。

目前基于智能语音合成技术开发的个性化语音阅读APP，可以内置内容丰富、种类多样的海量图书，极大地满足视觉障碍群体的听书需求，并且语音自然度比较高，朗读速度也可以调节。一些语音阅读APP还采用了复刻技术。它是指基于简单录制的少量语音样本，通过深度学习模型训练构建出录制者的完整音库，从而可将任意文本转换为录制者的声音。这项技术不仅能做到音色的高保真还原，而且朗读的语气、语调、情感也堪比真人。视觉障碍群体利用该技术，可以获取亲朋好友的声音库，使用家人、朋友或恋人的声音听每一本书。

第六章

人工智能人才培养

智能时代需要大批具有人工智能素养的高素质人才，加强人工智能人才培养是推进智能教育发展的根本任务。当前，我国人工智能人才队伍建设尚处于起步阶段，面临人才供需结构性失衡、人才培养体系不健全、具备智能教育素养的师资队伍缺口较大等现实问题。《新一代人工智能发展规划》《高等学校人工智能创新行动计划》等文件为人工智能人才培养提供了政策依据，各级各类学校和教育机构也陆续开展了不同层次、不同类型的人工智能人才培养与技术培训活动。本章主要针对政策层面及实践工作中广受关注的人工智能人才培养体系、人工智能普及教育、人工智能教师队伍建设等重点问题进行探讨。

6.1 构建人工智能人才培养体系

构建并完善人工智能人才培养体系，是加强人工智能人才培养、推进智能教育发展的重要举措。2017年7月，国务院发布的《新一代人工智能发展规划》明确指出，要完善人工智能教育体系。2018年4月，教育部印发的《高等学校人工智能创新行动计划》进一步提出，要完善人工智能领域人才培养体系，构建智能化、网络化、个性化、终身化的教育体系。具体来说，基础教育阶段重在人工智能普及教育，职业教育阶段注重职业人才人工智能素养培养，高等教育阶段承担多层次人工智能专业人才培养，继续教育阶段关注在职人员的人工智能技术培训，四者共同构成了人工智能多层次教育体系。

6.1.1 基础教育阶段

在基础教育阶段开展人工智能教育是实施全民智能教育项目、普及人工智能人才培养的重要环节。在中小学开设人工智能课程，关键是培养学生的人工智能学科素养，侧重人工智能普及教育，使学生了解人工智能技术的历史沿革、应用场景、关键技术原理和面临的伦理道德挑战等内容。同时，充分运用项目式、体验式、游戏式等教学方法，借助机器人、开源硬件、原理可视化实验等技术手段，开阔学生视野、激发学习兴趣。

有效落实中小学人工智能教育教学目标，需要从政策层面加以引导、从课程开发层面予以保障、从课程实施层面逐步落实。首先，推进区域和学校贯彻落实人工智能教育规划，出台符合区域教育实际的地方政策。《新一代人工智能发展规划》明确提出，要“在中小学阶段设置人工智能相关课程，逐步推广编程教育”。对此，山东、浙江、重庆、河南等地相继发文鼓励学校开设人工智能课程，浙江还把信息技术纳入高考范围。地方政策的相继出台对调动学校和师生的积极性发挥了重要作用。其次，以人工智能教材为抓手推进人工智能课程开发，鼓励教师参与课程研发和教研等活动。教材是开展人工智能课程教学的重要抓手。教育部发布的《普通高中课程方案》和《普通高中信息技术课程标准（2017年版）》将“人工智能初步”确定为信息技术学科重要模块，一批按照普通高中信息技术学科课程标准要求编撰的教材随之出现。当前，人工智能课程教学总体上还处于起步阶段，需要进一步充分交流，深入探索科学合理的课程内容。最后，从配套措施上保障人工智能课程落地实施，确保课程课时开设充足，努力探索新的教学形式和方法。人工智能课程可与现有的国家课程、校本课程、地方课程有机结合。同时，人工智能技术的广泛应用，使其完全可以融入科学、信息技术、通用技术等学科的教学实践以及综合实践活动，从而打破学科界限，充分利用现有教师和课时资源保障人工智能课程落地。对于有条件的学校，还可以单独开设人工智能实验班或兴趣班。

6.1.2 职业教育阶段

职业教育是现代工业社会教育体系的重要组成部分，也是人工智能教育体系中不可或缺的部分。人工智能技术不仅重塑了工业生产的基本形态，还重构了人与生产的关系，使人力资源市场对从业者的智能素养要求不断提升。因此，培养适应智能时代发展的技术技能人才变得尤为重要。职业教育作为培养高素质技术技能人才的重要途径，必须充分落实《国家职业教育改革实施方案》，着力提升职业教育质量以适应智能时代产业发展需求，不断加强职业人才人工智能素养的培养，大力推进智能时代的职业教育变革创新，为促进经济社会发展和提高国家竞争力提供优质人才资源支撑。

加强职业人才人工智能素养的培养，关键是推动职业院校调整智能时代背景下的职业人才培养目标，优化专业结构与教学内容，创新人才培养模式。首先，职业教育人才培养目标要从培养一般的技术技能型人才，转变为培养具备人工智能素养的技术技能型人才，使人工智能与学科教育相结合，使理论学习与项目实践相结合，突出人工智能素养的培养，优化职业技术技能人才培养目标的设定。其次，优化职业教育专业结构与教学内容。面向产业发展需要，淘汰就业率低、适应性差的专业。开设人工智能相关专业，调整现有专业教学内容并适当融入人工智能内容，培养具备一定人工智能理论基础、掌握人工智能实践能力、适应市场需求的技能型人才，通过专业人才培养助力产业发展。最后，创新智能时代职业人才培养模式，实现校企“双元”育人。借助专业人工智能公司的人才队伍和技术力量，开发专业教材、完善课程体系、研发教学设备、打造实践基地。注重在课堂教学中运用智能教学手段，在项目实践中增加人工智能技术应用，在各类职业技能大赛中开设人工智能竞赛科目，全面推进人工智能职业技能培养。

6.1.3 高等教育阶段

高等院校是培养人工智能高层次专业人才的主阵地，是人工智能人才培养体系的重要组成部分。高校处于科技第一生产力、人才第一资源、创新第一动力的结合地带，在人工智能基础理论和关键技术研究及应用方面具有鲜明特色，在人才培养和学科发展等方面具有坚实基础。因此，应进一步加快构建高校新一代人工智能领域人才培养体系和科技创新体系，全面提升高校人工智能领域人才培养、科学研究、社会服务等能力，充分发挥高校在人工智能学科建设、人才培养、理论创新、技术突破等方面的引领示范作用。

根据《新一代人工智能发展规划》和《高等学校人工智能创新行动计划》的要求，各个高校需加大在人工智能领域的科研投入，不断完善人工智能学科、专业和课程，切实推进“产教融合”理念下的协同育人机制建设，确保人工智能专业人才的培养质量。

第一，推动人工智能学院和一级学科建设。在人工智能学院建设方面，截至2019年8月，已有19所“双一流”大学成立了人工智能学院或研究院、研究所。在人工智能学科建设方面，2017年5月，中国人工智能学会、中国电子学会、中国自动化学会等22家学会，以及北京大学、浙江大学、西安电子科技大学等65所高校联合签署《“智能科学与技术”一级学科论证报告》。2017年8月，教育部科学技术委员会提出了《关于设立“智能科学与技术”一级学科的建议》。

第二，加强人工智能专业人才培养力度。在专业建设方面，开设“智能科学与技术”或“人工智能”本科专业，完善专业教育培养体系。以2004年北京大学开始招收“智能科学与技术”本科专业为开端，据不完全统计，已至少有64所高等院校陆续开设了相关专业。2019年5月，南京大学发布《南京大学人工智能本科专业教育培养体系》，对国内高校开展本科人工智能教学起到了很好的示范作用。在课程设置及教学配套方面，探索尝试在高等院校开设人工智能公共必修课，加强人工智能基础课程和实操课程教学；研究编写吸纳了最新研究成果的人工智能专业教材，建设专门的人工智能实验室，并配置相关实验所需的软硬件设备。

第三，完善协同育人机制。加大“新工科”建设力度，推行跨部门跨学院合作、跨学科跨专业合作和校企合作。在课程教学、专业实践、学生就业、师资培训等方面加强与人工智能领域优势企业的合作，利用学校和企业各自的优势形成育人合力。

世界一流大学建设高校开设人工智能相关学院、研究院、研究所的情况可参看表6-1。

表6-1　世界一流大学建设高校（含A类、B类）人工智能相关学院、研究院或研究所统计表

学校	学院、研究院或研究所	成立时间
浙江大学	人工智能研究所	1981年
复旦大学	类脑智能科学与技术研究院	2015年3月
湖南大学	机器人学院	2016年4月
同济大学	人工智能研究院	2017年5月
中山大学	智能工程学院	2017年5月
中国科学院大学	人工智能技术学院	2017年5月
华南理工大学	吴贤铭智能工程学院	2017年12月
上海交通大学	人工智能研究院	2018年1月
南京大学	人工智能学院	2018年3月
南开大学	人工智能学院	2018年5月
天津大学	人工智能学院	2018年5月
吉林大学	人工智能学院	2018年5月
哈尔滨工业大学	人工智能研究院	2018年5月
山东大学	人工智能研究所	2018年5月
电子科技大学	人工智能研究院	2018年9月
大连理工大学	人工智能大连研究院	2018年10月
北京理工大学	人工智能研究院	2018年12月
中南大学	中南大学-深兰科技人工智能联合研究院	2018年12月
中国人民大学	高瓴人工智能学院	2019年1月
北京师范大学	人工智能学院	2019年1月
东南大学	人工智能学院、人工智能研究院	2019年1月
华中科技大学	人工智能与自动化学院、人工智能研究院	2019年1月
西安交通大学	人工智能学院	2019年1月
北京大学	人工智能研究院	2019年4月
清华大学	人工智能研究院	2019年6月
北京航空航天大学	人工智能研究院	2019年6月

续表

学校	学院、研究院或研究所	成立时间
华东师范大学	“智能+”研究院	2019年7月
武汉大学	人工智能研究院	2019年11月
中国科学技术大学	人工智能研究院	2019年12月

资料来源：各高校网站。

案例6-1　重庆邮电大学校企共建人工智能学院

重庆邮电大学科大讯飞人工智能学院（简称“重邮讯飞智能学院”）以重庆邮电大学为办学主体，以重庆邮电大学和科大讯飞股份有限公司联合成立的理事会为管理主体，依托重庆邮电大学在信息通信领域的学科专业优势并深度融合科大讯飞股份有限公司在人工智能领域一流的技术、产业和专家资源建设而成。双方共同负责人才培养方案、课程设置和教学过程管理。它是一所以公办全日制本科及研究生学历人才培养为主、实体化运营的学院。

重邮讯飞智能学院充分整合高校与企业的优质资源，着眼推动人工智能领域的学科专业建设、高端人才培养、核心技术研发、科技成果转化等，致力于培养面向人工智能前沿科技创新和产业应用的一流专门人才。按照一流人工智能学院的办学定位，该校坚持和彰显校企深度融合与学科交叉融合的“双融合”特色，全力服务和支撑人工智能产业发展。学院的研究生培养实行双导师制，首批聘请企业专家32人担任硕士生导师。研究生招生及培养与计算机学院相关要求一致，但在研二、研三阶段将定向结合企业项目研发任务在实践中培养学生的科研能力。

6.1.4　继续教育阶段

在继续教育阶段开展人工智能在职培训是实施全民智能教育的重要途径，也是人工智能人才培养体系不可或缺的组成部分。为提升在职人员的人工智能素养，培养更多的智能教育从业人员，在学历教育之外，开展多种形式、多种类型的人工智能在职培训，具有重要的现实意义。

我们可以依托各类办学主体，采用各种培训形式，针对在职人员进行灵活多样的人工智能教育培训。具体来说，主要包括两种类型。一是依托高校、企业、社区等举办各类在职培训。在具备人工智能学科专业优势的学校和科研机构举办人工智能培训课程和各类培训班，使在职人员快速、高效地学习人工智能相关知识，提升其人工智能专业技术能力；在师范院校的继续教育学院建立人工智能实验室；在“国培”“省培”计划中加入人工智能课程培训，邀请高校、企业人工智能领域专家进行授课，培养相关在职教师的智能教育教学能力。此外，发挥社区教育灵活性高、渗透性强的特点，创新智能化设施在社区的应用，充分利用社区展板、活动室等场所普及人工智能教育。二是充分发挥开放大学和在线培训机构的作用。探索“互联网+”教育模式，打造在线的人工智能教育平台，开发高质量的人工智能线上课程，在继续教育相关网站增设人工智能公共必修课，为IT从业人员、信息技术学科教师等提供随时随地、方便快捷的人工智能学习途径。

6.2 开展人工智能普及教育

近年来，以《新一代人工智能发展规划》为发轫的一系列文件，为新时代的人工智能普及教育提供了方向指引和政策支持，主要措施包括在中小学开设人工智能课程、在高等教育和职业教育阶段加强人工智能素养培养，以及面向社会开展人工智能科普教育等。其中最为重要的是在中小学设置并实施人工智能课程，打好人工智能普及教育的基础。因此，应根据中小学生的认知特点开设人工智能课程，构建从小学到高中的体系化课程内容，采取多样化的教学方法确保课程落地，使人工智能新技术、新知识进入课程、教材、课堂，帮助学生形成对人工智能的基本意识、基本概念、基本素养、基本兴趣，进而在学生的头脑中播下人工智能的种子，从根本上促进学生人工智能素养和创新能力的提高。

6.2.1 以培养人工智能学科核心素养为目标

在中小学开设人工智能课程的目的并非是将学生培养成为人工智能工程师，而是旨在培养学生的人工智能学科核心素养，使其具备适应智能时代的基本素质和能力。人工智能作为一门发展了六十多年的学科，已经形成了一套较为完整的知识体系，对于不同类型学习者的教学目标和教学内容，其要求也不尽相同。人工智能学科核心素养是构建人工智能课程目标和标准的基础。当前，面向基础教育阶段的人工智能学科核心素养框架尚不完备，应进一步加强对中小学人工智能学科核心素养的探索与研究。

在2003年颁布的《普通高中信息技术课程标准（实验稿）》中，“人工智能初步”作为选修模块首次列入高中课程方案。围绕提升学生信息素养的目标，教育科学出版社、中国地图出版社、上海科技教育出版社和广东教育出版社共同编写了《人工智能初步》教材。《普通高中信息技术课程标准（2017年版）》强化了人工智能课程的地位，将人工智能学科素养融入信息技术学科核心素养之中，强调培养学生的信息意识、计算思维、数字化学习与创新、信息社会责任。北京师范大学出版社出版了《人工智能（高中版）》教材。“人工智能初步”在2003年版和2017年版高中信息技术课程标准中的区别见表6–2。

表6–2　2003年版与2017年版高中信息技术课程标准中“人工智能初步”对比

主要方面	2003年版	2017年版
课程目标	提升信息素养	全面提升全体高中学生信息素养
学科核心素养	信息素养	信息意识、计算思维、数字化学习与创新、信息社会责任
课程定位	作为选修	作为选择性必修
课程内容	• 知识及其表达 • 推理与专家系统 • 人工智能语言与问题求解	• 人工智能基础 • 简单智能系统开发 • 人工智能技术发展与应用

学界对于人工智能的学科素养也进行了大量探究。艾伦（2018）提出了中小学人工智能学科核心素养的三大维度和六大素养，阐述了人工智能课程

教学内容与具体能力之间的关系①;汪明（2018）探讨了学生智能素养的培育路径，将学生智能素养的内容构建为智能知识、智能能力、智能情意及智能伦理②；马丁·坎德霍夫（Martin Kandlhofer）等（2016）提出了一种新的人工智能教育理念，开发了以幼儿园/小学、初中、高中和大学为核心的四个概念验证模块③。这些研究基本上是在科学或者信息技术学科框架下探讨人工智能学科核心素养。郭绍青等（2018）则率先提出了人工智能技术与工程素养教育框架，探讨了如何让小学、初中、高中三个学段的学生从不同水平上理解并有效利用人工智能技术④,为人工智能教材的编制及课程实施提供了参考。

6.2.2 以人工智能技术为主线构建课程内容

从国内外人工智能教育在中小学的实践来看，对于如何开设人工智能课程目前尚未形成统一的标准。同时，受限于技术门槛较高和师资能力不足，当前中小学人工智能课程建设仍以厂商主导为主。

根据课程类型的不同，可将人工智能课程大致划分为四类（见表6-3）。这四类课程教学内容既各有侧重，又有诸多交叉，均涉及人工智能关键技术相关知识。从学科范围角度来讲，机器人教学、编程教学、STEAM或创客教育还不属于严格意义上的人工智能教育。未来，以人工智能技术为主线、围绕人工智能学科核心素养构建知识体系，应成为人工智能课程建设的落脚点。

① 艾伦．做智能化社会的合格公民——探讨智能化时代人工智能教育的核心素养[J]. 中国现代教育装备，2018，No. 288 (8): 4-17.
② 汪明．基于核心素养的学生智能素养构建及其培育[J]. 当代教育科学，2018 (2): 83-85.
③ Martin Kandlhofer, et al. “Artificial intelligence and computer science in education: From kindergarten to university.” 2016 IEEE Frontiers in Education Conference (FIE). IEEE, 2016.
④ 郭绍青，杨鸿武．中小学人工智能技术与工程素养教育——走进智能社会的“底气”[N]. 中国教育报，2018-07-07 (3).

表6-3　四类人工智能课程类型对比

课程类型	核心教学内容	教学特点
机器人教学	机器人工作原理、结构件、组装搭建	硬件知识为主，融入智能语音、计算机视觉等人工智能技术相关知识。
编程教学	Scratch、Python、C/C++等编程语言的语法或算法	编程语言教学为主，结合机器人、开源硬件等教具完成特定任务，部分任务会涉及人工智能技术的调用。
STEAM或创客教育	利用开源硬件和编程工具完成项目	以搭建硬件产品完成项目为主，涉及编程时会调用人工智能技术。
人工智能原理及应用教学	智能语音、计算机视觉、自然语言处理、计算机博弈等关键技术的原理讲解与应用	人工智能技术原理讲解为主，借助交互式实验或人工智能软硬件辅助教学，并通过编程完成特定项目。

中小学人工智能课程内容与大学有所不同，应遵循中小学生的认知规律，突出课程内容的趣味性和实践性，具体可分为历史认知、伦理判断、原理理解、基础应用、项目实践等板块，同时根据小学、初中和高中学生的认知特点，在各学段有所区别。

历史认知旨在使学生了解人工智能的发展历程，理解技术发展具有螺旋式上升的客观规律，客观认识我国在人工智能历史发展过程中的贡献和当前在国际上的地位，培养学生热爱祖国、积极奋进的价值观；伦理判断是结合具体的人工智能应用案例，使学生认识到人工智能技术的两面性，客观看待技术所带来的影响，积极探索生活中遇到的实际问题的解决方案；原理理解是借助原理可视化实验、视频和动画，使学生理解人工智能关键技术或算法的工作原理；基础应用是通过编程调用语音合成、图像识别等具体人工智能技术，使学生加深对技术工作原理的理解，并完成特定任务；项目实践是综合调用所学知识，运用编程、智能硬件等方法或工具解决真实生活中的特定问题。

中小学不同阶段的人工智能课程目标及内容详见表6-4。

表6-4　中小学不同阶段的人工智能课程目标及内容

课程	小学	初中	高中
课程目标	了解人工智能在生活中的应用领域和研究领域；正确认识人工智能的正负面影响；熟练掌握图形化编程语言操控智能硬件。	了解人工智能发展史和在生活中的应用；了解大数据、智能语音、计算机视觉和自然语言处理等关键技术的基本原理；了解机器学习和深度学习的工作流程；熟练掌握编程语言操控智能硬件；能指出实际应用的实现难点，并给出解决思路。	了解人工智能发展史和最新研究进展；深入了解智能语音、计算机视觉、自然语言处理和计算机博弈等关键技术的基本原理；理解传统机器学习和深度学习的基本思路和流程；熟练掌握编程语言调用人工智能接口或数据库；能够完成较为复杂的综合性人工智能项目。
课程内容	人工智能初体验 人工智能来啦 工具“智”造史 声纹识别 • 闻声识人so easy 语音合成 • 个性化导航 语音转写 • 听写小助手 语音唤醒 • 听命令的智能家居 语音评测 • 会评分的机器人 文字识别 • 车牌识别机器人 人脸识别 • 智能助理警探 机器学习 • 爱学习的机器 图像分类 • 识图机器人 物体识别 • 识物小助手 文本分类 • 你的情绪我知道 人机对话 • 智能聊天儿机器人 机器翻译 • 小小翻译官	人工智能导引 • 无处不在的人工智能 • 人工智能的技术特点 • 人工智能的发展历史与应用 • 对人工智能的思考 大数据技术 • 走进大数据 • 大数据技术的工作流程 • 大数据健康计划制订 • 大数据应用方案设计 • 大数据的发展与应用 机器学习技术 • 体验机器学习应用 • 机器学习技术的原理 • 机器学习技术的简单应用案例 • 机器学习技术的发展与应用 计算机视觉技术 • 体验计算机视觉应用 • 计算机视觉技术的原理 • 智能配货机器人 • 计算机视觉应用方案设计	人工智能 • 人工智能的应用领域 • 人工智能发展历史 机器学习 • 数据集 • 特征提取 • 分类器 • 深度学习 • 模型验证 智能语音 • 声纹识别 • 语音识别 • 语音合成 计算机视觉 • 图片分类 • 文字识别 • 人脸识别 自然语言处理 • 文本分类 • 问答系统 • 机器翻译

续表

课程	小学	初中	高中
课程内容	综合项目应用 • 智能台灯 • 智能陪伴机器人 • 智能风扇 • 智能花盆 • 智能配送车	智能语音技术 • 体验智能语音应用 • 智能语音技术的应用原理 • 语音控制俄罗斯方块游戏设计 • 智能语音应用方案设计 • 智能语音技术的应用 自然语音处理技术 • 体验自然语言处理技术 • 自然语言处理的基本方法 • 文档分类方案设计 • 自然语言处理应用方案设计 • 自然语言处理技术的应用	计算机博弈 • 认识博弈论 • 强化学习 • 时序差分学习 • 深度强化学习
教学工具	人工智能技术体验套装 智能机器人套装 可视化编程工具	人工智能技术原理可视化实验套装 智能硬件套装 编程工具	人工智能技术原理可视化实验套装 智能硬件套装 编程工具 人工智能训练平台

资料来源：北京师范大学出版社出版的中小学人工智能教材（西北师范大学和南京师范大学编写）。

6.2.3 采取多种方式实施人工智能课程教学

（1）充分利用现有学科课时进行授课

在当前的中小学教育阶段，除高中外，人工智能课程尚不属于必须开设的课程，在课时安排上需要充分利用现有学科课时进行授课，具体途径主要包括三种：一是在科学、信息技术、通用技术等学科中融入人工智能内容，即利用现有学科的课时安排讲授人工智能相关内容；二是将STEAM或创客课程替换为人工智能课程；三是开设单独的人工智能实验班或兴趣班。

就小学而言，小学阶段科学课程为人工智能课程的开设提供了支撑。2017年2月，教育部印发的《义务教育小学科学课程标准》明确指出，科学素养是指了解必要的科学技术知识及其对社会和个人的影响。2017年9月，教育部发布的《中小学综合实践活动课程指导纲要》对国家义务教育必修课程的学时要求作出规定：小学1~2年级，平均每周不少于1课时；小学3~6年级，平均每周不少于2课时。因此，人工智能作为一种对社会影响甚广的技术，充分具备纳入科学课程及综合实践活动教学的政策依据及现实意义。

同时，小学还可以通过开设人工智能兴趣班，将Scratch、机器人等与人工智能相结合，使学生了解人工智能的应用价值，理解人工智能的基本原理，初步完成人工智能项目。

就中学而言，初中及高中学段均已设置技术类课程。其中，信息技术学科包含了人工智能模块，高中的通用技术课程方案也明确规定了关于机器人的相关教学内容。通用技术是贯穿中学阶段的综合实践课程，普通高中课程方案中也对该课程提出了相关要求，规定了相应学分。这为人工智能相关教学的实施提供了充分的课时保障和政策依据。

（2）充分运用多种教学方法进行授课

人工智能技术课程因其学科知识覆盖面广、内容抽象、概念繁多等特点，存在一定的学习门槛，需要学生具备良好的数理基础。因此，传统的教学方法极易导致学生丧失学习兴趣。为帮助学生充分理解课程内容，提升学习兴趣，教师需要运用新的教学理念和方法进行授课，确保人工智能课程教学的生动性和有效性。在中小学人工智能课程的教学中，常用的教学方法包括体验式教学、项目式教学、游戏化教学和直观教学等，详见表6–5。

表6–5　人工智能课程常用的教学方法

教学方法	主要内涵	教学示例
体验式教学	在人工智能课程教学过程中，让学生操作真实的人工智能软硬件，直观感受人工智能技术所发挥的作用。	让学生体验语音翻译机，自主发现翻译机所能翻译的语言种类，感受语音合成技术的流畅性和准确性，对比分析采用软件翻译和硬件翻译的差异。
项目式教学	基于真实生活场景，让学生收集并设计方案，综合运用人工智能技术，借助机器人、智能硬件等设备，通过编程完成特定任务。	让学生利用智能硬件搭建垃圾桶，并在垃圾桶设计过程中植入语音合成、语音识别和图像识别技术，实现对垃圾的自动分类和自动语音提示功能。
游戏化教学	人工智能技术涉及众多抽象的技术概念，将游戏作为教学环节的支持工具，在教学活动中利用电子游戏或者传统游戏，将概念所蕴含的基本流程和思想通过游戏表现出来。	通过试玩基于机器学习技术实现的“石头、剪刀、布”的游戏，使学生体验到机器学习的完整流程，帮助其理解“模型”“标注”“相似度”“监督学习”等概念。
直观教学	不借助任何电子设备，通过完成一系列任务或游戏让学生理解抽象的计算机或人工智能概念。	采用不插电教学，用铅笔在每张卡片上写上0或1，然后指导学生将卡片排列组合成一组代码，使其理解二进制编码的概念。

（3）构建人工智能创新实验室

针对人工智能学科特点，通过整合利用现有教学场所或新建实验室的方式，构建适应人工智能学科教学需要、突出人工智能教育特色的人工智能教学环境。教学环境既要保证实用性和舒适性，也应具有科技感和人文关怀，使学生能真实接触并体验智能科技产品，充分融入所营造的科技氛围中。人工智能创新实验室的建设包括多种智能设备，详见表6-6。

表6-6 人工智能创新实验室的主要设备

主要设备	设备说明
智能门禁	支持证件识别、人脸识别、声纹识别；可疑人员自动拍照；电子门铃呼叫；高清电子猫眼显示。
智能门窗	语音控制窗帘的开关，感应风雨自动关闭窗户；基于内置传感器，可检测多项空气质量指标。
智能照明	可调节亮度的绿色灯光照明系统，保护学生视力；可通过语音控制所有灯光的开关、照度，并可根据教学环境设置常用亮度模式。
智能温控器	可对实验室内的空调进行控制，使其根据特定的预设模式以及中控平台发出的指令信息运行。
智能教学机器人	可编程机器人，集成多种人工智能能力。学生可自由发挥想象，通过编程控制适配的智能设备。
实验室中控平台	智能语音控制设备，通过多阵列麦克风进行空间语音信息收集，传输给中央控制主机对指定设备进行控制操作。

案例6-2　北京市昌平区回龙观第二小学开设人工智能课程

2019年6月，北京市昌平区回龙观第二小学开设了以智能语音技术为核心的人工智能课程。教师们就如何设计具有吸引力的人工智能课程、如何进行跨学科教学、如何在教学过程中提升学生的思维能力等问题展开探讨。通过讨论，教师们普遍认为，人工智能课程设计应该坚持儿童视角、故事表达、原理可视化以及注重体验和实践，以培养学生的思维能力为目标。针对小学生的认知特点，教师可以探索游戏化教学模式，通过游戏活动的过程，让学生在玩耍中探索和发现。例如，结合智能机器人可以策划组织适合学校实际情况的“音控机器人走迷宫大赛”。此外，人工智能课程应关注教学内容与学生真实生活场景的结合，引导学生进一步进行探究学习。例如，围绕学校“校园解说员”的真实情境，创设人工智能解说员的编程创意活动，让学生在充分的体验和探究中有所思考，自然生发出问题，并通过小组协作解决问题，享受学习的过程。

6.3 加强人工智能教师队伍建设

教师是培养人工智能人才的关键。加强人工智能教师队伍建设，促进智能时代教师的专业成长，实现传统教育向智能教育转型，需要充分发挥政策导向及理论引领作用。针对在职教师和师范生群体，应进一步采取有效措施，培养提升教师的人工智能素养以及智能教育教学技能，深入探索符合智能时代要求的教师专业发展路径。

6.3.1 深化智能时代教师队伍建设改革

提升教师人工智能素养和智能教育教学能力是深化智能时代教师队伍建设改革的重要举措。中共中央、国务院于2018年1月发布的《关于全面深化新时代教师队伍建设改革的意见》（以下简称《意见》）提出，教师要主动适应信息化、人工智能等新技术变革，积极有效地开展教育教学。2018年8月，教育部发布了《关于开展人工智能助推教师队伍建设行动试点工作的通知》。2019年3月，教育部又发布了《关于实施全国中小学教师信息技术应用能力提升工程2.0的意见》。自这些文件发布以来，全国各地高度重视并陆续研究制订了高质量的本地化实施意见。截至2019年12月，已有31个省级行政区（含新疆生产建设兵团）公开发布了地方实施意见，其中25个省级行政区（含新疆生产建设兵团）的实施意见中提到了“人工智能”，这25个省区中有6个省区提到了“人工智能+”（见表6-7）。

表6-7　地方实施意见落实情况

序号	地区	出台时间	人工智能	人工智能+
1	安徽省	2018年6月	√	
2	辽宁省	2018年7月	√	
3	上海市	2018年7月	√	
4	广西壮族自治区	2018年7月	√	
5	青海省	2018年7月	—	
6	江西省	2018年8月	√	
7	浙江省	2018年8月	√	实施教师教育创新实验区建设，按照现代教师职业要求重构教师教育课程、创新培养方式、强化教育实践，推进“人工智能+教师教育”改革。
8	广东省	2018年8月	√	
9	云南省	2018年8月	—	
10	黑龙江省	2018年8月	√	
11	甘肃省	2018年9月	√	
12	吉林省	2018年9月	√	
13	河北省	2018年9月	—	
14	北京市	2018年9月	√	
15	海南省	2018年9月	√	
16	山西省	2018年9月	—	
17	内蒙古自治区	2018年9月	—	
18	重庆市	2018年9月	√	
19	四川省	2018年9月	√	转变培训方式，改进培训内容，积极探索“人工智能+教师培训”，大力推行线上线下混合式研修和跟岗学习，提升培训的针对性、实效性。
20	福建省	2018年9月	√	推进信息技术与教师培养培训有机融合，探索“人工智能+教师教育”工作，大力推进线上线下相结合的混合式研修。

续表

序号	地区	出台时间	人工智能	人工智能+
21	湖北省	2018年9月	√	实施“人工智能+教师队伍建设行动”，探索人工智能、大数据等新技术服务教师专业发展和教师队伍综合管理的新路径。
22	新疆维吾尔自治区	2018年10月	√	
23	宁夏回族自治区	2018年10月	√	
24	新疆生产建设兵团	2018年11月	√	
25	山东省	2018年11月	—	
26	贵州省	2018年12月	√	加强教师教育创新实验区建设，按照现代教师职业要求构建教师教育课程、创新培养方式、强化教育实践，推进“人工智能+教师教育”改革。
27	江苏省	2018年12月	√	
28	天津市	2018年12月	√	加强现代信息技术、人工智能应用培训，培养一批智能教育引领者，创建一批“人工智能+教师队伍建设行动”试验区（校）。
29	陕西省	2019年2月	√	
30	河南省	2019年5月	√	
31	湖南省	2019年10月	√	
合计	31		25	6

案例6-3 上海市徐汇区教育学院举办首届“人工智能教师培训班”

2019年5月，上海市徐汇区教育学院举办了首届“人工智能教师培训班”。来自认知智能国家重点实验室智能教育研究中心的专家为参培教师展望了人工智能发展趋势、人工智能技术与探究的方向，介绍了人工智能课程在中小学阶段的设置情况，分享了典型课例，并带领教师们参与了与教学机器人相关的人工智能技能体验与综合编程项目。此次集中培训，使一线骨干教师们直接接触到人工智能前沿技术，亲身体验到人工智能教育的实际场景以及人工智能教育的教学方式。

6.3.2 加强人工智能教师师资储备

随着人工智能教育的深入开展，人工智能专业教师面临较大缺口。特别是在中小学阶段，开设人工智能课程所需师资能力欠缺和专业教师数量不足的问题愈发突出。加强师资储备是人工智能教师队伍建设的一项长期任务，需要在现有的师范生培养体系基础上，改造既有的教育技术学等相关专业，新建智能教育专业方向，从而拓展未来的教师来源，实现有针对性的培养。

（1）加强教育技术学等专业的智能化改造

教育技术学专业起源于电化教育专业，它与现代科学技术的发展密切相关，也是中小学信息技术教师和人工智能课程授课教师的主要培养载体。事实上，国内部分师范院校很早就开始尝试在教育技术学专业的培养方案中增设人工智能相关课程（见表6-8）。但受限于教材、课时和师资等问题，相关课程一直以选修课的形式存在，并未受到足够的重视。如今，以人工智能技术为代表的新一代信息技术的快速发展，为教育技术学专业带来了新的发展机遇。未来应大幅提高人工智能在教育技术学专业人才培养方案中的比重，或通过对教育技术学的专业重构，打造智能教育专业，从而培养出充足的“智能化”信息技术教师，在为中小学开设人工智能课程持续提供专业化师资的同时，也可为教育领域的相关企业提供人工智能专业人才。因此，智能化改造有望成为教育技术学专业新的发展方向。

表6-8　部分重点师范院校教育技术专业人工智能课程开设情况统计

学校	课程类别	层次	课程名称	学分	学时
北京师范大学	专业方向课	硕士	人工智能导论	2	36
华东师范大学	任意选修课	硕士	人工智能导论	2	36
东北师范大学	专业主干课	本科	人工智能导论	2	36
华南师范大学	专业任选课	本科	人工智能导论	2	32
华中师范大学	学科专业选修课	本科	人工智能基础	2	32
陕西师范大学	方向选修课	硕士	人工智能与Agent技术	3	60
西南大学	专业发展选修课	本科	人工智能教育应用	3	63

续表

学校	课程类别	层次	课程名称	学分	学时
西北师范大学	必修课	本科	人工智能技术	4	72
南京师范大学	专业基础课	硕士	人工智能技术与应用	3	/

资料来源：相关高校网站。

（2）在计算机或人工智能专业增设智能教育方向

人工智能课程教学具有较高的技术门槛，需要教师具备人工智能专业背景。理想的师资最好既具备教育教学专业知识与技能，又熟悉人工智能技术相关专业知识、熟练掌握编程技能，并且具备项目开发经验。

目前，中小学信息技术（包括人工智能课程）教师主要来自教育技术专业。传统的计算机相关专业学生主要以企业、研究机构为就业方向，毕业后从事中小学教学工作的占比较低。仅仅依靠教育技术学专业这一单一来源显然是远远不够的。因此，在现有的计算机专业或新设立的人工智能专业中，通过增设智能教育专业方向，定向培养具备人工智能专业技术能力的教师，不失为增强中小学人工智能课程教学师资力量储备的有效途径之一。

6.3.3 提升在职教师人工智能素养

职业素养的持续提升是教师专业发展的重要基础。智能时代，教师除了要掌握本专业基础知识和技能之外，还应具备符合时代发展要求的人工智能素养，这样才能结合学科教学不断开拓创新，有效开展智能教育实践。

围绕智能时代的教师专业发展和人工智能素养提升，学术界进行了积极探讨。余胜泉（2018）指出，人工智能教师可能承担12个角色，而人类教师则应偏重于培养学生的核心素养，未来教育将是教师与人工智能教师协同共存的时代①。刘邦奇等（2019）认为，智能教育要重新认识和定义教师角色，由传统教师向智能型教师转变②。范国睿（2018）认为，智能时代教师需要扮

① 余胜泉．人工智能教师的未来角色[J]．开放教育研究，2018，24（1）：16-28.
② 刘邦奇，袁婷婷．智能教育系统的总体架构及区域实践模式研究[J].远程教育杂志，2019（3）：103-111.

演好学生成长数据的分析者、价值信仰的引领者、个性化学习的指导者、社会学习的陪伴者以及心理与情感发展的呵护者等角色[①]。顾小清等（2019）也指出，智能时代对教师的专业性、综合性提出了新的要求，教师迫切需要改变自身教育观念，提高教育教学能力，不断提升实践智慧，以适应人工智能环境下的教与学，成为一名合格的智能时代教师[②]。宋灵青等（2018）认为，在中小学开展人工智能助推教师队伍建设，关键是建立适应智能教育需要的终身学习和教师培训体系，培养教师实施智能教育的能力[③]。

推进在职教师专业发展和人工智能素养提升，要充分发挥政策的引领和推动作用。2018年8月，教育部办公厅印发了《关于开展人工智能助推教师队伍建设行动试点工作的通知》。2019年3月，教育部又发布了《关于实施全国中小学教师信息技术应用能力提升工程2.0的意见》。当前的关键是要抓好这些政策文件的落实，通过启动“人工智能+教师队伍建设行动”，推动人工智能支持教师治理、教师教育、教育教学、精准扶贫的新路径，促进教师更新观念、重塑角色、提升素养、增强能力。

在实践中提升在职教师的人工智能素养，需要推进教育培训模式的创新。一是要充分利用师范院校继续教育学院、网络学院等资源，利用地方政府的中小学教师培训学校（学院）、教研室等机构，以及各类在线学习平台，开展在职教师的人工智能知识学习和技能培训。二是要鼓励师范院校联合人工智能领军企业建立实验室，共同打造教师教育创新实践基地，帮助教师走向人工智能研究、开发和生产的第一线，创新教师人工智能素养培养模式。在学校学科教学中，鼓励教师利用智能技术开展各类智能化教学活动，提升智能时代背景下的学科教学实践能力。

---

① 范国睿．智能时代的教师角色[J]．教育发展研究，2018, v.38；No.459 (10): 75–80.

② 顾小清，易玉何．智能时代呼唤教师角色转型[J]．中小学数字化教学，2019, 13 (1): 25–28.

③ 宋灵青，许林．“AI”时代未来教师专业发展途径探究[J]．中国电化教育，2018, No.378 (7): 79–86.

案例6-4 校企联合研制教师智能素养培训实施方案

人工智能是教育部《教育信息化2.0行动计划》中的重要内容。如何开展以人工智能为特色的教育信息化应用，如何提升教师与学生的人工智能素养，已成为各地教育局、中小学校普遍关注的重要问题。为此，安徽省蚌埠市中小学教师进修学校与人工智能知名企业联合组织攻关团队进行深入调研和论证，开展教师智能素养培训项目和课程设计，最终形成了教师智能素养培训实施方案。

该实施方案根据学员类型及需求的不同，设计了三类培训项目。一是校长智能教育领导力研修班。面向区域教育信息化负责人和学校校长，侧重国家政策、智能教育理论和规划的学习与实践。二是学科教师教学能力研修班。面向在职的非信息技术学科教师，侧重掌握运用智能教育理论进行课程设计和教学实践的学习。三是信息技术类教师教学能力研修班。面向信息技术、通用技术、综合实践活动、科学类学科教师，侧重人工智能技术学习和教学实践。与此同时，培训内容也分为三类课程：通用课程、实训课程、实地参观。通用课程为必修课程，适用于校长及全体教师；实训课程根据课时安排以及校长和教师的工作性质、工作内容选择性开设；实地参观根据实际需要组织安排。详见表6-9。

表6-9 在职教师智能素养培训课程设计

课程类型	课程说明
通用课程	包括智能教育政策与趋势、智能教育理论体系等理论知识的学习，旨在使学习者建立对人工智能及智能教育的完整认识。适用于校长、教师培训。
实训课程	包括智能教育规划指导、学科教学中的教学设计方法、人工智能课程教学方法等实操性课程。采用主题研讨、任务驱动的教学模式，培训讲师与学员之间、学员与学员之间进行深入讨论，开拓问题解决思路，形成具有一定可行性的解决方案。适用于校长、教师培训。
实地参观	到知名人工智能企业、研究机构或智能教育应用示范区、示范校进行参观考察。根据学员实际需求安排。

第七章

智能教育行业特点与发展趋势

智能时代背景下的教育变革正在不断深化。智能教育的发展需要政府、企业和社会等形成合力，通过政策引领、技术驱动、社会参与，形成行业蓬勃发展的新态势。在此过程中，人工智能、大数据等智能技术正在重构教育形态，这对整个智能教育行业提出了新的挑战，但同时也带来了重大的发展机遇。本章主要对智能教育的行业环境、行业规模、行业竞争态势及行业痛点等方面进行分析，并在此基础上重点讨论新兴技术对智能教育的影响，预测智能教育产业的发展趋势。

7.1 行业特点：新环境酝酿新变化

7.1.1 发展前景十分广阔，行业环境基本面好

教育是事关国计民生的重要领域。这一定位决定了智能教育行业发展的特殊性。对于从事智能教育的企业而言，其所面对的市场环境十分复杂，在运作过程中需要充分考虑政策、经济、技术等多方面因素所带来的影响。

教育政策对智能教育行业的发展起着重要的引导作用，从国家层面为行业发展提供了政策导向和规划依据。近年来，随着教育信息化和人工智能发展上升为国家战略，与智能教育相关的政策明显增多，政府监管和引导的力度在持续增强，对整个行业的快速发展产生了积极的推动作用。

技术创新对行业发展起着决定性作用。人工智能、大数据等蓬勃发展的智能技术在教育领域产生了日益显著的影响，智能教育呈现出技术与教育融合的新场景、新特征，在深度和广度上得到了进一步的发展。从深度上看，基于脑科学的研究从纵向上延伸了认知智能技术，深化了智能技术在教育领域的发展；从广度上看，以区块链、虚拟现实和增强现实技术、5G网络以及边缘计算为代表的新兴技术，从横向上扩大了智能技术在教育领域的影响。技术的创新带来了新的应用场景和机遇，掌握核心技术的企业将在行业内占据优势地位。

7.1.2 产业生态日益繁荣，行业规模逐步扩大

智能教育行业涉及的参与方多、参与面广，随着教育信息化的持续推进，其产业生态也在竞争和发展中日益繁荣。根据企业的主航道产品，可将智能教育行业的产业生态大致划分为三类。一是以硬件设施建设为主的企业，主要为电信运营商和硬件制造商。它们的产品围绕网络设施、机房设施、安防设施、教学场所的硬件布局，并在产品中不断加入智能化特性。例如，5G网络设备、基于人脸识别的安防设备、基于数据采集与分析的数字化实验设备、基于语音合成及识别技术的教学机器人等。二是以软件应用建设为主的企业，主要负责提供软件系统。这类企业所涉及的产品类型较多，可大致划分为平台、工具、社区等，例如区域教育云平台、区域教育大数据平台、智能校园、智能化教与学系统、考试评价系统等。三是以内容服务建设为主的企业。它们主要作为供给端向中游企业输出内容，同时也直接向客户提供课程、资源和培训服务等，例如数字化资源、面向师生的人工智能课程培训等。此外，还包括围绕上述三类企业的产品提供综合解决方案的厂商。这类综合解决方案提供商的角色既有可能由专门的企业担任，也有可能直接由这三类企业担任。智能教育产业生态体系见图7–1。

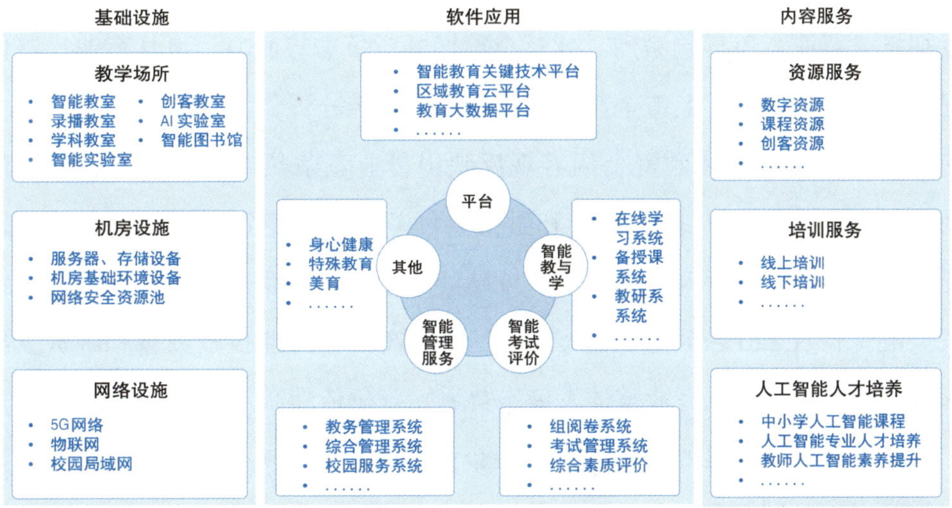

图7–1 智能教育产业生态体系

随着智能教育产业生态的日益繁荣，其产品涉及的领域越来越细分，参与的企业也越来越多，不断促进市场规模的扩大。智能教育的市场规模可按照教育信息化市场规模和在线教育市场规模两个维度进行评估。根据中国互联网络信息中心（CNNIC）第44次发布的《中国互联网络发展状况统计报告》，截至2019年6月，我国在线教育的用户规模达2.32亿人，年龄在10~19岁的网民占比为16.9%。按照平均每人每年花费5 000元预估，面向中小学用户的在线教育市场规模约为1 960.4亿元。根据国家统计局、财政部发布的全国教育经费执行情况的公告，2018年国家财政性教育经费为36 990亿元，其中基础教育阶段投入达到28 042亿元，按不低于8%的比例列支教育信息化经费，基础教育阶段的教育信息化市场规模预计达2 243亿元。参考2018年基础教育阶段的教育信息化市场规模，结合2019年6月统计的中小学用户在线教育规模，2019年智能教育市场规模估计已超过4 000亿元。

7.1.3 入局企业持续增多，行业竞争日趋激烈

市场体量庞大且政策持续利好，使智能教育行业在近几年内涌入了大量资本，许多从事其他行业的企业也试图凭借原有优势进行跨界转型。随着入局企业的持续增多，传统B端和C端的市场界限逐渐模糊，“规模化赛道”愈发拥挤，行业竞争日趋激烈。就整个市场的竞争态势而言，可从行业投资情况、展会参展情况、上市企业情况三个维度进行分析。

行业投资数量和融资金额客观反映出行业竞争热度。以基础教育阶段为例。自2013年起，投资数量和融资金额基本保持稳定增长的态势，特别是在2015年至2018年间，每年参与投资的企业数量保持在400家左右，融资金额保持在220亿至440亿元之间。虽然2019年行业投资数量和融资金额双双有所下降，但从行业整体发展态势看，竞争依然激烈。

展会是行业发展的风向标，参展企业的数量是反映行业竞争热度的重要指标。从2013年以来中国教育装备展的统计数据看，参展企业数量逐年上升。2017年至2019年，参展企业数量呈现爆发式增长，并持续保持在

1 000家以上的较高水平，客观上反映出入局企业不断增长的态势。

行业内上市企业的数量往往是行业实力的象征，其收益情况能较好地反映出行业整体发展情况。根据北京师范大学发布的统计报告，截至2017年11月，在智能教育行业中，共有新三板上市企业181家、A股上市企业65家、港股上市企业8家、美股上市企业8家。就收益情况而言，报告表明美股上市公司的每股收益最高，A股次之，新三板、港股相对较弱，间接反映出行业盈利还存在继续上升的空间。

7.1.4 业务模式初步探索，行业痛点亟待解决

智能教育行业当前正处于快速发展的起步阶段，业务场景与应用都处在初步探索与逐渐形成期，仍存在一些亟待解决的行业痛点，具体表现在以下三个方面。

（1）多种诉求相互交织，“产”与“用”存在一定落差

2018年，教育部印发的《教育信息化2.0行动计划》提出了“三全两高一大”的目标，强调教学应用覆盖全体教师、学习应用覆盖全体适龄学生，迫切要求企业深刻理解新的教育理念，精准把握用户的诉求，促使智能技术与教育真正融合，进而为教育领域提供适合的产品和服务。

当前，随着国家财政投入额度及政策引导力度不断提升，教育信息化产品的研发投入与市场投入也日趋增多，但是产品的用户满意度仍有较大提升空间，产品与用户的需求之间还存在一定的差距（见表7–1）。造成上述问题的一个重要原因是产品落地的过程中，要面对教育管理部门、校长、教师、家长、学生这五类不同群体。不同群体的诉求复杂多样、相互交织，加上企业对用户需求的理解把握不到位，导致产品难以真正满足不同用户的期望。这种“产”与“用”不匹配的情况，是我国智能教育在实际应用中的痛点之一。

表7-1　不同群体针对教育类产品的核心诉求

群体	诉求
教育管理部门	• 执行政策规定，达到政策制定的目标 • 提升教育质量，促进教育公平
校长	• 执行政策规定，达到政策制定的目标 • 塑造学校品牌，打造学校特色 • 提升教学质量，助力升学招生
教师	• 利于职称评定，帮助专业发展 • 减轻教学负担 • 提升教学质量
家长	• 培养综合素质 • 提高考试成绩
学生	• 提高考试成绩 • 满足兴趣爱好

（2）积极摸索业务模式，盈利空间有待提升

行业内各个企业的业务模式基本可分为面向B端和C端两类。B端产品主要由学校或政府直接采购，其业务模式可进一步细分为四类：硬件收费、软件收费、内容收费、服务收费。硬件方面，由于标准化程度高，一般直接采用大范围销售的形式；软件方面，通常搭配硬件销售；内容方面，直接销售题库、课件、动画、视频等数字资源的模式已较为少见，通常采用内容与平台搭配销售的模式；服务方面，教师培训、人才培养、运维支撑等服务面向企业招标也已成为常态。但是教育业务有其特殊性，如何在定制化和标准化之间寻求平衡、形成覆盖全国的B端产品，仍有待进一步探索。C端产品的业务模式目前主要包括两种：一是通过大范围宣传吸引用户直接付费；二是B端免费使用，通过增值服务收费。总体来看，这些业务模式还处在探索阶段，企业盈利模式还有较大的提升空间。

（3）企业合力亟待加强，合作联盟正在酝酿

从事智能教育的企业持续增多，但是企业间大多各自为战，尚未形成合力，有影响力的企业联盟还未形成。究其原因，主要包括以下三点：其一，行业发展时间短，导致还未形成规模化的细分品类，推动制定技术标准的

企业数量不足；其二，技术还未大范围深入教育业务，主要是因为很多产品所要解决的问题与业务密切相关，加上产品特殊需求多，导致企业推动制定技术标准的动力不足；其三，不同地区的教育水平不一致，不同学校校长、教师的教学理念也有所差异，导致个性化需求不断涌现，标准化产品难以完全满足所有用户的需求。因此，通过企业联盟制定行业标准并实现大范围落地的可能性较小。与此同时，以企业、学校和科研机构为主的产学研联盟正在酝酿之中。目前已形成的“推进教育信息化应用名校联盟”等组织已具有一定的影响力。未来，有望通过建立更多维度的合作联盟，对智能教育相关热点问题共同探讨、协同创新，合力推动教育变革。

7.2 技术趋势：深度与广度齐头并进

智能教育行业的新技术蓬勃发展，呈现出深度与广度齐头并进的态势。一方面，基于脑科学的研究纵向延伸了认知智能技术的深度，从“类脑”到“真脑”，从提升学习者的“硬实力”到关注学习者的“软实力”，为教育质量的全面提升提供了新的引擎。另一方面，伴随着区块链、虚拟现实与增强现实等技术的迅速发展，基于5G网络的基础设施和边缘计算等新计算方法为教育应用提供了广阔的横向发展空间。

7.2.1 教育脑科学关注身心协同发展

心理学研究与微观教育学研究一直注重“教”与“学”行为的观察、演绎和推测。此类研究将“教”与“学”内在的心智活动假设为黑箱，通过将外部的活动条件、外在刺激与教育者、学习者的反应、主观报告及内省联系起来，推测心智活动的特点和规律。脑科学研究的新进展为“教”与“学”的研究提供了更翔实、更精确的神经基础，使全面了解教学、自我、意识和心智的神经机制成为可能。中国工程院院士韦钰指出，正确认识脑的发展规律，才能更好地“因脑施教”[①]。从“因材施教”到“因脑施教”，脑科学的发展将带来从教育评价方式到教育干预与提升的手段和方法的变革。

（1）身心健康综合评价

采用学业水平表现作为教育教学和选拔评判指标的传统方式，在一定程度上忽略了儿童和青少年的身心成长差异。随着认知神经科学的发展，教育行业中兴起了基于脑科学的儿童和青少年心理及学习能力的综合评价应用。

大脑发育水平是衡量心理发育和度量学习能力的重要指标。准确、客观地评测大脑发育水平，可以为度量大脑认知能力差异、测量情绪管理水平提供参考依据。而基于评测结果制订相应的优化训练方案，人类可实现大脑认知能力和情绪管理水平的提升，并可将其迁移至学业学习、人际交往、社会适应和日常生活中，缓解并改善常见的心理健康问题。

身心健康综合评价应用发展迅猛，日臻成熟。该评价方式主要是将传统的学业水平测试与心理学评估、脑电波、脑影像等脑认知生理特征相结合，并在此基础上提供综合评价方案。该方案不仅从学业水平表象进行评价，还从心理及生理特征角度进行科学解释，更加全面精准地刻画儿童和青少年的成长。例如，清华大学电子工程系马惠敏教授根据其团队研发的“基于图像认知的心理评测系统”转化开发了“AI心理图仪”[②]，用于心理健康监测和干预。

（2）学习困难干预矫正

由于学习困难成因的异质性和复杂性，学者们对此下定义的维度也有所不同。从教育角度来讲，学习困难分为广义和狭义两种[③]：广义的学习困难指正规教育环境中智力正常但由于各种原因（身体残疾除外）致使学生学业成就明显低于同龄正常水平的现象。狭义的学习困难由全美学习障碍联合会

① 小学好教师．韦钰院士：教育如何“因脑施教”？这3种能力对孩子的未来至关重要！[EB/OL]．[2019-06-20]．http://www.sohu.com/a/208365862_160848.

② 中国人工智能学会．2016年度第六届吴文俊人工智能科学技术奖评审结果公示．[EB/OL]．[2019-06-16]．http://www.wuwenjunkejijiang.cn/wj/news.aspx?pkid=10196&tid=13390.

③ 张海燕．近年来关于学习困难学生认知特征研究综述[J]．学理论，2013（14）：267-268.

（National Joint Committee on Learning Disabilities，NJCLD）于1994年提出。该联合会认为，学习困难作为一个普通的术语，是指因在听说读写、推理或数学能力获得方面失调而导致这些方面出现显著困难的一组症候群。我们日常生活中所讲的“学习困难”，一般是指因读写障碍、多动症及阿斯伯格综合征等症状所造成的学习能力低落、注意力不集中、肢体协调不佳，以致缺乏社交能力等问题的具体表现。

学习困难是当今学龄学生的常见问题，更是近年来国内外有关学者研究中的一个热点问题。教育行业中也涌现了一批基于此类研究而有针对性提高学生学习能力的机构和组织。医学临床药物治疗配合大量认知训练并加上辅助学习工具，成为干预学习困难的常见做法。例如，北京师范大学李小俚教授团队研发出了专注力生物反馈与训练设备①，通过前额叶脑电波提取注意力信号强度，以多媒体形式进行反馈训练，从而对儿童注意力缺陷等问题进行干预和矫正。

（3）大脑认知训练提升

哲学家狄慈根（Dietzgen）曾说过：“重复是学习之母。”有研究表明，重复学习与训练可改变脑结构及脑功能②。这表明学习过程中的重复与反复练习具有非常重要的意义。脑科学研究证实，重复的学习与训练的确可以改变大脑皮层厚度等结构形态，反映出大脑结构在经验影响下的可塑性。例如，一项长达四年的追踪研究发现③，接受音乐训练的儿童，其大脑感觉运动皮层和双侧枕叶皮层的部分脑区的灰质体积显著大于控制组儿童。除此之外，还有研究表明④，学习和训练还可以促使大脑活动模式发生变化，即大脑功能的可塑性改变。

---

① 孩子注意力不集中又好动怎么办？来看看专家怎么说.[EB/OL].[2020-01-08].http://m.sohu.com/a/223180799_319125.

② 周加仙，董奇．学习与脑可塑性的研究进展及其教育意义[J].心理科学，2008 (1): 152-155.

③ Schlaug G, Norton A, Overy K, et al. Effects of music training on the child's brain and cognitive development[J]. ANNALS-NEW YORK ACADEMY OF SCIENCES, 2005, 1060: 219.

④ 刘春雷，周仁来．工作记忆训练对认知功能和大脑神经系统的影响[J]. 心理科学进展，2012, 20(7): 1003-1011.

正所谓“玉不琢，不成器”。个体大脑独特的结构和功能成像反映了每一个体的“学习历程”，其学习内容和学习方式都会在脑部刻下烙印。因此，可以说个体的学习过程塑造了其自身的大脑结构。大脑发育的动态可塑性，体现了学习过程中反复练习的重要性。

由于人们对大脑发育规律的认识越来越充分，教育市场中面向儿童与青少年的大脑认知训练提升成为一片新的沃土。针对包含注意力、记忆力、视知觉空间能力、推理能力等不同维度的认知能力进行训练，可以激发大脑动态发育，进而影响学习行为。北京师范大学薛贵教授团队是儿童与青少年大脑学习能力测评和训练的专业团队，该实验团队运用脑科学、心理学和教育学的最新研究成果，打造出国际领先的儿童核心学习能力评测和训练系统①。同时，该团队就如何提升儿童与青少年大脑认知能力进行了大量研究并研发出相应的应用与课程体系，可有效提高学习能力，提升大脑认知功能发展水平。

7.2.2 区块链技术整合并共享教育资源

区块链（Blockchain）是借由密码学串接并保护内容的串连交易记录，它具有公平公开、弱中心化等特点。所有用户均可通过该技术实现自由访问以及信息的发送、接收，并完成认证交易。

区块链技术的应用可有效解决教育资源分布不均衡、共享效率低以及成本代价高等问题，进而实现教育资源的整合与质优价廉的共享。2016年10月，工信部发布的《中国区块链技术和应用发展白皮书》指出，区块链系统的透明化、数据不可篡改等特征，完全适用于学生征信管理、升学就业、学术、资质证明、产学合作等方面，对教育就业的健康发展具有重要的价值。

当前，教育行业内已初步形成围绕区块链技术应用于教育资源、教学社区、个体服务等三个层次的全新业态。

---

① 爱智游. 大脑测评[EB/OL]. [2019-06-20]. http://www.iquizoo.com/evaluation.

（1）优质资源开放共享

基于区块链技术的虚拟货币交易是目前最为前沿、也最具安全性的交易技术。将该技术应用于教育资源建设与管理，可实现教育资源的确权，从而打造由资源生产者、传播者、消费者组建而成的智能化教育资源交易平台，助力优质资源的开放共享。

基于这一平台，生产者产出的教育资源将自动作为一个区块获得确权，并以无法篡改、永久保存的形式在区块链网络中传播。传播者与消费者在教育资源的传播与消费过程中，可在该资源区块后追加传播与消费区块，并使其同样以无法篡改的特性存在于区块链网络中，从而保证教育资源从生产之初到消费之时均具备其唯一归属。这在确保了教育资源的所有权的同时，也加强了版权保护。所有权的确保可以使生产者在共享数据时更为开放，同时也将有效提升优质资源的生产效率。

伍尔夫大学是世界首家区块链大学[①]，该大学由牛津大学的学者创办。在伍尔夫大学，学者们生产课程与知识，学生们选择、购买课程与知识。整个过程由区块链确权，保证了学者所生产内容的知识产权得到充分保护，同时使学生的学习过程可以被记录、被追踪。Orvium[②]是一个开源的学术期刊出版及相关数据管理的框架。该框架由区块链技术支持，确保了学术出版等教育资源在数据管理上可追溯、可信赖。

（2）学习社区优化重塑

学习社区作为在线智能教育的主要入口，扮演着越来越重要的角色。其中，社区学员的贡献度和参与积极性关系着学习社区的活跃度，进而影响着学习过程的效率。区块链技术可为每一位社区学员建立电子合约档案。同时，学习社区使用区块链货币作为平台的激励机制，既能鼓励学员参与并做出贡献，又能够有效调动学员的积极性，提升学习社区的学习效率，最终实现学习社区的重塑，形成“自组织”的学习生态。

① Woolf. Woolf University 主页 . [EB/OL]. [2019-06-18]. https://woolf.university/.
② Orvium. Orvium 主页 . [EB/OL]. [2019-06-20]. https://orvium.io/.

马克思·温迪拉（Max Ventilla）在2013年创立了AltSchool，其使命是“让所有孩子充分发挥潜能”[①]。它被誉为美国理念最先进的小学，受到业界广泛关注。该校教育的主要特点就是个性化、智能化与数据化。后来国内有团队利用基于区块链的数字货币技术建立了可用于社区内消费的虚拟币，并基于此创建了类似于AltSchool的学习社区。学习者在社区发起项目可以拿到虚拟币，同时可通过采购课程和硬件进行虚拟币消费。这种数字货币的应用大大激发了学习者的学习热情。

（3）个体服务全面精准

区块链应用于教育中的个体，可实现分布式、跨平台的个人学习轨迹追踪，并对其进行存储记录。同时教育管理部门可允许第三方教育机构或学习组织在获得授权的情况下，对这些信息进行访问和调用。学习轨迹的记录可用于个性化学习，通过对全面采集后的数据进行分析可获得学习者的全方位“画像”，并据此挖掘出该学习者的学习习惯、学习偏好、学习优势、学习短板等特征，最后基于这些特征提供有针对性的推荐。学习轨迹的记录还可用于形成个体学信大数据[②]，从而助力教育领域信用体系的构建，在人员评估和选拔方面提供有价值的参考。

除此之外，在考场数据管理场景中应用区块链技术，可以降低数据被某个具体网络节点篡改的风险。学生日常行为数据也能够以区块链的方式存储到网络中，用于学生综合素质评价以及成长档案管理。区块链技术还能在网络慕课（MOOC，大规模开放在线课程）学习过程记录中，用于学分确认以及微学位证书等资质证明的颁发。

7.2.3 利用虚拟现实与增强现实丰富教育应用

前沿信息技术在教育领域的深入应用带来了教育形式的多样化。虚拟现实和增强现实是基于图像技术、在现实场景与数字场景之间重新构建感官体

---

① AltSchool. AltSchool主页 . [EB/OL]. [2019-06-16]. https://www.altschool.com/.
② 杨现民，李新，吴焕庆等．区块链技术在教育领域的应用模式与现实挑战[J]．现代远程教育研究，2017 (2): 36-47.

验的新方法和新手段。利用虚拟现实和增强现实技术辅助教学，可以重塑学习方式、回归教育本质，对丰富优化教学资源以及培育创新型、探索型、实践型人才都会产生积极的影响。近年来，此类教育应用层出不穷。

（1）资源建设生动有趣

沉浸感与强交互性是虚拟现实类技术的主要特点，这些特点使它们可以与教育资源的建设天然地融合，在为教育工作者带来生动的课堂教学形式的同时，也为学生带来了有趣的学习体验。2018年，教育部印发的《关于实施卓越教师培养计划2.0的意见》明确提出，充分利用虚拟现实、增强现实和混合现实等，建设开发一批交互性、情境化的教师教育课程资源。

在这样的背景下，基于VR/AR的教育资源建设如火如荼地开展起来，实现了从幼儿园到中小学、从大学教育到职业教育，横跨不同教育阶段的全面覆盖。与此同时，VR/AR在内容上的覆盖面也从科普教育到安全教育、从文化教育到军事教育，包罗万象、无所不至。

北京师范大学“VR/AR+教育”实验室长期从事虚拟现实和增强现实技术在教育应用方面的研究，他们曾研发出基于增强现实技术的教育类APP①、基于Kinect和Leap Motion体感识别技术的互动教育游戏，以及基于位置服务（Location Based Services，LBS）的信息导览系统等相关应用。讯飞幻境是一家VR/AR教育服务提供商，专注于VR/AR教育内容的研发，旨在通过VR/AR技术的辅助，为学校提供虚拟现实教育一体化方案，解决传统教育中学习环境枯燥乏味、知识扁平化等问题。例如，该公司研发的“火灾逃生VR体验系统”通过头戴式显示设备，使体验者如同进入一个真实的火灾现场，并经过系统的引导自行作出逃生判断，掌握逃生技巧。

（2）人才培养创新多样

2018年，国家发改委联合18个部门发布了《关于发展数字经济稳定并扩大就业的指导意见》，提出要积极采用虚拟现实与增强现实、人机互动等

① 北京师范大学．“VR/AR+教育”实验室简介．[EB/OL]．[2019-06-30]．https://ar.bnu.edu.cn/sysjj/index.html.

数字化教学培训手段来培训创新型人才。在教育教学中，VR/AR教学和多媒体教学的定位一样，可以起到辅助教学的作用，帮助学生达成教学目标。学生可以在安全受控的沉浸式环境中学习和实践一系列的理论知识，从而提高学习积极性和知识留存率，同时教师也可以丰富实操经验。目前，在教育市场中不仅能够看到VR/AR技术的相关人才培养，也出现了利用VR/AR技术进行内部培训以及特殊岗位实操培训的应用场景。

VR/AR技术目前已经渗透至各行各业的实际应用中。上海交通大学与索尼（中国）有限公司于2017年启动了优秀虚拟现实技术性人才联合培养项目，共同打造适应中国市场的VR/AR人才培养体系。加拿大Serios Labs公司利用VR/AR技术进行重型机械设备操作训练，为建筑行业、采矿行业和工厂特殊岗位提供人员培训，在保证效率的前提下大大提高了训练的安全性。美国斯坦福大学医学院和印第安纳州立大学—普渡大学哥伦布模拟中心应用SimX工具，提供在视觉上比人体模型更加逼真的培训内容，在特殊的医疗教学培训中助力医学专业学生和医学护理人员的技能提升。

7.2.4 5G网络提升教育应用体验

与4G网络相比，5G网络以其高速度、低延时等特点，成为“万物互联”时代的基础设施。2019年6月6日，工信部正式向中国电信、中国移动、中国联通、中国广电发放5G商用牌照，标志着我国正式进入了5G商用时代。在一些领域，5G技术已经率先展开应用。2019年全国“两会”期间，中央广播电视总台利用5G技术从多地回传4K高清节目内容以制作集锦。同年6月，四川省人民医院利用5G技术进行实时远程会诊，为四川长宁地震灾区医院提供了及时、高质量的医疗援助①。教育领域也不例外，涌现出了一批在义务教育领域助力个体学习体验提升、课堂互动效果升级以及校园数字学习环境扩容的新尝试。

① 央广网．四川省人民医院启用5G城市灾难医学救援系统．[EB/OL]．[2019-06-16]．https://baijiahao.baidu.com/s?id=1636768477458018848&wfr=spider&for=pc.

（1）个体学习体验提升

在学生可获得的学习空间中，5G技术的应用将极大地加快学生接入空间的速度，增加学生从空间中可获得资源的数量，提升学生与空间中应用的交互频次。在基于传统技术构建的学习空间中，其应用组织和个体学习方式难以适应学生思维的高密度生成，从而导致了一定的思维流畅性问题。5G环境下，连接速度、资源数目以及应用复杂性的提升，将使学生的思维密度显著增加。5G技术将对学习应用和学习方式的协调发挥积极作用。

华东师范大学郁晓华教授等提出的“云卡片”（Cloud Card）个人学习空间云架构[①]，也正是要解决上述问题。随着5G技术的加持，学习空间中的学习应用可以实现互联互通、相互耦合，使个体学习者实现学习应用的无感知切换，从而保障思维的流畅性并有效提升学习体验。

（2）课堂互动效果升级

5G技术不仅能够提升个体学习者的学习体验，同时也可以实现课堂互动效果的优化升级。这主要体现在课堂内外的延展上：课堂对内的延展指的是课堂互动方式的全息化，而课堂对外的延展则是指超远距离的课堂教学互动。

在课堂对内的延展上，5G技术与VR/AR技术的相互结合，为课堂带来了沉浸式的体验。教学过程中，通过VR/AR技术进行虚拟交互及仿真教学，可以使学习者产生沉浸感，为课堂的深度学习奠定技术基础。同时，5G技术的到来使得原本需要存储在本地才可以迅速加载的资源，实现了云端存储及快速读取，并由此催生了一大批VR/AR技术厂商产品和业务模式的变革。

在课堂对外的延展上，“双师教学”模式能够在5G技术的支撑下，进一步提升师生的获得感。一方面，异地课堂中的学生能够获得更为稳定的高清视频图像，从而实时跟进教师的思路和讲解；另一方面，授课教师能够以极低的延时获知异地课堂中学生的反馈，更为全面地照顾到两个或多个课堂中

① 郁晓华，张莹渊，黄沁，祝智庭.基于Cloud Card的个人学习空间云架构[J].中国电化教育，2016 (7): 11-21.

学生的感受，从而提升课堂互动的效果。华中师范大学第一附属中学校长周鹏程认为，应通过全息远程技术和5G技术，推进网络条件下的精准扶智，以名师名校网络课堂等方式，开展联校网教以及数字学校的建设与应用，实现“互联网+”条件下的公平而有质量的教育①。

（3）校园数字学习环境扩容

数字化学习环境的构建是教育信息化中非常重要的一个方面，包括数字化资源的建设、数字化学习设备的普及、数据化过程的记录、智能化评价的应用等内容。5G技术所覆盖的信号频段更高、波长更短，更容易被屏蔽，因此需要采用更多高密度、低功耗的设备。这一方面增加了物联网网络设备的数量，另一方面也扩充了网络中的信息容量。

在校园数字化学习环境中，随着物联网网络设备数量的增加，系统对学习者学习过程的感知将变得更加精细、具体、实时。传统的通过数字化设备采集数据的方式，将转变为基于多维度、多模态传感器设备的数据精准采集，例如通过手环、手表等各种可穿戴设备实现数据获取。除此之外，越来越多的物品都具备了数字化属性，可以接入物联网进行环境的感知和数据的采集。物联网设备的增加，大大提升了数字化学习环境的密度，为未来进行学生个体的精细“画像”奠定了基础。

教育资源的数字化建设，是指利用数字教育资源为学习者提供数字学习环境②。实现数字化教育，其关键是建设数字教育资源库并有效应用。当前，数字教育资源由于受到带宽和下载速度的限制，资源清晰度相对较低，播放时常常出现卡顿和延迟。5G技术带来的高速下载和低延时将极大地促进数字教育资源服务质量的提升，使校园数字化学习环境中的资源从数量到质量都迈上新的台阶。

① 王丽．教育拥抱5G时代：“5G+智能教育”行业应用在我校首次发布．[EB/OL]．[2019-06-12]．http://www.hzsdyfz.com.cn/Item/20575.aspx.

② 李传之．基于5G的高校教育资源库建设与应用研究[J]．中国电子教育，2018 (4): 16-21.

7.2.5 边缘计算开启“智能＋教育”新视界

云计算和边缘计算都是近几年来为了解决数据的计算问题而兴起的数据计算方式。与云计算需要将数据通过网络传送至云端进行处理和响应的方式不同，边缘计算允许由本地设备实现数据处理中的多种控制，而无须通过云端。这极大地提高了数据的处理效率，减轻了云端的运算负荷，可以为用户提供更快的响应。面向智慧课堂中课堂大数据综合评价的边缘计算，以及面向个人终端学习的个性化反馈的边缘计算，是边缘计算在教育领域的两个极具潜力的应用方向。

（1）课堂学习的综合评价

智慧课堂的本质是利用信息化技术手段构建智能化课堂教学环境，提高教与学的质量和效率。将边缘计算引入智慧课堂，不仅可将数据库和应用系统部署在边缘服务器，而且能将基于课堂大数据的综合评价等信息计算通过课堂级别的边缘服务器完成。一方面，从边缘服务器中获取资源减少了云端的负载，提升了资源加载速度；另一方面，基于课堂大数据的课程评价、教师评价、学生评价的过程也更为迅速和及时。

（2）终端学习的个性化反馈

智能时代为课堂带来了大量数字化、智能化设备，极大地扩展了学生获取资源的途径，促进了学习方式的变革。慕课、翻转课堂等学习方式正是在这样的背景下产生并发展的。随着技术的不断发展，“因材施教”的理念不断催生出个性化教学的新需求。

个性化教学中的一个重要方面是根据学生个体的学习情况进行针对性、及时性的反馈。利用边缘计算等智能技术，可将数据的评估等服务部署在靠近个人终端的地方，从而以最快的速度为学生提供反馈。除此之外，由于个性化引擎采用边缘计算的形式进行部署，通过与邻近该边缘的教师进行结合，可生成该个性化引擎的不同版本，以适应不同区域学生的不同需求，真正实现个性化引擎的“个性化”。

7.3 产业趋势：融合与创新加速发展

7.3.1 资源服务更加注重均衡共享

教育资源在偏远地区的共享将有效促进教育公平的实现。当前，国内各地区教育资源分布严重不均，偏远地区教育资源匮乏，教学水平无法与城市相媲美。但随着信息终端设备、互联网、人工智能应用的普及，这一现象将有望得到改善。未来，不同区域、学校之间教育资源隔离的壁垒将被打破，录播教室、直播课堂以及更成熟的双师课堂等教学模式将在偏远地区迅速发展，实现便捷的跨区域教学资源共享和师资成本的有效降低，进而推动教育公平的发展。

教育资源将同时在供给和需求两端进一步整合共享。在供给端，产业各方正在通过生态战略合作的方式实现内容资源的共享。不少企业在通过自身的专业团队生产精品教学资源的同时，也在和各大内容资源提供商开展战略合作，以进一步提高资源的丰富度和适用性。在需求端，教育部门、学校也将通过资源平台的互联互通实现资源共享。教育资源的开放共享将逐步实现课件的开放、视频资源的开放以及大规模在线课程的开放，这会使各级教育资源平台和服务体系实现对接，从而形成一体化的资源生态系统。未来，教育资源的共享将会打破时间和空间壁垒，使人们能够随时随地获取内容资源。除了专业的教育内容资源生产商，未来每一所学校、每一个学习者都将兼具教学资源的建设者和使用者的双重身份，通过共建共享形式使教学资源得以合理分配。

7.3.2 终端产品走向多元融合创新

智能教育相关终端设备将日趋多元，并实现融合创新。智能校园将通过物联网技术和日新月异的终端设备实现高效管理。例如，通过智能手环、一卡通实现考勤定位；通过高清视频监控、门禁报警设备实现全天候监控管理，营造平安和谐的校园环境。此外，智能手机、电子白板，甚至3D打印机、无人机、机器人等各种新形态的终端设备将会越来越多地走进课堂，成为教学常规用具。在未来的教室环境中，实时交互、视频教学、虚拟现实环境等智能化元素将无处不在。课程内容将更加清晰可感，并能从不同角度展示事物变化过程。终端间的快速连接将推动教学组织方式更加灵活，三维立体的环境将营造出更加生动的教育空间，使学习者与现实环境呈现出全方位交互状态，真正实现“沉浸式学习”。同时，多元化的终端还将呈现融合创新的趋势，新型的多功能一体化智能教师终端、学生终端将相继面世，为全场景智能教育解决方案奠定基础。

绿色健康和功能性成为相关终端产品的重要研发标准。终端产品除了追求更好的教学效果外，也将更加重视学习者的使用体验和健康问题。2018年8月，教育部、国家卫生健康委员会、国家体育总局等部门联合印发了《综合防控儿童青少年近视实施方案》，对加强新时代儿童和青少年近视防控工作作出部署。随着国家为中小学生制定的护眼政策逐步实施，让孩子们能够在保证健康的前提下使用电子产品逐渐成为终端产品的研发宗旨。以可书写的智能墨水屏、点阵数码笔等为代表的新型教学交互终端正在迅速发展，以适应各种场景下的数据采集、交互呈现等应用需求。

7.3.3 人机协同成为必然选择

未来人机协同将成为同时满足教学效果和效率要求的必然选择。当前，我国的课堂教学大多仍然以教师为主导。随着智能教育解决方案的逐步推广应用，未来我国大部分一二线城市的学校课堂教学模式将由教师主导逐步转变为人机协同共教，从而实现二者的优势互补。在智能技术的协助下，教师的功能将发生重大变化：机械重复的工作，如客观题批改、成绩整理等，将大多由机器完成；需要借助数据挖掘分析等技术完成的教学活动，如学情分析评价、主观题批阅等，将由教师和机器共同开展；而复杂的、主观性强的教学工作，则继续由教师主导完成。人工智能将作为教师的智能助手为他们减负，使其从烦琐的重复性工作中解放出来。未来的人机协同教学，既能对班级学生进行规模化的管理，又能通过提供智能学伴等技术手段，实现适应个体发展的个性化教学。

然而人类永远不会被智能机器所取代。在可预见的未来，智能技术依旧只能用于辅助教师、学生和教育管理者提高教学效率、增强工作效果，但永远无法替代其自身的作用。这是因为教育工作是高度人性化的职业，教育管理者、教师与学生之间的人性化沟通、深度的“传道、授业、解惑”以及育人功能都是机器无法替代的。人和机器将形成相互赋能的交互模式：人掌握着主动控制权，为增强机器智能提供经验和智慧；机器将辅助人完成部分重复性工作，提升人的工作能力与工作效率，赋予人更多的时间和精力进行更为复杂的创造性活动。

7.3.4 平台建设呈现分层开放特征

海量的教育大数据是智能教育的关键支撑。教育大数据平台将通过分层建设实现开放互通。当前，智能教育市场上大量云平台群雄逐鹿、各自为战。由于缺乏统一的数据平台，各方进行数据采集时遵循的维度和数据整合时使用的标签体系都存在着明显差异，导致各种学习数据长期处于孤岛状态，难以展开大规模应用。未来，在教育部门的监管和用户需求的引导下，智能教育行业有望在数据集成方面建立行业标准，统一数据格式与数据规范，打破多平台数据孤岛，从而使不同学习个体、不同教学机构之间的数据可以融合互通，实现教育大数据的效用最大化。

由于各个区域的教育资源与教学情况各不相同，实现全国智能教育平台统建统管的难度过大，并不可行。因此，未来的教育大数据平台、中小学学习平台的部署将呈现分层化特征，逐步从以地级市为中心的平台对接到更大规模的教育大数据平台、中小学学习平台。同时，由于各地数据平台往往是由不同的智能教育企业承建的，各类平台之间实现开放互通将成为平台系统化建设的必然要求。

7.3.5 应用融合促进泛在智能

智能教育企业将从提供特定应用走向提供融合解决方案。近年来，智能教育应用层出不穷，已经基本覆盖了课前课中课后、线上线下、学校家庭等教育教学的各个流程、环节和场景，包括智慧课堂、个性化学习手册（错题本）、智能阅卷、双师课堂、拍照搜题、口语评测、背单词、作文批改、教育机器人等典型应用。当前的智能教育应用以特定场景的应用、特定功能的产品或服务居多，各种应用之间常常处于孤立状态。智能教育产业未来的一大发展趋势，便是这些特定场景或特定功能的应用将逐步转向融合式发展，越来越多的应用将通过整合形成融合式的全场景智能教育解决方案。例如，区域智能教育综合解决方案、智能校园综合解决方案、未来学校综合解决方案、教育均衡解决方案、学校智慧教学解决方案、新高考综合解决方案，等等。各种教育场景产生的数据孤岛将被连通、融合，众多教育应用获取的小数据将聚合成教育大数据，某一特定场景中的数据将被有效应用到其他场景并产生更多的教学价值。因此，未来智能教育产业将会面临新一轮大洗牌，一些优秀的应用提供商可以通过主动转型升级，成为整体的智能教育解决方案提供商，也可能被并购、融入某个大型教育平台中，成为融合解决方案的一部分。同时，那些非刚需的单一性教育应用将面临被淘汰的命运。

全场景的智能教育应用融合将促进泛在的智能化学习。未来各种场景下智能教育应用的有机融合，必将带来学习的泛在化。智能教育环境下的学习空间将不再是孤立的，学校、家庭、社区等各种场所将通过数据网络相互连接并形成一个完整的教育生态环境，所有的学习场景数据将融合为一体。学习将发生在任何有学习需求的地方，而不仅仅固定在教室和学校。智能教育环境下的学习将不再以教师为中心，而是利用大数据、区块链、5G网络等新兴技术，实现在学校、家庭、社区等不同场景中，学生、教师、家长及管理者等多个角色之间无障碍的实时沟通并随时解决教学问题，从而构建出泛在化、全场景的学习空间。

未来，学习资源、学习服务、学习伙伴将无处不在，整个社会的信息资源都将被纳入泛在学习资源库中，并利用信息网络实现学习资源的快速传播共享。泛在的智能化学习方式将呈现以下三种特征：一是各级各区域的教育服务平台之间将基于统一的技术标准进行数据共享；二是各种形态的终端设备都能便捷地连接到教育服务平台并提供所需的服务；三是多个学习终端之间可以随意切换，且数据能够自动同步。海量的学习资源、先进的网络技术与普及的智能终端相互融合，将真正实现泛在的智能化学习。

7.3.6 创新教育规范升级

创新教育企业将进一步规范化。当前，学校逐渐由分科教学转向综合课程改革，创新教育日渐成为学校课程的发展趋势。但是目前创新教育仍处于起步阶段，主要由企业主导，还存在说明书式的课程教材、碎片式的课程体系等问题。创新教育企业多以学校市场为主，提供的产品和服务各有特色，但缺乏统一的标准。预计不久的将来，国家将会出台相关指导政策，进一步规范创新教育，这将促使市场进行新一轮洗牌，有助于促进市场的快速成熟和创新教育的进一步普及。相关企业将会更加关注教研能力的提升，以形成“机器人硬件+培训”一体化的解决方案模式。在线编程教育企业将迎来巨大的发展机遇，面对个人的创客教育培训市场也将日臻成熟。

人工智能创新教育将成为智能时代创新教育的新形态。近几年，在国家政策的推动下，创新教育呈现出百家争鸣的态势，形成了机器人教育、编程教育、创客教育、STEAM教育四种主要落地模式。其中，机器人教育侧重机器人构造、传感器等知识的讲授；编程教育强调Scratch、Python等编程语言的教学；创客教育是创客文化与教育的结合，将“造物”作为教学的重要目标；STEAM教育则关注跨学科知识的融合。这四种落地模式既相互交叉，又有所区别。它们均强调项目式教学和创新能力的培养，但也都面临着知识体系不健全、学科化程度不足的窘境。在人工智能成为国家战略的背景下，人工智能技术有望连通传统信息技术教育和创新教育。这将使人工智能创新教育实现体系化与学科化，同时保留项目式教学的特色方法，并融入相关的跨学科知识。因此，人工智能创新教育将成为智能时代创新教育的升级发展方向。

万物编程的理念将贯穿人工智能创新教育。人工智能创新教育以人工智能技术知识为课程核心，以编程为项目实践基础，并由此打破机器人教育、编程教育与创客教育之间的界限。从教具来看，智能化是趋势，传统的机器人、开源硬件等都将集成人工智能能力，编程支持能力将成为教具必不可少的功能。从课程内容来看，体系化和学科化是趋势，说明书式的课程教材将难以满足未来创新教学需要。从教学空间来看，教学空间的动态化是趋势，通过“人工智能+物联网”技术实现万物之间互联互动，真正使教学空间变成交互式的物联系统，同时通过传感器和开源硬件联通真实世界和数字世界，使所有的功能均由学生动手编程实现。

附录1

中国智能教育人才培养与科学研究概况统计

近年来，国家相继出台一系列政策文件支持智能教育的发展，中国智能教育步入新阶段。为掌握国内智能教育发展基本情况，更好地提出促进新时代教育信息化发展的对策与建议，我们从人才培养与科学研究两个角度对2015年至2019年智能教育领域的发展现状进行了统计分析，具体包括普通高校智能技术相关本科专业建设情况、智能教育课题立项情况、智能教育论文发表情况和智能技术国家科研创新载体建设情况四个方面。

一、普通高校智能技术相关本科专业建设情况

我国普通高校开设的智能技术相关本科专业类型较为丰富，名称也通常包含“人工智能”“智能”“大数据”“物联网”“机器人”“无人驾驶”等关键词。本研究利用上述关键词，依据教育部1999年发布的《高等学校本科专业设置规定》和2012年发布的《普通高等学校本科专业设置管理规定》，对教育部1999年至2005年《年度经教育部备案或批准设置的高等学校本科专业名单》、2006年至2011年《年度经教育部备案或审批同意设置的高等学校本科专业名单》以及2012年至2018年《年度普通高等学校本科专业备案或审批结果》中公布的我国普通高等学校本科专业开设结果进行检索，获取我国智能技术相关本科专业信息数据，最终筛选出1 627条数据（研究仅统计高校开设专业名称中含有上述关键词的本科专业）。本研究的数据源来自全国31个省（自治区、直辖市）高校信息，中国香港、中国澳门和中国台湾等地区数据暂未统计，下文不再单独说明。

1. 智能技术相关本科专业在全国普遍开设，但具有区域差异性

对收集到的1 627条数据进行分析，可以看出：截至2019年，全国共计807所普通高校开设了智能技术相关本科专业，占教育部发布的《2019年度全国普通高等学校名单》中1 265所普通本科高校的63.79%。数据表明，各省开设智能技术相关本科专业的高校占比整体分布均匀，反映了我国各地对

智能技术人才的需求具有普遍性；但由于各地在政策与项目方面对大数据及人工智能发展的支持力度不同，又引发了本科高校开设智能技术本科专业占比的区域差异性。例如，内蒙古自治区在2016年11月启动了全国首个“大数据基础设施统筹发展类综合试验区”，随后落地了一系列支撑项目，促进了区域对智能技术人才培养的需求，因此该自治区开设智能技术本科专业的高校占比达到82.35%。全国各地具体情况如表a1-1-1所示。

表a1-1-1　开设智能技术相关本科专业高校区域分布

序号	区域	区域内开设智能技术相关本科专业高校数	区域内本科高校总数	占比（%）	序号	区域	区域内开设智能技术相关本科专业高校数	区域内本科高校总数	占比（%）
1	河南省	47	57	82.46	17	黑龙江省	24	39	61.54
2	内蒙古自治区	14	17	82.35	18	山东省	46	76	60.53
3	重庆市	21	26	80.77	19	四川省	31	52	59.62
4	江苏省	58	77	75.32	20	广东省	39	67	58.21
5	安徽省	34	46	73.91	21	广西壮族自治区	22	38	57.89
6	吉林省	27	37	72.97	22	湖南省	29	51	56.86
7	陕西省	41	57	71.93	23	上海市	22	39	56.41
8	福建省	28	39	71.79	24	北京市	38	68	55.88
9	甘肃省	15	22	68.18	25	辽宁省	33	61	54.10
10	湖北省	46	68	67.65	26	浙江省	31	59	52.54
11	河北省	39	58	67.24	27	天津市	15	30	50.00
12	山西省	22	33	66.67	28	宁夏回族自治区	3	8	37.50
13	云南省	22	33	66.67	29	新疆维吾尔自治区	6	18	33.33
14	江西省	29	44	65.91	30	青海省	1	4	25.00
15	贵州省	19	29	65.52	31	西藏自治区	0	4	0.00
16	海南省	5	8	62.50	总计		807	1 265	63.79

2. 智能技术相关本科专业受到各类高校的普遍重视

按“双一流”高校建设层次和2017年12月教育部公布的《“双一流”建设高校名单》，目前国内本科高校一般可以分为世界一流大学建设高校A类、世界一流大学建设高校B类、世界一流学科建设高校、其他普通本科高校等四类。数据表明，四类本科高校中均有较高比例的学校开设了智能技术相关本科专业，开设比例整体上呈均衡分布状态，差异不大。具体来说，财政预算较高、教学资源强大的“双一流”建设高校开设比例较高，占比为72.26%。其中36所“世界一流大学建设高校A类”高校中有32所开设了智能技术相关本科专业，占比88.89%；6所“世界一流大学建设高校B类”高校中有5所开设，占比83.33%；95所“世界一流学科建设高校”中有62所高校开设，占比65.26%。在1 128所财政预算相对较低、教学资源相对薄弱的“其他普通本科高校”中，有708所高校开设了智能技术相关本科专业，占比62.77%。这表明，智能技术相关人才的培养得到了我国各类本科高校的普遍重视，其培养规模正迅速扩大，同时也反映出人工智能作为新兴产业，其市场规模越来越大，对于不同层次的人才都有大量的社会需求。开设智能技术相关本科专业高校的类比分布具体如图a1-1-1所示。

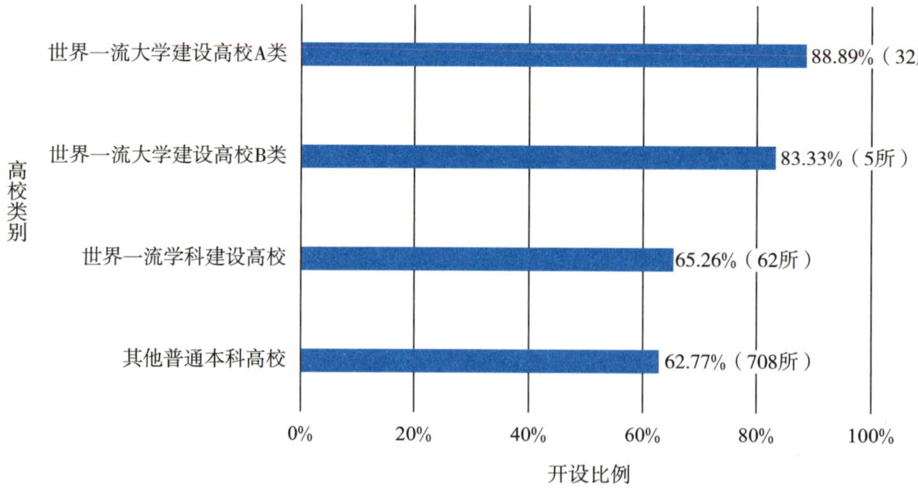

图a1-1-1　开设智能技术相关本科专业高校类比分布图

3. 高校智能技术相关本科专业的开设注重学科交叉融合

《2019年度全国普通高等学校名单》中的本科高校按照专业类型可分为综合类、理工类、师范类、财经类、政法类、语言类、医药类、农林类、民族类、艺术类、体育类等。数据表明，开设智能技术相关本科专业的高校在不同类型本科院校中占比分布不均衡。其中，全国338所理工类本科高校中有275所开设，占比81.36%；而财经类、综合类、师范类等非理工类本科高校同样开设比例较高，其原因是我国金融、教育等行业智能化发展速度较快，对人工智能专业人才的需求日渐多元化，对高层次人才的培养也越来越注重学科的交叉融合。开设智能技术相关专业的807所本科高校在相同类型全国本科高校中的占比情况具体如图a1–1–2所示。

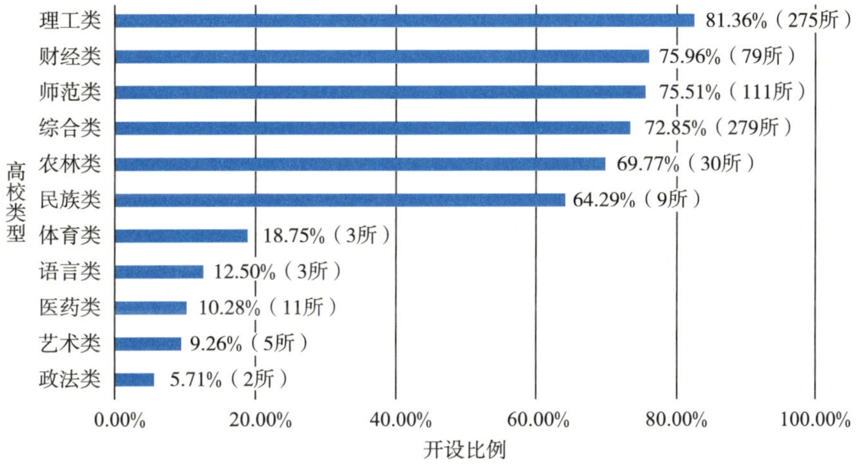

图a1–1–2　开设智能技术相关本科专业高校类型分布及占比

截至2019年，全国共开设物联网工程、数据科学与大数据技术、机器人工程等多种智能技术相关本科专业，合计1 627个。数据表明，目前我国本科高校“人工智能+X”复合专业开设数量远远大于35个“人工智能”专业的数量，这反映出我国本科高校重视与各领域深度融合的智能技术相关专业人才培养，同时也表明人工智能与各学科的交叉融合已成为当前发展趋势，人工智能应用范围将更加广泛。各专业数目分布情况如图a1–1–3所示。

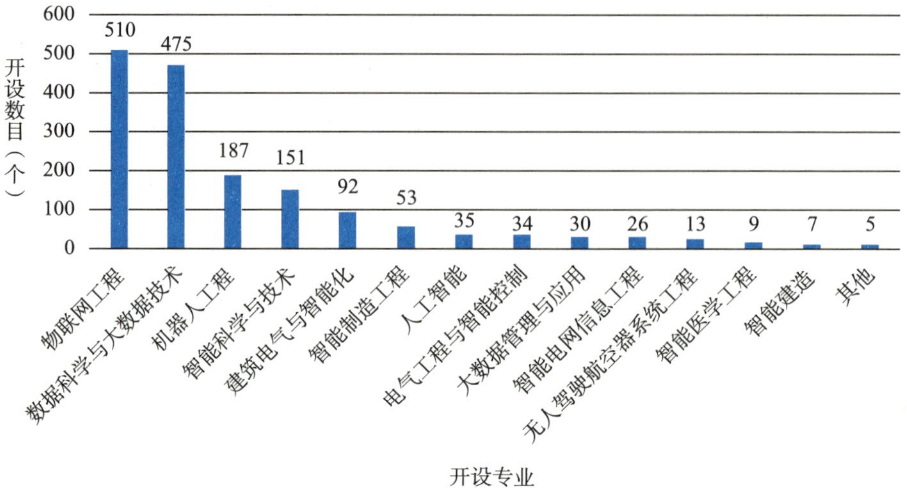

*说明：“其他”包括电机电器智能化（2个）、海洋机器人（1个）、智能车辆工程（1个）、智能体育工程（1个）。

图a1-1-3　智能技术相关本科专业种类分布图

二、智能教育课题立项情况

本研究从国家自然科学基金课题和全国教育科学“十三五”规划课题中筛选出智能教育课题作为进一步分析的依据，其中国家自然科学基金课题选择了2018年信息科学部新增的“教育信息科学与技术”（申请代码“F0701”）门类下的全部课题作为唯一数据源；全国教育科学“十三五”规划课题选择了“C.教育信息技术”门类下的全部课题，以及其他教育学科门类下与“教育信息化”“教育大数据”“智慧学习环境”“智能教育”等相关的课题作为数据源。最终收集到398条课题数据信息。

1. 智能教育课题立项数量和资助规格显著提升

国家自然科学基金课题“F0701”门类下立项的智能教育课题，2018年共有59项，包括38项面上项目、17项青年科学基金项目和4项地区科学基金项目；2019年共有82项，包括1项重点项目、45项面上项目、26项青年科学基金项目和10项地区科学基金项目。数据表明，2019年不仅在面上项目、青年科学基金项目、地区科学基金项目方面，立项数有了显著增加（增幅分别达到18.42%、52.94%和150%），还首次实现了在重点项目方面的突破。具体如图a1-2-1所示。

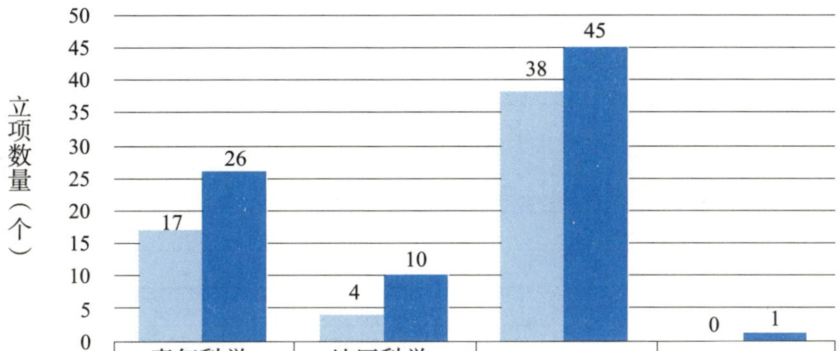

	青年科学基金项目	地区科学基金项目	面上项目	重点项目
2018年	17	4	38	0
2019年	26	10	45	1

课题类别

图a1-2-1　国家自然科学基金课题中智能教育课题立项情况

全国教育科学“十三五”规划课题中立项的智能教育课题，2015年有35项，2016年有50项，2017年有53项，2018年有58项，2019年有61项。此外，在规格较高的国家重点和国家一般项目上，2015年有11项，2016年有16项，2017年有21项，2018年有23项，2019年有29项。数据表明，近5年智能教育课题在立项总数以及国家级项目上均有显著增加，具体如图a1-2-2所示。

本研究对全国教育科学“十三五”规划课题中教育信息技术门类和其他学科门类下的智能教育课题项目数量分别进行统计得出，教育信息技术门类在2015年有21项，2016年有33项，2017年有34项，2018年有31项，2019年有33项。其他学科门类在2015年有14项，2016年有17项，2017年有19项，2018年有27项，2019年有28项。数据表明，教育信息技术门类下的智能教育课题立项数渐趋稳定，其他学科门类下的立项数持续增加，这反映出智能教育相关课题的研究也引起了教育信息技术领域外其他学者的广泛关注。具体立项情况如图a1-2-3所示。

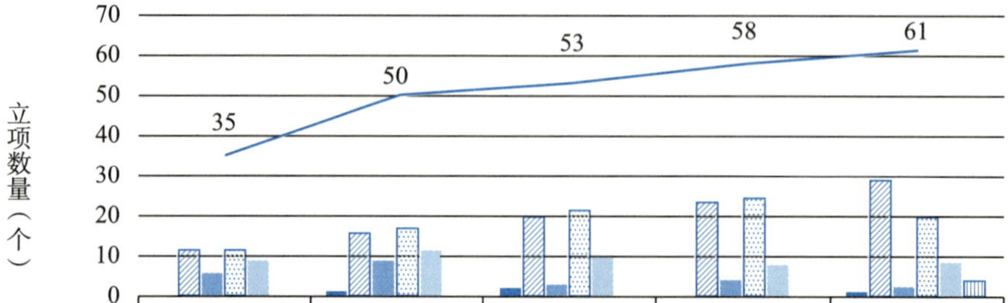

	2015年	2016年	2017年	2018年	2019年
国家重点	0	1	2	0	1
国家一般	11	15	19	23	28
国家青年	5	8	2	4	2
教育部重点	11	16	21	24	19
教育部青年	8	10	9	7	8
西部项目	0	0	0	0	3
总数	35	50	53	58	61

立项时间

图a1-2-2　全国教育科学“十三五”规划课题中智能教育课题立项情况

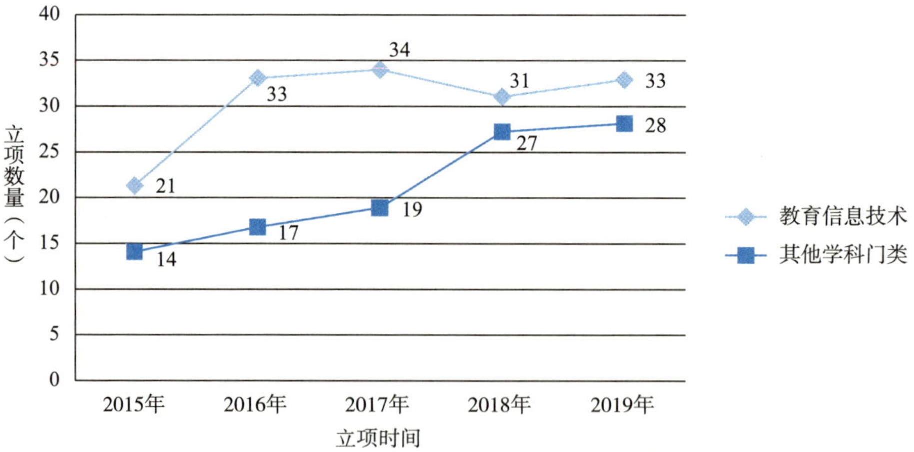

图a1-2-3　全国教育科学“十三五”规划课题中教育信息技术门类和其他门类中智能教育课题立项情况

2. 智能教育课题研究主要集中在各大师范类高校

本研究将收集到的国家自然科学基金课题和全国教育科学“十三五”规划课题中的智能教育课题进行汇总后，通过对课题立项单位进行统计分析发现，目前智能教育课题研究主要集中在各大师范类高校，具体如图a1–2–4所示。

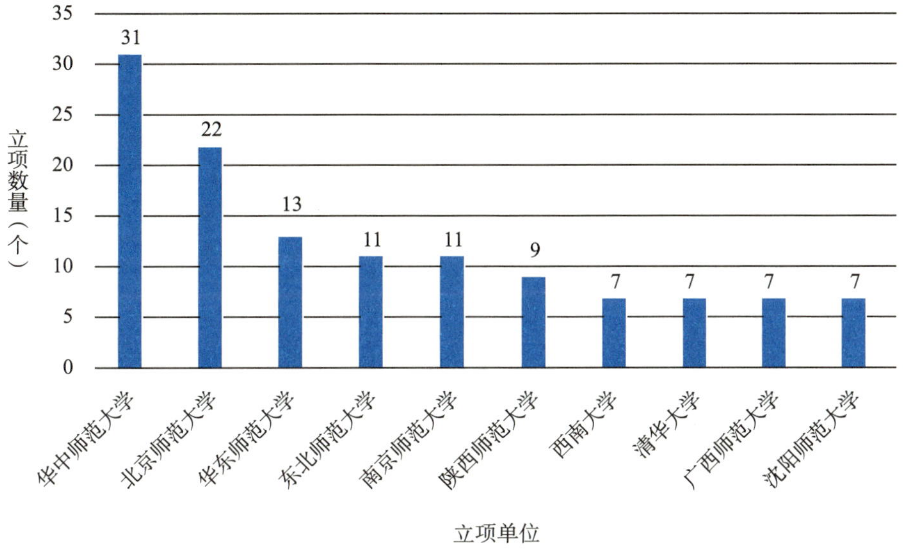

图a1-2-4　智能教育课题立项单位前十位分布图

智能教育属于教育研究领域，因此教育优势学科高校如华中师范大学、北京师范大学、华东师范大学等成果丰硕。智能教育研究同时需要掌握人工智能等信息科学技术，清华大学在人工智能领域占据优势，所以名列前茅。智能教育课题将教育学与信息科学、神经科学、认知科学等领域交叉融合，华中师范大学在教育信息科学交叉领域有较强储备，该校已有国家数字化学习工程技术研究中心、教育大数据应用技术国家工程实验室等重点研究机构，这些都为华中师范大学在智能教育相关课题研究中处于领先地位打下了坚实的基础。

3. 智能技术支持下的学习和教育方式成为智能教育类课题的研究焦点

通过对所有智能教育立项课题的关键词进行提取分析，经合并意义相同的关键词、删除无效关键词，以高频词累计频次达到总频次40%左右的标准选择关键词，最终选择了77个关键词，具体如表a1-2-1所示。

表a1-2-1 国内智能教育研究高频关键词表

序号	关键词	出现频次	累计百分比（%）	序号	关键词	出现频次	累计百分比（%）
1	大数据	40	5.11	25	信息化	4	31.80
2	互联网+	30	8.94	26	个性化推荐	4	32.31
3	人工智能	15	10.86	27	自适应学习	3	32.69
4	深度学习	14	12.64	28	高阶思维发展	3	33.08
5	教育信息化	13	14.30	29	精准教学	3	33.46
6	个性化学习	13	15.96	30	互联网	3	33.84
7	在线学习	13	17.62	31	在线协作学习	3	34.23
8	MOOC	10	18.90	32	教育机器人	3	34.61
9	学习分析	9	20.05	33	知识图谱	3	34.99
10	STEM	9	21.20	34	学习资源	3	35.38
11	多模态	8	22.22	35	智能教育	3	35.76
12	STEAM	8	23.24	36	翻转课堂	3	36.14
13	信息技术	7	24.14	37	AR	3	36.53
14	跨学科	6	24.90	38	智慧学习空间	2	36.78
15	核心素养	6	25.67	39	知识共享	2	37.04
16	智慧学习环境	6	26.44	40	数字化阅读	2	37.29
17	VR	6	27.20	41	智能教学系统	2	37.55
18	智慧教育	5	27.84	42	学习风格	2	37.80
19	网络学习空间	5	28.48	43	适应性学习	2	38.06
20	网络学习	5	29.12	44	未来教育	2	38.31
21	教育大数据	5	29.76	45	项目式学习	2	38.57
22	数据驱动	4	30.27	46	教育知识图谱	2	38.83
23	在线教育	4	30.78	47	协作学习	2	39.08
24	自我调节学习	4	31.29	48	交互分析	2	39.34

续表

序号	关键词	出现频次	累计百分比（%）	序号	关键词	出现频次	累计百分比（%）
49	数据挖掘	2	39.59	64	自适应测验	2	43.42
50	数字教育资源	2	39.85	65	行为数据	2	43.68
51	在线课程	2	40.10	66	微学习资源	2	43.93
52	信息化教学能力	2	40.36	67	开放教育	2	44.19
53	移动学习	2	40.61	68	教学资源	2	44.44
54	资源共享	2	40.87	69	创客教育	2	44.70
55	混合学习	2	41.12	70	混合式教学环境	2	44.96
56	智能推荐	2	41.38	71	教育生态	2	45.21
57	个性化	2	41.63	72	在线开放课程	2	45.47
58	资源推荐	2	41.89	73	云资源	2	45.72
59	课堂教学	2	42.15	74	深度神经网络	2	45.98
60	学习路径	2	42.40	75	在线协作	2	46.23
61	认知诊断	2	42.66	76	个性化教师培训	2	46.49
62	VR学习环境	2	42.91	77	机器人课程	2	46.74
63	行为分析	2	43.17				

从表a1-2-1中可以发现，当前智能教育课题的研究关键词词频排在前10位的分别是大数据（40次）、互联网+（30次）、人工智能（15次）、深度学习（14次）、教育信息化（13次）、个性化学习（13次）、在线学习（13次）、MOOC（10次）、学习分析（9次）、STEM（9次）。由此可以看出，一方面，“大数据”“人工智能”等智能技术在为智能教育提供支撑的同时，也成为智能教育的研究热点。另一方面，“深度学习”“个性化学习”“在线学习”等具体学习方式也是当前智能技术支撑下教育应用研究的热点与焦点，代表了智能教育领域研究的前沿方向。

三、智能教育论文发表情况

为了解我国智能教育研究的热点和主题，进一步把握国内智能教育的发展轨迹和未来的研究取向，本研究以目前国内最大的中文学术期刊库——中国知网（CNKI）为主要数据来源，包括学术期刊、博硕士学位论文、会议、报纸四个数据库，以“智能教育”为主题词进行检索，以2015年1月1日至2019年12月31日为统计周期，过滤掉会议通知、征稿简则、报纸简讯以及非智能教育相关文章后，共收集到1 259篇有效的相关文献，其中发表在教育学学科CSSCI来源期刊（共37种，以下简称“核心期刊”）上的共计202篇。需要说明的是，统计过程中以中国知网的主题搜索结果为准，其他相关未被检索出的文献不作统计。

1. 智能教育研究得到国内教育界高度关注，发展势头迅猛

分析2015年至2019年以“智能教育”为主题的1 259篇相关文献可以发现，智能教育研究的发文数量随时间变化呈现逐年递增趋势。其中2017年至2018年呈快速增长趋势，2019年智能教育研究的发文数量已达518篇。结合实际情况，经线性回归预测，2020年发文数量将增加至628篇左右，智能教育将得到更加深入的研究与发展。具体如图a1-3-1所示。

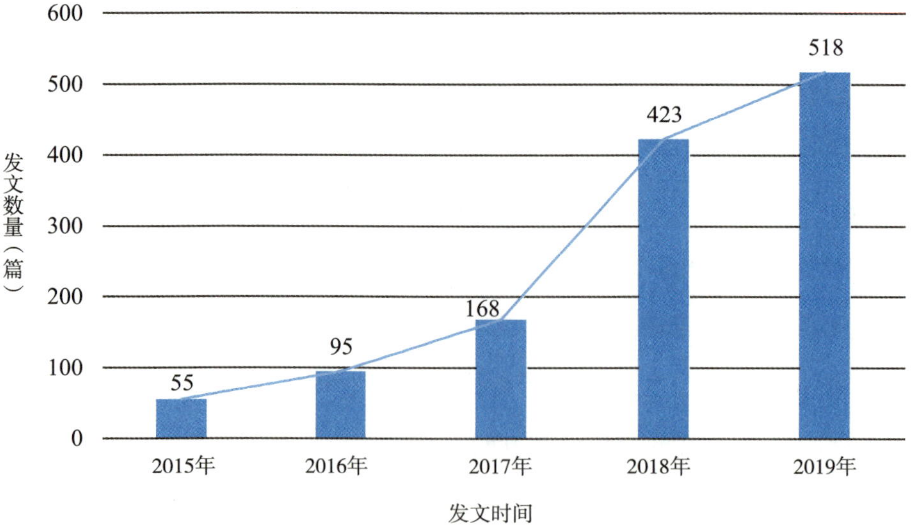

图a1-3-1 以“智能教育”为主题的相关文献量随时间分布图

分析2015年至2019年以“智能教育”为主题的202篇核心期刊文献可以发现，智能教育研究的发文数量增长趋势更加明显。其中2017年和2018年属于快速发展阶段，发文数量急速增加，2017年由上一年的2篇迅速增至19篇，2018年发文数量再度攀升至80篇；2019年达100篇，开始趋于稳定性发展态势。结合实际情况，经线性回归预测，2020年研究智能教育的核心期刊发文数量将持续增加至123篇左右，整体发展处于稳步上升态势。具体如图a1-3-2所示。

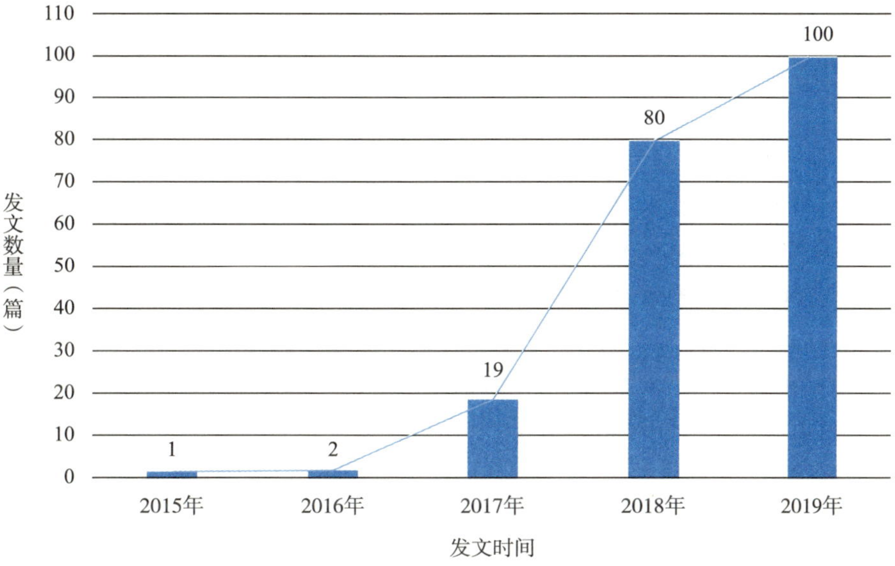

图a1-3-2　以“智能教育”为主题的核心期刊文献量随时间分布图

总的来说，从发文数量随时间变化的角度看，国内智能教育研究刚刚起步，但教育界对其高度关注，研究数量不仅逐年增多，而且发展速度迅猛。这些研究为智能教育新时代奠定了扎实的理论与技术基础。

2. 教育技术类期刊是智能教育研究的主要阵地

对2015年至2019年以“智能教育”为主题的1 259篇相关文献的发文期刊进行分析可以发现，主要有500种期刊刊载了以“智能教育”为主题的研究文献。其中，作为促进信息技术教育理念与技术的发展和应用的教育类期刊，《中小学信息技术教育》是发表智能教育主题文章最多的期刊，共有42

篇，占比3.34%；其次是面向信息技术教育领域、关注教育教学的教育科研刊物《中国信息技术教育》和促进现代远程教育理念与技术发展和应用的教育类期刊《远程教育杂志》，均有39篇，分别占比3.10%。其他刊载数量排在前十位的还有《现代教育技术》《教育现代化》《电化教育研究》《中国电化教育》《中国现代教育装备》《计算机教育》和《开放教育研究》等教育技术类期刊。具体分布如图a1-3-3所示。

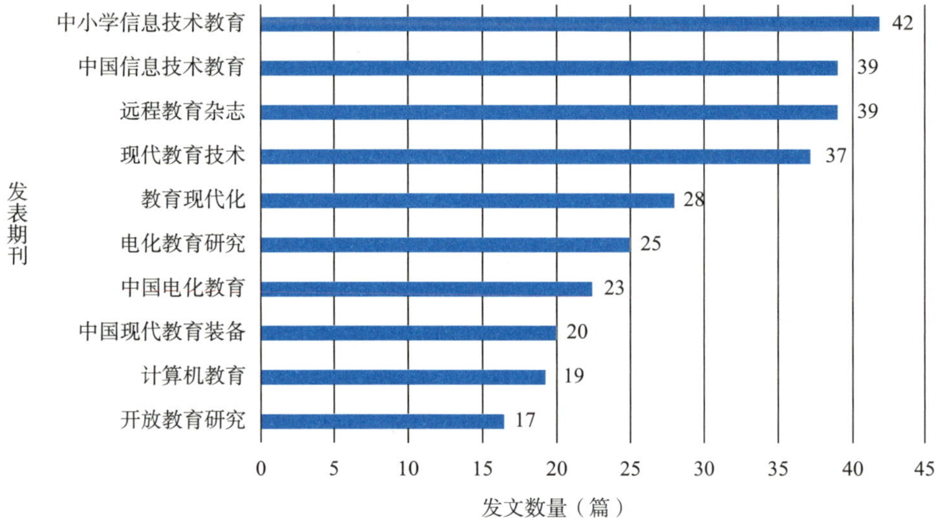

图a1-3-3　刊载“智能教育”主题论文的前十位期刊

2015年至2019年以“智能教育”为主题的核心期刊发文情况也验证了这一结果。五年来，以《远程教育杂志》为首，在《现代教育技术》《电化教育研究》《中国电化教育》《开放教育研究》《现代远程教育研究》《中国远程教育》《高等工程教育研究》《华东师范大学学报（教育科学版）》《中国高等教育》《教育研究》等21种教育技术类核心期刊上，共发表了202篇以智能教育为主题的研究论文，向业界展示了智能教育研究的前沿现状。具体分布如图a1-3-4所示。

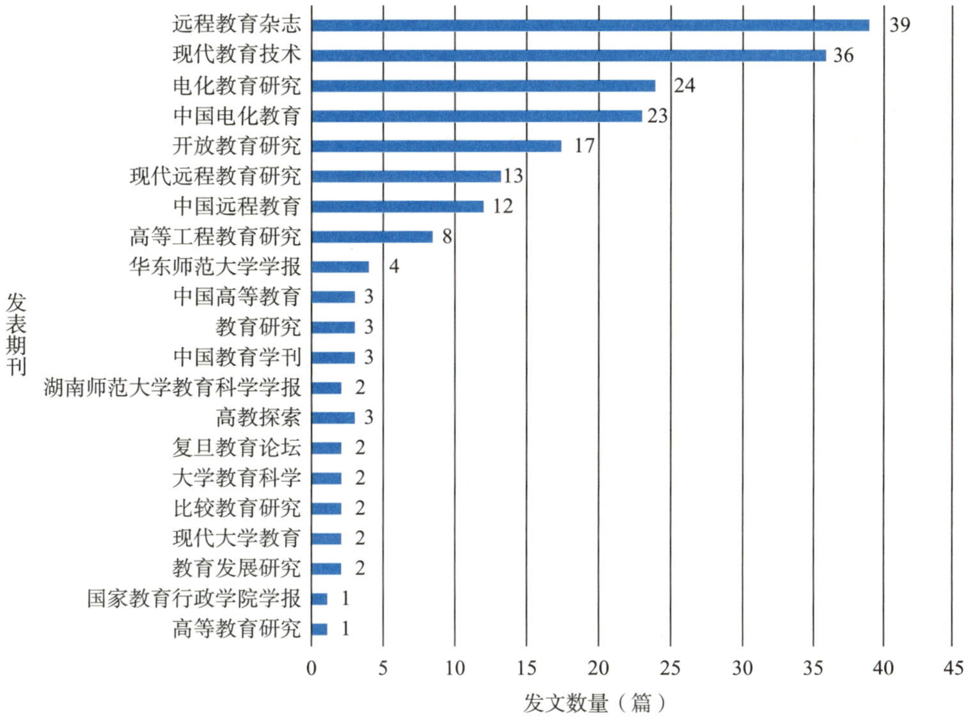

图a1-3-4　刊载“智能教育”主题论文的核心期刊（C刊）

综上所述，当前智能教育的研究阵地主要集中在《远程教育杂志》《现代教育技术》《电化教育研究》等追踪反映教育技术及相关领域前沿研究的教育技术类期刊杂志上，这为集中研究力量促进智能教育发展、推动教育现代化提供了支持与帮助。

3. 高校及相关企业是智能教育研究的中坚力量和先锋队伍

对2015年至2019年以“智能教育”为主题的1 259篇相关文献的作者所属单位进行分析可以发现，目前包括各大高校、中小学、教育机关、企业与研究机构在内的不同研究单位都正在进行智能教育研究。通过进一步分析可以发现，以华东师范大学、北京师范大学和华中师范大学为首的师范类高校研究数量最多，分别以发表论文占比4.53%、4.45%和1.75%的成绩占据前三名；紧随其后的是以北京大学（占比1.51%）为代表的综合类高校和以科大讯飞（占比1.27%）为代表的技术研发与应用企业。发文数量排名前十位的单位分布如图a1-3-5所示。

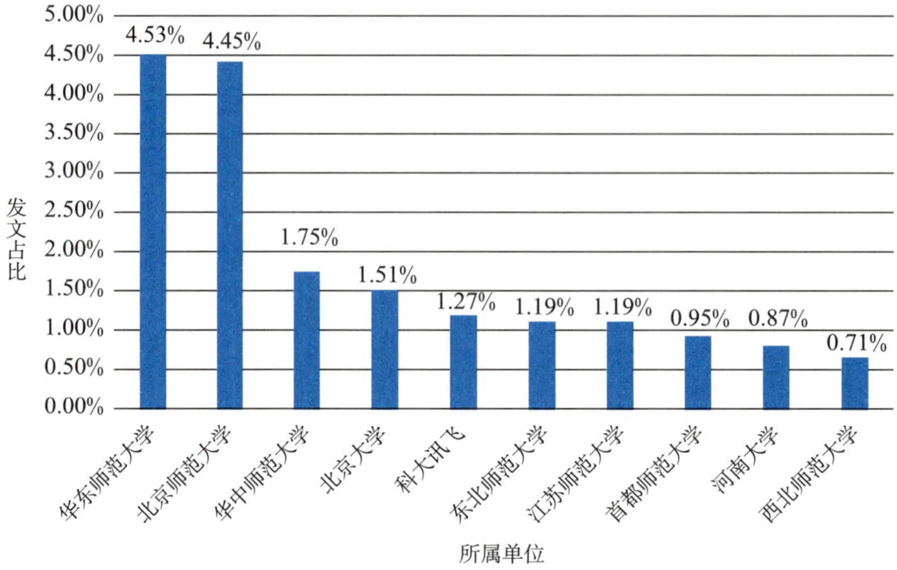

图a1-3-5　发表“智能教育”主题论文的作者所属单位前十位分布图

对2015年至2019年以“智能教育”为主题的202篇核心期刊文献的作者所属单位进行分析可以发现，北京师范大学和华东师范大学分别以9.69%和9.18%的占比成绩成为智能教育研究队伍的前两名，以讯飞教育技术研究院为主的科大讯飞股份有限公司作为唯一的企业研究机构，以5.61%的占比成绩成为排名第三的研究力量。此外还有来自华中师范大学、华南师范大学、河南大学、江苏师范大学、浙江大学、北京大学、渤海大学等高校的研究团队也正在对智能教育展开深入研究。具体分布如图a1-3-6所示。

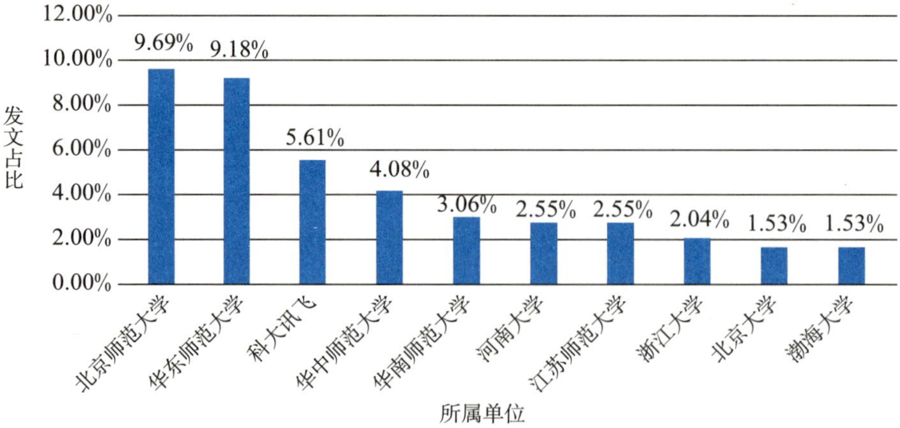

图a1-3-6　在核心期刊上发表“智能教育”主题论文的作者所属单位前十位分布图

综上所述，当前以北京师范大学、华东师范大学为代表的高校是智能教育研究的中坚力量和先锋队伍，以讯飞教育技术研究院为代表的企业研究机构也开始深入探索智能教育发展。智能教育研究在高校的理论支撑和企业的技术应用引领下取得了长足发展，开创了智能教育创新应用新局面。

4. 智能教育研究关注技术与场景的交叉性以及多样化应用

通过研究智能教育领域一段时间内研究成果的关键词集合，有助于确定智能教育的发展脉络、热点前沿及发展趋势等。因此为了解智能教育研究现状，我们通过Bicomb书目分析软件对收集到的1 259篇相关文献的关键词进行提取分析，经合并意义相同的关键词、删除无效关键词，最终以高频词累计频次达到总频次40%左右的标准，选择词频≥7的60个关键词作为高频关键词，反映目前国内智能教育研究的热点。具体如表a1-3-1所示。

表a1-3-1　国内智能教育研究高频关键词表

序号	关键词	出现频次	累计百分比（%）	序号	关键词	出现频次	累计百分比（%）
1	人工智能	704	16.97	13	创客教育	21	28.66
2	智能教育	91	19.16	14	智能时代	20	29.14
3	人工智能教育	78	21.04	15	机器人	19	29.60
4	智慧教育	51	22.27	16	教育人工智能	19	30.06
5	人工智能技术	45	23.36	17	深度学习	18	30.49
6	教育信息化	39	24.30	18	智能技术	17	30.90
7	人才培养	37	25.19	19	教育大数据	16	31.28
8	大数据	35	26.03	20	教育变革	16	31.67
9	个性化学习	23	26.58	21	人工智能课程	15	32.03
10	机器学习	22	27.11	22	人工智能时代	14	32.37
11	教育应用	22	27.65	23	教学模式	14	32.71
12	未来教育	21	28.15	24	智能制造	13	33.02

续表

序号	关键词	出现频次	累计百分比（%）	序号	关键词	出现频次	累计百分比（%）
25	远程教育	12	33.31	43	学生智能	8	37.84
26	人工智能+教育	12	33.60	44	核心素养	8	38.03
27	教育信息化2.0	12	33.89	45	自适应学习	8	38.23
28	智能教学系统	12	34.18	46	人工智能教育应用	8	38.42
29	STEAM教育	12	34.47	47	教学改革	8	38.61
30	移动学习	11	34.73	48	互联网+	8	38.80
31	学习分析	11	35.00	49	人机协同	8	39.00
32	互联网+教育	11	35.26	50	信息技术	7	39.17
33	教育教学	11	35.53	51	智能移动终端	7	39.33
34	教育技术	11	35.79	52	个性化教育	7	39.50
35	新工科	11	36.06	53	智能机器人	7	39.67
36	创新教育	10	36.30	54	机器人教育	7	39.84
37	基础教育	10	36.54	55	区块链	7	40.01
38	人工智能+	10	36.78	56	创新发展	7	40.18
39	编程教育	9	37.00	57	教育机器人	7	40.35
40	测评系统	9	37.21	58	高职院校	7	40.52
41	人工智能领域	9	37.43	59	计算思维	7	40.68
42	人才培养模式	9	37.65	60	智慧校园	7	40.85

从表a1–3–1中可以发现，除去“智能教育”主题检索词外，排在前10位的高频关键词分别是：人工智能（704次）、人工智能教育（78次）、智慧教育（51次）、人工智能技术（45次）、教育信息化（39次）、人才培养（37次）、大数据（35次）、个性化学习（23次）、机器学习（22次）、教育应用（22次）。由此可以看出，智能教育研究目前关注重点主要聚焦在大数据、机器学习等人工智能相关技术在教育场景中的具体应用与实践上，如智慧教育、个性化学习等。技术与场景的交叉应用成为促进智能教育快速发展的着

力点，智能教育发展整体呈现出百花齐放的局面。

四、智能技术国家科研创新载体建设情况

1. 国家新一代人工智能开放创新平台

根据科技部发布的《国家新一代人工智能开放创新平台建设工作指引》，国家新一代人工智能开放创新平台是聚焦人工智能重点细分领域，充分发挥行业领军企业、研究机构的引领示范作用，有效整合技术资源、产业链资源和金融资源，持续输出人工智能核心研发能力和服务能力的重要创新载体。2017年11月，科技部在新一代人工智能发展规划暨重大科技项目启动会上宣布，依托百度公司建设自动驾驶国家新一代人工智能开放创新平台，依托阿里云公司建设城市大脑国家新一代人工智能开放创新平台，依托腾讯公司建设医疗影像国家新一代人工智能开放创新平台，依托科大讯飞公司建设智能语音国家新一代人工智能开放创新平台。2018年9月和2019年9月，科技部宣布了第二批和第三批平台名单。具体平台如表a1–4–1所示。

表a1-4-1　国家新一代人工智能开放创新平台

时间	名称	依托单位
第一批（2017年）	自动驾驶国家新一代人工智能开放创新平台	百度公司
	城市大脑国家新一代人工智能开放创新平台	阿里巴巴云计算技术有限公司
	医疗影像国家新一代人工智能开放创新平台	深圳市腾讯计算机系统有限公司
	智能语音国家新一代人工智能开放创新平台	科大讯飞股份有限公司
第二批（2018年）	智能视觉国家新一代人工智能开放创新平台	北京市商汤科技开发有限公司

续表

时间	名称	依托单位
第三批（2019年）	视觉计算国家新一代人工智能开放创新平台	上海依图网络科技有限公司
	营销智能国家新一代人工智能开放创新平台	上海明略人工智能（集团）有限公司
	基础软硬件国家新一代人工智能开放创新平台	华为技术有限公司
	普惠金融国家新一代人工智能开放创新平台	中国平安保险（集团）股份有限公司
	视频感知国家新一代人工智能开放创新平台	杭州海康威视数字技术股份有限公司
	智能供应链国家新一代人工智能开放创新平台	北京京东世纪贸易有限公司
	图像感知国家新一代人工智能开放创新平台	北京旷视科技有限公司
	安全大脑国家新一代人工智能开放创新平台	三六零安全科技股份有限公司
	智慧教育国家新一代人工智能开放创新平台	北京世纪好未来教育科技有限公司
	智能家居国家新一代人工智能开放创新平台	北京小米科技有限责任公司

2. 人工智能相关国家重点实验室

根据科技部、财政部联合发布的《国家重点实验室建设与运行管理办法》，国家重点实验室是由科技部宏观管理的、依托大学和科研院所等建设的科研实体，是国家组织高水平基础研究和应用基础研究、聚集和培养优秀科技人才、开展高水平学术交流、科研装备先进的重要基地。其主要任务是针对学科发展前沿和国民经济、社会发展以及国家安全的重要科技领域和方向开展创新性研究。目前与人工智能相关的国家重点实验室主要依托高校和企业建设，主要分布如表a1-4-2所示。

表a1-4-2　人工智能相关国家重点实验室（部分）

时间	名称	依托单位
1	计算机辅助设计与图形学国家重点实验室	浙江大学
2	计算机科学国家重点实验室	中国科学院软件研究所
3	计算机软件新技术国家重点实验室	南京大学
4	模式识别国家重点实验室	中国科学院自动化研究所
5	虚拟现实技术与系统国家重点实验室	北京航空航天大学
6	移动通信国家重点实验室	东南大学
7	机器人技术与系统国家重点实验室	哈尔滨工业大学
8	认知智能国家重点实验室	科大讯飞股份有限公司

3. 人工智能相关国家工程实验室

根据国家发展和改革委员会发布的《国家工程实验室管理办法（试行）》，国家工程实验室由国家发展和改革委员会组织建设，是为提高产业自主创新能力和核心竞争力，突破产业结构调整和重点产业发展中的关键技术装备制约，强化对国家重大战略任务、重点工程的技术支撑和保障，依托企业、转制科研机构、科研院所或高校等设立的研究开发实体。目前与人工智能相关的国家工程实验室主要依托高校、企业建设，或校企联合共建，其分布如表a1-4-3所示。

表a1-4-3　人工智能相关国家工程实验室（部分）

时间	名称	依托单位
1	高性能计算与随机信息处理	湖南师范大学
2	服务计算技术与系统	华中科技大学
3	信息存储系统	华中科技大学
4	符号计算与知识工程	吉林大学
5	计算智能与中文信息处理	山西大学
6	计算机视觉与系统	天津理工大学

续表

时间	名称	依托单位
7	嵌入式系统与服务计算	同济大学
8	中国民族语言文字信息技术	西北民族大学
9	智能计算与信息处理	湘潭大学
10	机器智能与先进计算	中山大学
11	机器感知与智能	北京大学
12	复杂系统智能控制与决策	北京理工大学
13	过程优化与智能决策	合肥工业大学
14	图像信息处理与智能控制	华中科技大学
15	光电技术与智能控制	兰州交通大学
16	智能制造技术	汕头大学
17	智能感知与图像理解	西安电子科技大学
18	计算机网络和信息集成	东南大学
19	智能网络与网络安全	西安交通大学
20	计算智能与信号处理	安徽大学
21	工业物联网与网络化控制	重庆邮电大学
22	视觉信息处理与应用	西安交通大学
23	机器人视觉感知与控制技术	湖南大学
24	大数据系统计算技术	深圳大学牵头，共建单位包括国家信息中心、中兴通讯股份有限公司、清华大学、深圳市腾讯计算机系统有限公司等
25	类脑智能技术及应用	中国科学技术大学
26	深度学习技术及应用	北京百度网讯科技有限公司牵头，共建单位包括清华大学、北京航空航天大学、中国电子技术标准化研究院、中国信息通信研究院等
27	大数据分析系统	中科院计算技术所牵头，共建单位包括中国科学院大学、中科院计算机网络信息中心、曙光信息产业股份有限公司、国创科视科技股份有限公司等

五、结语

总体来看，国家对智能教育的发展越来越重视，正在从各方面加大投入力度。从人才培养角度看，在政策鼓励与市场需求的双重助力下，当前我国高校智能技术相关本科专业建设如火如荼，配合人工智能一级学科和人工智能学院建设，智能技术高层次人才培养体系初步形成。从科学研究角度看，智能教育研究的广度与深度都在不断加大，呈现出蓬勃发展的良好态势：一是出现更多交叉课题的立项，促使更多学科背景的研究者致力于解决教育与智能技术在融合过程中产生的各类问题；二是多元主体逐渐开展更深入的学术研究，使这一领域不仅集中了高校研究力量展开理论探索研究，也吸引了诸多企业人员参与开展应用实践研究；三是建设了众多相关智能技术国家科研创新载体，为智能教育研究提供了专业化、多样化的研究平台，有效地促进了智能教育的快速发展。

总之，中国智能教育发展已经从起步阶段的教育理念探讨，走向了教育理念、智能技术与应用实践交叉结合、快速发展的新阶段。伴随着教育信息化2.0的深入发展，政府、高校和企业应加强合作、多方协同，共同推进智能教育体系的构建与创新发展，构筑智能教育新生态。

附录2

中国智能教育发展大事记

序号	时间	重要事件
1	1978年3月	科学家吴文俊提出的利用机器证明与发现几何定理的新方法——几何定理机器证明，获得全国科学大会重大科技成果奖。
2	1981年9月	中国人工智能学会（CAAI）在长沙成立。
3	1981年	浙江大学人工智能研究所创建，这是国务院学位委员会首批批准的计算机应用专业博士点和计算机应用专业硕士点。
4	1982年	中国人工智能学会刊物《人工智能学报》在长沙创刊，成为国内首个人工智能学术刊物。
5	1984年2月	邓小平提出“计算机普及要从娃娃抓起”。
6	1986年3月	智能计算机系统、智能机器人和智能信息处理等重大项目列入国家高技术研究发展计划（863计划）。
7	1987年7月	国内首部人工智能专著《人工智能及其应用》由清华大学出版社出版。
8	1993年7月	国务委员兼国家科委主任宋健为中国人工智能学会智能机器人分会成立题词“人智能则国智，科技强则国强”。
9	1996年	中国科学院院士张景中教授主持研发的“Z+Z”智能教育软件，作为教育部推荐软件列入中小学教材图书目录。
10	2001年12月	中国人工智能学会成立教育工作委员会。
11	2003年4月	教育部颁布《普通高中技术课程标准（实验）》，在高中技术课程中增设“人工智能初步”选修模块。
12	2003年12月	由中国人工智能学会主办的第一届全国人工智能教育学术研讨会在北京召开。
13	2004年	北京大学“智能科学与技术”本科专业开始招生，开创了“智能科学与技术”专业本科教育的先河。
14	2006年1月	国家语委委托科大讯飞公司研发“国家普通话水平智能测试系统”，在13个省市开展计算机辅助测试普通话试点工作。
15	2009年	中国人工智能学会牵头，向国家学位委员会和教育部提出设置“智能科学与技术”学位授权一级学科的建议。
16	2011年1月	由中国人工智能学会发起，经科技部核准，国家科学技术奖励工作办公室设立“吴文俊人工智能科学技术奖”。
17	2012年1月	《智慧教育》专著由清华大学出版社出版。
18	2012年3月	教育部印发《教育信息化十年发展规划（2011—2020年）》。

序号	时间	重要事件
19	2013年2月	国务院印发《国务院关于推进物联网有序健康发展的指导意见》，提出促进生产生活和社会管理方式向智能化、精细化、网络化方向转变。
20	2015年1月	国务院印发《国务院关于促进云计算创新发展培育信息产业新业态的意见》，提出在教育科研等领域开展基于云计算的大数据应用示范。
21	2015年7月	国务院印发《关于积极推进“互联网+”行动的指导意见》，提出探索新型教育服务供给方式。
22	2015年8月	国务院印发《关于印发促进大数据发展行动纲要的通知》，提出发挥大数据对变革教育方式、促进教育公平、提升教育质量的支撑作用。
23	2016年5月	《智慧课堂》专著由北京师范大学出版社出版。2019年1月，该书第2版出版，并作为《课堂革命 · 智慧课堂丛书》的第一部。
24	2016年6月	教育部印发《教育信息化“十三五”规划》。
25	2017年1月	国务院颁布《国家教育事业发展“十三五”规划》，提出综合利用互联网、大数据、人工智能和虚拟现实技术探索未来教育教学新模式。
26	2017年1月	中共中央办公厅、国务院办公厅印发《关于促进移动互联网健康有序发展的意见》，提出强化移动互联网在教育等领域的驱动引领作用。
27	2017年7月	国务院印发《新一代人工智能发展规划》，明确提出发展“智能教育”。
28	2017年11月	科技部公布首批国家新一代人工智能开放创新平台名单：百度公司、阿里云公司、腾讯公司和科大讯飞公司入选。
29	2017年12月	教育部发布《普通高中信息技术课程标准（2017年版）》，将“人工智能初步”列为综合素质评价的模块之一。
30	2018年1月	国家自然科学基金首次在信息科学部下新增专门用于支持教育科学基础研究的申请代码——“F0701”（教育信息科学与技术）。
31	2018年4月	教育部发布《高等学校人工智能创新行动计划》，提出推进智能教育发展。
32	2018年4月	教育部发布《教育信息化2.0行动计划》，提出大力推进智能教育。
33	2018年7月	中国人工智能学会智能教育技术专业委员会成立。
34	2018年7月	北京大学、清华大学、北京师范大学、华东师范大学、东北师范大学、西北师范大学、上海师范大学等七所高校的教育技术专家和科大讯飞公司共同举办了“2018首届智能教育论坛”，发布了《智能教育2018观塘宣言》。
35	2018年8月	中国人工智能学会、中国教育技术协会和中国语言智能研究中心联合主办、首都师范大学承办的首届“中国智能教育大会”在北京召开。
36	2018年12月	中国教育技术协会人工智能专业委员会成立。

续表

序号	时间	重要事件
37	2019年1月	《人工智能（初中版）》由北京师范大学出版社出版。
38	2019年2月	《教育部2019年工作要点》中提出，研究中国智能教育发展方案。
39	2019年2月	中共中央、国务院印发《中国教育现代化2035》和《加快推进教育现代化实施方案（2018—2022年）》，提出建设智能化校园和一体化智能化教学、管理与服务平台，推进智慧教育创新发展。
40	2019年3月	教育部发布《关于实施全国中小学教师信息技术应用能力提升工程2.0的意见》，提出探索跨学科教学、智能化教育等教育教学新模式。
41	2019年3月	教育部公布了2018年度普通高等学校本科专业备案和审批结果，全国共有35所高校获得首批人工智能专业建设资格，标志着人工智能专业正式进入本科专业目录。
42	2019年5月	联合国教科文组织和中国教育部共同主办的首届国际人工智能与教育大会在北京召开，发布了《北京共识——人工智能与教育》。
43	2019年6月	国务院办公厅印发《国务院办公厅关于新时代推进普通高中育人方式改革的指导意见》，提出推进信息技术与教育教学深度融合。
44	2019年6月	国家新一代人工智能治理专业委员会发布《新一代人工智能治理原则——发展负责任的人工智能》。
45	2019年6月	中共中央、国务院印发《中共中央国务院关于深化教育教学改革全面提高义务教育质量的意见》，提出促进信息技术与教育教学融合应用。
46	2019年8月	在科大讯飞公司和《中国电化教育》杂志社联合主办的第二届智能教育论坛上发布了《智能教育发展蓝皮书（2019）》。
47	2019年9月	《人工智能基础（高中版）》由华东师范大学出版社出版。
48	2019年9月	教育部、中央网信办、国家发展改革委、工业和信息化部等11个部门联合印发《关于促进在线教育健康发展的指导意见》，大力推进“互联网+”“智能+”教育教学改革。
49	2019年10月	教育部印发《关于深化本科教育教学改革全面提高人才培养质量的意见》，提出积极发展“互联网+教育”，探索智能教育新形态，推动课堂教学革命。
50	2019年10月	教育部印发《关于加强新时代教育科学研究工作的意见》，提出综合运用人工智能等新技术开展教育研究。
51	2019年11月	教育部印发《关于加强和改进中小学实验教学的意见》，提出注重加强实验教学与编程教育、创客教育、人工智能教育等有机融合。
52	2019年12月	中共中央办公厅、国务院办公厅印发《关于减轻中小学教师负担进一步营造教育教学良好环境的若干意见》，提出充分利用现代信息技术特别是人工智能技术，提升教育管理工作的信息化、科学化水平。

附录3

案例索引

序号	标题	页码
案例3-1	智能技术有效辅助普通话水平测试工作	65
案例4-1	广东省珠海市金湾区教学质量监管系统	77
案例4-2	江西省教育资源公共服务平台	78
案例4-3	广东省国家课程数字教材规模化应用全覆盖工程	79
案例4-4	安徽省芜湖市智慧教育应用平台“网络教研系统”	80
案例4-5	安徽省合肥市教育云平台“市民服务系统”	81
案例4-6	校本资源库系统	86
案例4-7	英语听说智能教学系统	89
案例4-8	智能实录系统	90
案例4-9	新高考教务教学平台	92
案例4-10	无感知物联平台	93
案例4-11	以“智能教室”为载体的“智慧课堂”	95
案例4-12	中小学语言学科教室	98
案例4-13	北京市第一五六中学数字化探究实验室	100
案例4-14	VR虚拟实验室	101
案例4-15	重庆市璧山区实验小学青雅创客空间	103
案例4-16	江苏省苏州工业园区独墅湖学校人工智能联合创新实验室	105
案例5-1	安徽省合肥市第八中学运用大数据技术精准了解学情	109
案例5-2	安徽省蚌埠市第二中学进行智能备课	111
案例5-3	安徽省合肥市梦园小学开展智慧课堂教学	113
案例5-4	智能答疑助手在在线教育中的应用	115
案例5-5	内蒙古自治区呼和浩特市第六中学基于智能课堂实录工具开展精准教研	117
案例5-6	北京市东城区和平里第一小学利用“人教数字教材”进行精准教研	117
案例5-7	天津中学为学生提供智能化学习路径规划服务	123
案例5-8	安徽省合肥市第六中学助力学生个性化学习	124
案例5-9	安徽省六安市金寨白塔畈中学利用VR科普教室开展教学	129

续表

序号	标题	页码
案例5-10	学生利用教育游戏学习20以内的加减法	130
案例5-11	利用情感计算技术监测学习者情绪	131
案例5-12	智能组卷成为天津市咸水沽第一中学教师的考试小助手	133
案例5-13	福建省教育考试院建设标准化考场，服务英语口语高考	135
案例5-14	智能阅卷技术服务于湖北省襄阳市中考阅卷	137
案例5-15	浙江省桐乡市应用“英语听说模拟测试系统”提升学生听说能力	139
案例5-16	上海市爱国学校利用智能技术进行考试分析	141
案例5-17	基于大数据的自适应学习平台	143
案例5-18	广东省深圳市中小学生电子综合评价档案构建学生成长写实记录	144
案例5-19	中国人民大学附属中学利用智能排课和考勤系统迎接新高考	146
案例5-20	湖南省长沙市第十一中学利用大数据助力学校管理	147
案例5-21	海南省微城未来学校利用安全监管系统监测过滤不良信息	151
案例5-22	山东省曲阜夫子学校建设创新素质教育基地	152
案例5-23	上海市建平中学利用智能图书漂流柜营造“书香校园”	153
案例5-24	智能图书机器人“图小灵”	153
案例5-25	教育大数据应用模型体系和教育大数据应用平台发布	157
案例5-26	江苏省无锡市启动“无锡市学生心理发展指导研究项目”	159
案例5-27	北京中学东坝校区利用运动手环辅助体育教学	160
案例5-28	音乐人工智能辅助管弦乐教学系统	162
案例5-29	智能伴学机器人助力家教陪伴	163
案例5-30	机器学习辅助自闭症儿童治疗	164
案例5-31	声文转写系统助力南京特殊教育师范学院实现智能授课	165
案例5-32	个性化语音阅读APP让盲人听见世界	165
案例6-1	重庆邮电大学校企共建人工智能学院	173
案例6-2	北京市昌平区回龙观第二小学开设人工智能课程	181
案例6-3	上海市徐汇区教育学院举办首届“人工智能教师培训班”	184
案例6-4	校企联合研制教师智能素养培训实施方案	188